Hans Hass
Naturphilosophische Schriften

Band 3
Das verborgene Gemeinsame
Energon-Theorie II

Hans Hass
Naturphilosophische Schriften

Band 3
Das verborgene Gemeinsame
Energon-Theorie II

Universitas

Erstmals 1970 im Verlag Fritz Molden unter dem Titel: ENERGON

© 1987 by Universitas Verlag, München
Alle Rechte vorbehalten
Einbandgestaltung: Christel Aumann, München
Gesamtherstellung: Jos. C. Huber KG, Dießen
Printed in Germany
ISBN: 3-8004-1136-9

Alle Gestalten sind ähnlich, und keine gleichet der andern;
  Und so deutet das Chor auf ein geheimes Gesetz,
Auf ein heiliges Rätsel.

        Johann Wolfgang von Goethe

Inhalt

Erster Abschnitt
Die Innenfronten

I	Bindung	11
II	Ursprung des »Ich«	31
III	Abstimmung	55
IV	Erhaltung	75
V	Sex und Forschung	91
VI	Interessenkonflikte	113

Zweiter Abschnitt
Lebensstrom und Mensch

I	Konkurrenz und Erwerbsraum	135
II	Motivation	159
III	Die vier Gestalten des Staates	181
IV	Die großen Verdiener	205
V	Der bunte Garten	227
VI	Entfaltung	243
VII	Heute und Morgen	263

Anhang

Hauptbegriffe und Konzept der Energontheorie	285
Literaturverzeichnis und Quellennachweis	291
Namenregister	297
Sachregister	299

Erster Abschnitt

DIE INNENFRONTEN

I
Bindung

Ein Mensch, der kein Eigentum erwerben darf, kann auch kein anderes Interesse haben, als so viel wie möglich zu essen und so wenig wie möglich zu arbeiten. Adam Smith (1776)

Die Freundschaft, die der Wein gemacht, wirkt, wie der Wein, nur eine Nacht.
Friedrich Logau (um 1638)

1

Die Überzeugung, daß Strukturen wie etwa eine Eidechse oder ein Goldschmiedebetrieb etwas grundsätzlich Unvergleichbares sind, ist im menschlichen Denken so tief verwurzelt, daß sie nur – wenn überhaupt – durch eine große Zahl von Argumenten erschüttert werden kann. Nicht minder schwierig ist es, die gleichsam im Mark unserer Selbsteinschätzung verankerte Überzeugung, daß wir ein freier Endpunkt und Gottesliebling sind, zu erschüttern.
Wir sprachen bisher von den »äußeren Fronten«, denen sämtliche Energone – wie auch immer sie sich unseren Sinnen darbieten mögen – gegenüberstehen, mit denen sie sich »auseinandersetzen müssen«. Ob Pflanze oder Tier, Berufstätiger, Betrieb oder Staat: jedes Energon ist ein Leistungsgefüge, das, um bestehen und sich im Konkurrenzkampf behaupten zu können, Energie und Stoffe erwerben, störende Umweltbedingungen abschirmen und günstige nach bester Möglichkeit nützen muß. Das genügt aber noch nicht. Darüber hinaus müssen sämtliche Energone noch weitere Fähigkeiten haben, müssen noch weiteren »Anforderungen« genügen. Sie haben nicht nur »Außenfronten«, sondern auch noch »Innenfronten«. Es geht hier um Probleme, die im Inneren jedes arbeitsteiligen Gefüges auftreten und weitere Leistungen, weitere Funktionsträger notwendig machen. Auch hier wird das »Verborgene Ge-

meinsame« in den Lebenserscheinungen, das »Heilige Rätsel« im Sinne Goethes auf das deutlichste offenkundig.
Eine klare Trennlinie zwischen dem Aufwand, den die Außenfronten verursachen, und dem, der durch die Innenfronten nötig wird, läßt sich – das sei schon hier hervorgehoben – nicht immer ziehen. Durch Doppelfunktion und Funktionserweiterung gibt es auch hier mannigfache Überschneidungen. Funktionell – und begrifflich – sind die Innenfronten aber trotzdem sauber abgrenzbar und Phänomene für sich. Bei jeder meßbaren Formulierung der Konkurrenzfähigkeit müssen die von ihnen gelieferten Werte ebenfalls berücksichtigt werden.

2

Der erste »innere Frontabschnitt« erscheint – nach dem gewohnten Denken – als etwas äußerst Nebensächliches und Banales, kaum der Beachtung und der Rede wert. In den Lehrbüchern der Zoologie und Botanik wird er kaum erwähnt. Er ist aber trotzdem von weittragender Bedeutung. Wenn unsere Welt heute am Abgrund einer möglichen Selbstzerstörung steht – hier das kommunistische, dort das westliche Lager, beide mit Atomwaffen und Fernraketen bewaffnet –, dann hat dies in diesem bisher so vernachlässigten Faktor seine letzte Wurzel.
Ich nenne diesen Faktor »Bindung«. Er stellt eine im Inneren auftretende Forderung dar, die bei jedem Energon erfüllt sein muß. Jeder Funktionsträger muß irgendwie an das Energon, zu dem es gehört, gefesselt sein. Ganz allgemein gilt: Was ohne jede Bindung an ein Energon ist, kann nur im Ausnahmefall Funktionsträger dieses Energons sein.
Bei Pflanze und Tier ist von Anbeginn kein Teil für sich, alles ist hier fest miteinander verwachsen. Das verleitet zur Annahme, daß hier kein Problem vorliege.
Es ist jedoch durchaus keine Selbstverständlichkeit, daß jede Zelle an der anderen haftet – sondern das ist eine Leistung, die Kosten verursacht. Bei den tierischen Zellen sind es die Tonofibrillen, die die Zellwände aneinander binden, bei den pflanzlichen die aus Pek-

tin bestehenden Zwischenlamellen. Könnte man die Gesamtkosten dieser Einrichtungen bei den Vielzellern berechnen, dann ergäbe das bestimmt einen beachtlichen Wert. Dazu kommen Bindegewebe, Bänder und Häute, die verschiedene Organe zusammenhalten. Bei den Tieren haben die Knochen und die Außenpanzer, bei den Pflanzen die verholzten Stamm- und Astteile nicht nur Stütz-, sondern auch Bindefunktion. Dadurch, daß einzelne Gewebe und Organe an sie gekettet sind, sind diese auch untereinander fester verbunden. Wie stark im Einzelfall die bindenden Einrichtungen sein müssen, hängt von der Erwerbsart und den Umweltbedingungen ab. Je mehr Beanspruchungen ein Körper aushalten muß, um so stärker müssen – notwendigerweise – auch die Bindungen sein, damit er nicht auseinanderreißt.

In Gewebekulturen kann man Herz-, Nieren- oder Nervenzellen isoliert am Leben halten, dann benehmen sie sich wie selbständige Einzeller, die amöbenhaft umherkriechen. Man kann dann beobachten, wie sie Bindungen eingehen, die Eigenbeweglichkeit wieder aufgeben und in einem Gewebe erstarren. Noch deutlicher zeigt sich dieser Vorgang bei den Myxamöben. Diese Einzeller leben zunächst völlig unabhängig und vereinigen sich dann zu einem vielzelligen Körper: zu einer pilzartigen Sporenkapsel, die der Verbreitung dieser Art dient. Jeder solche Vorgang setzt Bindungen als besondere Leistung der beteiligten Zellen voraus.

Daß es jedoch mit der rein mechanischen Bindung nicht getan ist, zeigen die Krebszellen. Sie sind nach wie vor mit dem Körper fest verbunden – und sind doch nicht mehr wirklich seine Teile, seine Funktionsträger. Sie benehmen sich wie selbständige Organismen, ähnlich wie in den Körper eingedrungene Parasiten. Zur mechanischen Bindung kommt somit – bei allen Zellvereinigungen – noch eine weitere, komplizierte Bindungsform. Was hier letztlich die Bindung darstellt, sind *Funktionsbereitschaften*.[1] Das zeigt sich auch bei den vom Menschen aufgebauten Energonen. Der Buchhalter, der Geld unterschlägt, der Verräter, der im stillen für den Feind arbeitet, mögen *formell* fest an ihre Verbände gebunden erscheinen. *De facto* sind sie aber nicht dessen Funktionsträger. Schließlich muß bedacht sein, daß nicht nur alle Funktionsträger an ihr Energon gebunden sein müssen – auch sie selbst bestehen aus Teilen, zwischen denen Bindungen nötig sind. Auch im Inneren ei-

ner Zelle oder eines Organells (Zell-Organs) bleibt nicht ganz von selbst alles an seinem funktionellen Platz.
Welche grundsätzlichen Arten von Bindung gibt es nun, wie sehen sie aus? Bei den künstlichen Organen des Menschen läßt sich das am besten verfolgen. Hier werden ja die Teile gesondert angefertigt und dann erst miteinander verbunden. Hier läßt sich auch genau angeben, welche Kosten der Faktor »Bindung« verursacht.

3

Wie die als Bindemittel fungierenden Funktionsträger im einzelnen beschaffen sein müssen, ergibt sich in erster Linie aus der Art der aneinander zu bindenden Einheiten.
Stoffgewebe lassen sich nicht durch eine Schweißnaht verbinden, Seile kaum durch eine Schraube, Metallplatten nie durch einen Knoten. Material, Form und Größe jeder bindenden Einheit wird somit durch Material, Form und Größe der aneinander zu fesselnden Funktionsträger diktiert. Steine werden durch Mörtel gebunden, Holzteile durch Schrauben oder Leim, Drähte durch Klammern oder Lötmetall. Ebenso diktiert auch die Funktion der zu bindenden Einheiten die notwendige Gestalt der Bindemittel. Gegeneinander bewegliche Stangen oder Knochen müssen durch elastische Bänder oder Federn zusammengehalten werden. Bei Funktionsträgern, die sich drehen oder ineinander verschieben, sind entsprechende Gelenke oder Lager notwendig.
Bei den Berufstätigen spielen fakultative Bindungen, die zeitweise gelöst werden können, eine wichtige Rolle. Der Funktionsträger *par excellence* für diesen Zweck ist die menschliche Hand. Mit ihrer Hilfe binden wir Werkzeuge zeitweise an uns, bedienen wir Maschinen über Hebel und Schalter. Alle Werkzeuggriffe und Druckknöpfe, aber auch Klinken und Riegel an Fenstern und Türen sind Anpassungen an dieses uns naturgegebene Organ. *In Funktionserweiterung übt es auch Bindungsfunktion aus.*
Bedeutsam ist die Frage, wie die künstlichen Organe, wenn der Mensch sie gerade nicht verwendet, an diesen gefesselt bleiben. Wie schon ausgeführt (Teil 1, S. 60), ist »Ordnunghalten« eine dazu

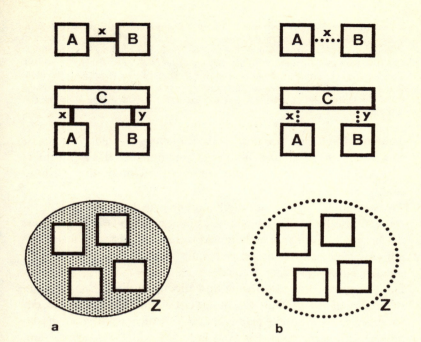

Abbildung 27: Hauptstufen der Bindung und der Koordination

a) *Einfache Bindung* zweier Einheiten (A, B) durch einen bindenden Funktionsträger (x). Beispiel: Nagel, Leim, Schweißnaht, Vertrag. – *Indirekte Bindung* über eine dritte Einheit (C), an welche die zu bindenden Einheiten gebunden sind. Dadurch werden sie auch aneinander gebunden. Beispiele: Bindung von Körperteilen an die Wirbelsäule, Befestigung von Maschinen auf einer gemeinsamen Basis, Bindung der Soldaten an den Feldherrn. – Innerhalb eines raumzeitlichen Bereiches wird ein *Bindungsfeld* geschaffen, das die zu bindenden Einheiten umschließt. Beispiele: die durch die Zellhaut zusammengehaltenen Zellbestandteile, Pakete in einer Einkaufstasche, Staatsbürger innerhalb der Staatsgrenzen (hier sind es Verfassung und Gesetze, die ein begrenztes Bindungsfeld schaffen).

b) *Einfache Koordination* der Tätigkeiten zweier Einheiten (A und B) durch ein koordinierendes Signal. Beispiel: zwei Arbeiter, die über akustische oder optische Signale ihre gemeinsame Tätigkeit abstimmen. – *Indirekte Koordination* über eine dritte Einheit (C), die den zu koordinierenden Einheiten entsprechende Signale gibt (x, y). Dadurch wird ihre Tätigkeit koordiniert. Beispiel: Gehirn, das an verschiedene Muskeln Befehle erteilt, Koordinierung von Arbeitern durch einen Werkmeister, Koordinierung maschineller Tätigkeiten durch einen Computer. – Innerhalb eines raum-zeitlichen Bereiches wird ein *Koordinationsfeld* geschaffen. Beispiele: die über den Körper eines Vielzellers verteilte Koordinationsvorschrift durch die in jeder Zelle befindlichen genetischen Befehlsstellen, Koordination von Menschen über Radio, Koordination von Betriebsabläufen durch einen gedruckten Koordinationsplan, von innerstaatlichen Vorgängen durch überall veröffentlichte Gesetze.

Zu beachten ist die höchst verwandte Situation bei räumlicher Problematik (Bindung) und zeitlicher Problematik (Koordination). In Funktionserweiterung und Funktionspartnerschaft können auch Funktionsträger der Bindung Koordinationsfunktion übernehmen und umgekehrt. Beispiele: der Draht, der den Hörer mit dem Telephonkasten verbindet, dient sowohl der Bindung als auch der Koordination. Die Bindung der Staatsbürger an das Staatsgebiet sowie, etwa im Kriegsfall, an die Befehlsstellen erfolgt nötigenfalls durch Polizei: also über den Weg koordinierter *Abläufe*.

dienende Funktion. *Nur was in tatsächlicher Verfügbarkeit ist, ist wirklich an uns gebunden.* In diesem Sinn übt auch das Zentralnervensystem – genauer: das Gehirn und dessen Untereinheit Erinnerung – Bindungsfunktion aus.

Zu verhindern, daß Teile durch räuberische Energone oder störende Umwelteinflüsse abhanden kommen, fällt in die Kompetenz der bereits besprochenen Front »Abwehr«. Hier ist bloß festzuhalten, daß sich diese Funktion vielfach in einer *Verstärkung* der bindenden Funktionsträger äußert.

Die Sanktionierung von Besitz und Eigentum durch das Gemeinschaftsorgan Staat (Rechtsordnung) übt ebenfalls einen Schutz der zwischen dem Menschen und seinen künstlichen Organen bestehenden Bindungen aus. Ein bereits 1790 v. Chr. von König Hammurabi in Babylon erlassenes Gesetz geht noch um ein Stück weiter: »Wird ein Räuber nicht gefangen, dann soll der Beraubte vor Gott feierlich erklären, was er verloren hat. Die Stadt und der Gouverneur, in dessen Gebiet der Raub stattfand, soll ihm daraufhin das Geraubte ersetzen.« Der Staat wird hier – ähnlich den heutigen Versicherungsgesellschaften – zu einem Gemeinschaftsorgan, das bei gewaltsam zerrissener Bindung eine neue zu einem von ihr ersetzten Funktionsträger herstellt.

Ist schon dieser Vorgang in der Evolution neu – wenn man von Hilfsleistungen der vielzelligen Körper an beschädigte Gewebe und Zellen absieht –, so stellt die vom Staat sanktionierte *Vererbung* von Eigentum einen noch bedeutsameren Fortschritt dar. Der Keimzelle Mensch wird so ermöglicht, darüber zu bestimmen, was nach ihrem Tod mit den an sie gebundenen künstlichen Organen zu geschehen hat – an welche anderen Menschen oder andere Energone sie nach dem eigenen Ableben *gebunden* sein sollen. Ein nicht geringer Teil der Zivilgesetzgebung beschäftigt sich mit Fragen der Bindung. Durch besondere Formalitäten werden solche geschaf-

fen, geschützt – und übertragen. Auch jeder Kauf stellt eine staatlich sanktionierte Übertragung einer *Bindung* dar.
Lebt ein Mensch völlig allein, dann kann er die Bindung seiner künstlichen Organe vermittels seiner Hände und seines Erinnerungsvermögens sowie durch »Ordnung halten« und Verteidigung gegen Naturgewalten allein bewerkstelligen. In Nachbarschaft anderer Menschen benötigt er dagegen für diese Funktion einen zusätzlichen Funktionsträger: eben das Gemeinschaftsorgan »Staat«.

4

Besondere Probleme der Bindung ergeben sich, wenn der Mensch andere Lebewesen zu seinen künstlichen Organen macht.
Wir stoßen hier auf wohlbekannte Erscheinungen: Den Haustieren wird ein Zaumzeug umgelegt, um sie an den Wagen zu ketten. Sie werden durch Ställe und Zäune an der Flucht gehindert. Sie werden mit einem Seil an einem Pfosten festgemacht. Wächter hüten Herden. In allen Fällen handelt es sich um Funktionsträger der Bindung.
Ähnliche Wächter hüteten auch die menschlichen Sklaven. Darüber hinaus schützte fast jede Staatsgewalt dieses Eigentum – schützte die Bindung an den »Herren«, verhinderte ein Entweichen. Bei Unterwerfung ganzer Staaten, von denen dann Tribut erpreßt wurde, sorgte eine militärische Besatzung dafür, daß das Band nicht riß, sorgte also für Aufrechterhaltung der Funktionswilligkeit. Der unterworfene Staat wurde in diesem Fall in seiner Gesamtheit zu einer Melkkuh, zu einem Erwerbsorgan, das gewaltsam festgebunden sein mußte.
Auch im Zwangsstaat sorgen Wächter – Armee, politische Polizei – für die Aufrechterhaltung der Funktionswilligkeit der Bürger. Hier sind wir der Problematik der Krebszellen bereits sehr nahe. Auch im Körper der vielzelligen Organismen muß nicht bloß eine Instanz vorhanden sein, die den einzelnen Teilen ihre jeweilige Funktion vorschreibt, sondern auch Wächter, die für die Aufrechterhaltung der Funktionswilligkeit sorgen. Die das Verhalten vorschreibende Instanz kennen wir heute: es ist das in jeder Zelle enthaltene geneti-

sche Rezept (Erbrezept). Über die Wächter und Kontrollen wissen wir dagegen noch wenig. Wüßten wir mehr, dann wäre wahrscheinlich das Phänomen der Krebszellen – die ja diese Bindung abschütteln – bereits gelöst.

Weit interessanter jedoch als diese gewaltsamen Bindungen sind andere, deren Werdegang sich in der Tierentwicklung verfolgen läßt. Wir kommen hier zu den Phänomenen der Bindung der Jungen an die Eltern, der sexuellen Bindung, der Gruppenbindung. Wir kommen über diesen Weg auch zu den für uns bedeutsamen Phänomenen der »Liebe«, »Freundschaft« und des »Patriotismus«.[2]

Die Bindung von Jungtieren an ihre Eltern gibt es nur bei Arten mit Brutpflege: Sie beruht auf angeborenen Verhaltensrezepten. Bei Entenküken – so wurde experimentell festgestellt – wird in der dreizehnten bis sechzehnten Stunde nach ihrem Schlüpfen die »Nachfolgereaktion« festgelegt.[3] Sehen sie in dieser Zeit ihre Mutter, dann folgen sie weiterhin dieser nach, sehen sie statt dessen einen Menschen oder einen Luftballon, dann folgen sie weiterhin – irreversibel – nur noch Menschen oder Luftballonen. Diesen Tieren ist also ein Instinkt zur »Bandbildung« angeboren. Mit wem jedoch das »Band« geschlossen wird, darüber entscheiden die Sinneseindrücke in einer ganz bestimmten Entwicklungsphase.

Auch sexuelle Bandbildungen – bei brutpflegenden Arten, die ehig zusammenleben – beruhen auf angeborenem Verhalten. Bei Graugänsen, die besonders lange und starke Bindungen eingehen, erfolgt diese über ein besonderes Verhaltenszeremoniell.[4] Die Tiere sind dann, wie man in der Verhaltensforschung sagt, ineinander »verklinkt«. Sie sind wie durch ein unsichtbares Gummiband aneinander gefesselt.

Ebenso ist heute erwiesen, daß bei gruppenbildenden Tierarten der Zusammenhalt zwischen den einzelnen Individuen über angeborene Reaktionen erfolgt. Termiten, Ratten, Wölfe, Schimpansen kämpfen für ihre jeweilige Gemeinschaft, ja opfern sich für diese auf.

Wesentliche Gründe sprechen dafür, daß auch manche Formen menschlicher »Bandbildung« instinktgesteuert sind. Wie jeder weiß, sind die Phänomene des Sichverliebens nicht Ergebnis unserer Intelligenz. Auch ethische Ideale dürften bei uns während der

Pubertät prägungsartig festgelegt werden. Ideale, die ein Kind in dieser Zeit bildet, beeinflussen seine spätere Lebensanschauung wesentlich.[5] Auch die Reaktion patriotischer Begeisterung, besonders vor Kriegsausbrüchen zu beobachten, dürfte – recht ähnlich wie bei manchen Tierarten – von angeborenen »Mechanismen« in unserem Zentralnervensystem beeinflußt sein. Dazu kommen beim Menschen Bindungen durch Gewohnheit, gemeinsame Interessen und ähnliches.

Es gibt somit »Bänder«, die durch angeborene oder erworbene Verhaltensweisen geschaffen werden. Versuchen wir auch diese vom Energonkonzept her zu beurteilen.

5

Bei der Bindung des Entenkükens an seine Mutter – und ähnlichen Bandbildungen – ist es so, daß hier Lebewesen bei der Geburt noch nicht fertig und deshalb auf Brutschutz angewiesen sind. Für die betreffende Periode werden die Eltern zu ihrem »Schutzorgan«: zum schützenden Funktionsträger. Für das Jungtier ist es von großer Wichtigkeit, daß es dieses Organ nicht verliert, daß also das Band zu diesem erhalten bleibt. Das ist über Instinktvorgänge sichergestellt. Geht dem Küken die Mutter verloren, dann piept es auf Grund einer angeborenen Reaktion laut vernehmlich. Im Schutzorgan (der Mutter also) löst dies die ebenfalls angeborene Reaktion aus, selbständig nach dem Küken – also nach dem zu schützenden Energon – zu suchen. Läuft das Küken der Mutter nach, *dann folgt es somit seinem eigenen Schutzorgan.*

Noch kurioser erscheinen aus dieser Perspektive menschliche Bindungen: etwa die sexuelle Bindung. Sie ist – vom Erwerbsstandpunkt – vor allem für die Frau wichtig.

Ist der Mann der einzig verdienende Teil, dann ist er für die Frau – ihr Erwerbsorgan. Dieses nicht zu verlieren ist dann für sie das zentrale Problem. Irgendwie muß dieser Funktionsträger – es sei denn, ein anderer wird gefunden – gefesselt bleiben. Genauer: seine Funktionsbereitschaft darf nicht verlorengehen. Welche Mittel setzt nun die Frau ein, um das zu erreichen?

Jede Frauenzeitschrift – aber auch Romane, Prozeßberichte usw. – geben genaue Schilderungen der hier angewandten teils drastischen, teils sehr subtilen Methoden. Zu ihnen gehören: Szenen, Drohung, gut kochen, verwöhnen, Eifersucht wecken, verständnisvoll sein, eigenwillig und undurchsichtig sein, Angst wecken, Selbstmordversuch usw. Zum Teil stammt solches Verhalten aus Erziehung und eigenen Intelligenzakten – ist dann also *erworben*. Sehr viel wird aber auch »instinktiv« eingesetzt – solche Verhaltenssteuerungen sind dann also *angeborene* Waffen der Frau. Vom Standpunkt der Energontheorie sind alle dafür zuständigen Rezepte Funktionsträger der *Bindung* – und zwar der Bindung eines Erwerbsorganes an sein Energon.

Die Pflege der uns angenehmen Gefühle und damit auch unserer Liebes- und Freundschaftsbeziehungen fällt weitgehend in den »Luxusbereich« (Kulturbereich) und läßt sich mit ökonomischen Maßstäben nicht messen. Wo diese Verhaltensweisen jedoch innerhalb der Erwerbskörper eine funktionelle Rolle spielen, ist eine solche Bewertung doch berechtigt, ja angebracht. Leichter fällt sie bei dem ähnlichen, jedoch weniger mit Gefühlsmomenten belasteten Verhältnis zwischen Zuhälter und Dirne.

Hier wird die Frau zum Erwerbsorgan des Mannes. Wie bindet er diesen Funktionsträger an sich?

Die Praxis zeigt, daß auch hier sowohl angeborene als auch erworbene Verhaltensrezepte mit im Spiel sind. Häufig macht der Zuhälter sein Mädchen erst in sich verliebt. Er schafft so ein mögliches, festes, instinktverankertes Band. Dann wird der Widerstand gegen die Tätigkeit als Prostituierte auf die eine oder andere Art gebrochen: durch Überredung, Drohung, Belohnung, Zärtlichkeit, Alkohol, Schläge. Die Funktionsbereitschaft wird geschaffen. Die pure Gewalt bleibt dann weiterhin ein wichtiges Bindemittel. Es kann auch so vor sich gehen, daß eine Prostituierte sich freiwillig einem Zuhälter anschließt, um in dessen Schutz zu sein. Auch alle diese so verschiedenartigen Vorgänge und der Aufwand, den sie verursachen, gehören – im jeweiligen Energon – bilanzmäßig in die Rubrik »Bindung«. Es sind Funktionen, die dieser innere Frontabschnitt notwendig macht.

Noch ein Beispiel für Bindung: die einer Räuberbande an ihren Hauptmann oder eines Volkes an einen Diktator. In beiden Fällen handelt es sich um Menschen, die eine entsprechende Zahl von anderen zu Bestandteilen ihrer Erwerbsstruktur und Willensentfaltung machen. Diese anderen müssen irgendwie aneinander und an die Leitperson gebunden sein, sonst zerfällt der Körper, stehen Räuberhauptmann und Diktator ihrer Erwerbsorgane beziehungsweise Machtstruktur entledigt da.

Finanzielle Bindungen – von denen wir gleich anschließend sprechen – spielen hier eine wichtige Rolle. Sehr wesentliche Bindemittel sind aber auch in diesem Fall angeborene oder erworbene Verhaltensrezepte.

Beim Räuberhauptmann kann es körperliche oder geistige Überlegenheit oder eine mitreißende Führerpersönlichkeit sein, die ihm zu »unbedingter Gefolgschaftstreue« verhelfen. Ähnliche Eigenschaften sind es auch beim Diktator. Er kann wohl viele Untergebene über Gewalt oder durch Entlohnung binden, doch soundso viele müssen ihm wirklich »ergeben« sein. Die angeborene Reaktion, sich dem Stärkeren, Überlegenen unterzuordnen – die auch bei rudelbildenden Tieren nachgewiesen ist –, spielt hier eine wichtige Rolle. Droht dem Erwerbskörper Zerfall, lockern sich die Bande, dann gibt es ein erprobtes Mittel, um diese zu festigen: den gemeinsamen Feind, die gemeinsame Gefährdung. Auch hier handelt es sich um ein auch bei Tieren nachweisbares Verhalten: um die »soziale Verteidigungsreaktion«. Beim Menschen braucht der Feind gar nicht real zu sein, hier kann es genügen, in der Phantasie einen solchen hervorzuzaubern. Seit es die menschlichen Sprachen gibt, gibt es Demagogen, die dieses Kunstmittel anwenden. Auch auf solche Art können durch Aktivierung von Instinkten Bindungen verstärkt (oder geschaffen) werden.

Weitere Mittel zur Festigung der Gefolgschaftstreue – zur Verstärkung von »Patriotismus« und »Staatsbewußtsein« – sind Zeremonien, Hymnen, Paraden, Ehrungen. Die Wirkung ihres »Pathos« hat ebenso bindenden Charakter wie die gemeinsame Sprache, wie Sitten, Kunst, Lebensideale und nationale Erfolge. Auch die besonders starken religiösen Bindungen sind nicht selten zur Verstärkung der Bindung von Völkern an ihre Monarchen herangezogen worden. Eine ungeheure Vielfalt der Erscheinungen erbringt somit die gleiche funktionelle Wirkung: Funktionsträger an ihr Energon zu fesseln, *Funktionsbereitschaften zu erzeugen*.

6

Bei den menschlichen Erwerbskörpern, besonders bei den Betrieben, wurde Geld – genauer: Entlohnung – zum hauptsächlichen Bindungsmittel. Auch dafür gibt es schon bei den Pflanzen und Tieren Vorstufen.

Vom Problem der Bindung her stellt sich das Verhältnis Kirschbaum-Vogel so dar: Durch die Gabe der Frucht macht der Kirschbaum den Vogel vorübergehend zu seinem Funktionsträger. Durch ein Energiequantum bindet er diese Einheit temporär an sich. Weder der Vogel noch der Kirschbaum »wissen« etwas davon. Aber de facto – vom Energiestandpunkt, von der Bilanz her – gehört der Vogel für soundso lange mit zum Leistungskörper der Pflanze.

In ganz analoger Weise mietet der Unternehmer die Dienste seiner Angestellten vorübergehend oder »bis auf Kündigung«. Mietpreis – wir sprechen von Honorar, Gehalt etc., doch faktisch ist es eine Miete – ist in diesem Fall die Universalanweisung auf menschliche Leistung: »Geld«. Damit gewinnt das Geld die Funktion eines Bindemittels.

Grundlage für jede Miete menschlicher Arbeitskraft ist ein Vertrag – sei dieser nun mündlich oder schriftlich. Die Sicherstellung der Einhaltung übernimmt im Falle schriftlicher oder sonst formal (etwa vor Zeugen) geschlossener Abmachungen der Staat durch das Zwangsmittel Rechtsordnung. Geld ist in diesem Fall das eigentliche Bindemittel. Der Staat wird zusätzlich zum Organ der Sicherung dafür, daß die vereinbarte Funktionsbereitschaft erhalten bleibt.

Auch bei allen sonstigen Funktionsträgern eines Unternehmens (Werkzeugen, Maschinen, Anlagen) spielt Geld als Bindungsmittel indirekt eine wichtige Rolle. Der das Eigentum schützende Staat schützt nur solches, das im ordentlichen Tauschakt – in der Regel über Geld – erworben wurde. Sieht man die Dinge so, dann beruht jedes Eigentum und jede Miete – ob es sich um ein Ding oder eine Person handelt – auf einem Vertrag.[6]

Weitere Mittel, um solche durch Geld und Verträge bewirkten Bindungen noch zu verstärken, sind jedem Betriebswirt bekannt. Durch Kündigungsfrist, Konventionalstrafe, Vorschüsse, Kredite, Investivlohn versucht der Betrieb der Gefahr, daß ihm Funktionsträger verlorengehen, entgegenzuwirken. Die menschlichen Erwerbsstrukturen sind hier weit schlechter dran als die Organismen, bei denen jedes Organ auf Gedeih und Verderb mit dem Gesamtkörper verwachsen ist. Sowohl bei den Pflanzen als auch bei den Tieren ist es ausgeschlossen, daß ein Organ zu einem anderen Organismus »hinüberwechselt«. Bei den nichtverwachsenen Energonen, die der Mensch aufbaut, ist das aber durchaus möglich. Angestellte können wegengagiert werden, wichtige Funktionsträger können (sofern der Gemeinschaftswille, also Gesetze, dies nicht verhindern) im Handumdrehen zu solchen eines Konkurrenten werden. Die Bindungsfrage ist hier somit noch mehr akut.

Im Anfang der industriellen Entwicklung hatten Betriebe nicht selten ein Monopol hinsichtlich der Vergabe von Arbeitsplätzen. Sie konnten sich deshalb die besten Kräfte auswählen, konnten deren Löhne äußerst drücken. Der am Ort bestehende Mangel an Erwerbsmöglichkeiten wurde so zu einem Garanten für ein festes Band. Heute hat sich das Blatt gewendet. Die meisten Betriebe müssen beträchtliche Anstrengungen unternehmen, um gute Mitarbeiter für sich zu verpflichten *und sich diese zu erhalten.*

Der Betriebsangehörige wird umworben, man versucht, ihn durch ein angenehmes »Betriebsklima« zu binden. Eine gute und billige Kantine wird geboten, saubere und freundliche Arbeitsbedingungen, Betriebsveranstaltungen, Musikberieselung, Vergünstigungen, Freizeit, Betreuung der Familie, Rechtsbetreuung, Altersversorgung und anderes. Vom Energon her müssen auch diese Aufwendungen weitgehend dem Ausgabenkonto »Bindung« angelastet werden. So wie in jedem Staatsbudget Ausgaben enthalten sind, die letztlich dazu dienen, der jeweiligen Regierung die Funktionsbereitschaft der Staatsbürger zu erhalten, so müssen heute auch die meisten Betriebe wesentlich mehr tun, als bloß ihre Angestellten finanziell sicherzustellen.

Galbraith unterscheidet vier Motive, die Menschen dazu bewegen, ihre persönlichen Wünsche zurückzustellen und im Rahmen einer Gemeinschaft disziplinierte Arbeit zu verrichten. Das erste ist Angst vor Strafe, das zweite ist das Streben nach Geld. Das dritte nennt Galbraith »Identifizierung«: Dem einzelnen kann es – ganz abgesehen vom Erwerbsvorteil – Befriedigung verschaffen, zu einem Funktionsträger zu werden, in einer Aufgabe aufzugehen. Das

vierte nennt er »Adaption«. In diesem Fall – das trifft besonders leitende Stellen – diene der einzelne der Organisation nicht, »weil er ihre Ziele über die eigenen stellt, sondern weil er hofft, sie auf diese Weise mit den eigenen Zielen besser in Einklang zu bringen«. Er macht also die Organisation zum Wirkungsfeld des eigenen Willens.
Diese Unterteilung, die im Funktionellen wurzelt, hat ihre Berechtigung. Zu den ersten beiden Formen der Unterwerfung kommt es einerseits durch Gewalt, andererseits durch eine Tauschgabe (»Entlohnung«). Die beiden weiteren Motive wurzeln bereits im menschlichen Luxusstreben. In Fall drei und vier wird die Arbeit zusätzlich noch zu einer Quelle des Vergnügens. Bei der »Identifizierung« ist es der soziale Trieb, sich einer Gemeinschaft einzuordnen, der angesprochen wird. Aus Lob und Anerkennung erprießen dem Menschen positive Gefühle. Bei der »Adaption« wird ein weiterer angeborener Verhaltensmechanismus aktiviert: der beim Menschen stark ausgeprägte Aggressionstrieb. Er drängt zum Erringen von Führerstellen und belohnt durch die ebenfalls lustspendenden Erlebnisse individueller Befehlskraft und Machtentfaltung.
Der Betrieb – wie auch der Staat – hat somit verschiedene Möglichkeiten, die durch Geld und Verträge geschaffenen Bindungen zusätzlich durch Genußspenden zu verstärken. Diese belasten wohl die Bilanz als zusätzliche Ausgabe, führen aber durch entsprechend stärkere Bindungen zu einer Steigerung der Konkurrenzkraft.
Das gewaltsame Herabdrücken des »gerechten Lohnes« – auf Grund von Monopolstellungen innerhalb der kapitalistischen Staaten – führte zur Gegenbewegung des Kommunismus. Von der Energontheorie her stellt sich der Zusammenhang so dar: Macht und Notlage wurden ausgenützt – eine »günstige Umweltsituation« also –, um für Bindung weniger auszugeben als normalerweise nötig.
Marx fiel keine bessere Abhilfe ein, als das Eigentum des Unternehmers an den Produktionsmitteln zu verdammen. Der Arbeiter müßte, so erklärte er, selbst anteilig Eigentümer der Betriebsmittel sein. Daraus ergab sich – folgerichtig – die gewaltsame Enteignung. Zum Eigentümer der Anlagen, Maschinen etc. – also der künstlichen Organe – wurde der die Arbeitsinteressen vertretende Staat.

Dieser wurde dadurch zu einem kommerziellen Riesenbetrieb. Was Marx übersah – und das belastet die kommunistischen Länder bis heute –, war die funktionelle Bedeutung des Unternehmers und jene des Konkurrenzkampfes als Gratisinstrument zur Hochhaltung der Leistungen.

Indem die kommunistischen Staaten die Bindung von Betriebsmitteln an Einzelpersonen nicht gestatten, verhindern sie gewaltsam die Bildung von Energonen. Innerhalb des normalen Integrationssystems wird so eine ganze Schicht ausradiert: die Privatunternehmen, die sich in den industrialisierten Ländern zwischen die Berufstätigen und den Staat einschieben. *Der Faktor Bindung ist somit der eigentliche Angelpunkt für die »weltanschauliche« Kluft, welche unsere Welt heute in zwei große Lager spaltet.*

Im kommunistischen Staat werden die Betriebe zu Organen – zu Funktionsträgern. Das aber zieht nach sich, daß der Staat für sie sorgen und sie kontrollieren muß – eine sehr bedeutsame bilanzmäßige Mehrbelastung. Außerdem gehen so die aus dem natürlichen Erwerbsstreben hervorwachsenden Impulse und das Gratisregulativ der Auslese des Tüchtigeren durch den Konkurrenzkampf verloren. Daß die von Marx vorgeschlagene Lösung weder die einzig mögliche noch die beste war, hat sich inzwischen gezeigt. Das Ausnützen »günstiger Umweltsituationen« für billige Bindung wird heute durch die Interessenvertretungen der Arbeitnehmer (Gewerkschaften, staatliche Kontrolle) ebenfalls erreicht – *weniger kostspielig für die Gesamtwirtschaft.*

Zweifellos kann mancher Fortschritt durch eine gewaltsame Zentralregierung stärker und schneller vorangetrieben werden als in marktwirtschaftlichen Demokratien. Aber durch Verbot der Bindung, die wir »Eigentum an Produktionsmitteln« nennen, wird eine sehr wesentliche, für jede Volkswirtschaft wichtige Kraft erstickt. Ist das natürliche Gewinnstreben unterbunden, dann muß der einzelne sich weitgehend über »Identifizierung« und »Adaptionen« – im Sinne Galbraiths – befriedigen. Bei manchen Menschen mag das gelingen, bei sehr vielen jedoch gelingt das nicht. Ausgerechnet der menschliche Impuls zur individuellen Energonbildung – auf der die zweite Stufe der Evolution basiert – wird so weitgehend zum öffentlichen Feind gemacht.

Damit sind die Phänomene und Probleme der Bindung nur eben grob angedeutet. Es gibt noch viele weitere.

So besteht etwa für den Konkurrenzwert ein bedeutsamer Zusammenhang zwischen der Energongröße und den Kosten der notwendigen Bindungen. In der Wirtschaft zeigte sich, daß die Bindungsfunktion mit zunehmender Organisationsgröße schwieriger wird – daß also die durch sie verursachten Kosten unproportional anwachsen. Je mehr Untergebene, um so größer wird der notwendige Kontrollapparat, um sie zusammenzuhalten.[7] Ähnliche Zusammenhänge spielen auch bei den tierischen und pflanzlichen Körpern eine Rolle.

Vielfach werden die Kosten der Bindung durch Doppelfunktion, Funktionserweiterung und Nutzbarmachung von Fremdenergie vermindert. Dann üben Einheiten diese Funktion aus, die scheinbar im Dienst ganz anderer Funktionen stehen oder in der Bilanz überhaupt nicht in Erscheinung treten.

Ein Beispiel für eine Doppelfunktion ist die Schädelkapsel des Menschen und der übrigen Wirbeltiere, von der gemeinhin angenommen wird, daß sie das so lebenswichtige Gehirn gegen Störungen und Bedrohungen abschirmt. Das tut sie zweifellos, doch die Bindungsfunktion ist hier nicht minder wichtig. Da die Gehirnzellen auf Grund ihrer Funktion in einem besonders innigen Kontakt stehen müssen und die notwendige feste Bindung dieser Einheiten auf anderem Wege gar nicht möglich sein dürfte, wird die sie fest umschließende Kapsel zum technisch einzig möglichen Mittel, um ein Auseinanderreißen – auch schon bei schnellen Körperbewegungen – zu verhindern.

Ein Beispiel für das Einspannen von Fremdenergie für die Bindungsfunktion ist bei fast jeder menschlichen Erwerbsstruktur das Nutzbarmachen der auf unserem Planeten wirksamen Schwerkraft. Viele unserer Einrichtungen stehen auf Grund ihres »Eigengewichtes« am Ort fest, so daß sie dort nicht besonders festgemacht zu werden brauchen. Das erscheint selbstverständlich, ist es aber durchaus nicht – das wissen heute die Astronauten. Im schwerelosen Raum fällt »Gewicht« und die damit verbundene Bodenreibung als bilanzentlastende Hilfe weg. Was dort nicht festgemacht ist, kann sich bei Anstoß leicht auf die Wanderung machen.

Die Entstehung oder Verstärkung von Bindungen innerhalb von Tier- und Menschengemeinschaften durch das Auftreten von *Feinden* ist ebenso »ungewollt« wie jene durch die Schwerkraft. Für den Feind – etwa für den Räuber – ist diese Wirkung, die er ausübt, sogar äußerst ungünstig. Tatsache aber ist: er übt sie aus. Und der Politiker, der heute – wie in der gesamten Geschichte – die Vorstellung einer Bedrohung in fremden Gehirnen aufbaut, nützt Fremdwirkung ebenso aus wie jeder, der es dem »Eigengewicht« eines Körpers überläßt, fest an einem Ort stehenzubleiben.

Von der Bilanz her können alle Ausgaben, welche die Bindungsfunktion verursacht, in einer gemeinsamen Rubrik zusammengefaßt werden, denn sie beeinflussen das innere Wertgerüst in sehr ähnlicher Weise. Daß auch hier Kosten und Präzision dieser Wirkungen wichtige Kriterien sind, braucht wohl nicht erst bewiesen zu werden. Dagegen tritt das Kriterium Zeitaufwand an Bedeutung zurück. Nur bei den fakultativen Bindungen von künstlichen Organen ist Schnelligkeit – unter Umständen – für den Konkurrenzwert von Bedeutung.

Der Kritiker mag hier einwenden, daß sich gerade beim Faktor »Bindung« die praktische Unmöglichkeit der Berechnung des Konkurrenzwertes zeigt. Er mag sagen: Wenn Phänomene wie Instinkte, Gewohnheiten, Freundschaft etc. mit ins Spiel kommen, dann ist eine konkrete Messung nicht mehr möglich. Das stimmt im Einzelfall, im großen Durchschnitt jedoch nicht.

Es verhält sich hier ähnlich wie im anorganischen Bereich. Für das einzelne Atom ist die Wärmebewegung nicht bestimmbar – für eine Vielzahl von Atomen ergibt sich dagegen ein recht genauer statistischer Wert. In Betrieben hat sich das gleiche gezeigt. So ist etwa der Wert einer besseren Kantine, einer besseren Angestelltenbetreuung, einer freundschaftlichen Geschäftsverbindung empirisch durchaus abschätzbar. Uns persönlich erscheinen unsere Reaktionen und Gefühle wohl frei und variabel. *Über längere Zeiträume hinweg werden sie jedoch zu einer recht genau fixierbaren Größe.*

Auch sämtliche Funktionsträger der Bindung sind evolutionär gesteuert, und zwar liegt hier eine doppelte Steuerung vor. Wie *stark* die Bindung zwischen zwei Funktionsträgern sein muß, wird stets durch die Gesamtheit aller Umwelteinflüsse diktiert. Genauer: durch jenen Umwelteinfluß, der das Energon der stärksten Beanspruchung aussetzt. Bei Bäumen mag das Sturm oder Schneelast sein, bei den Tieren ist es oft die Art ihres Beuteerwerbs oder die Angriffsmethode ihrer Raubfeinde. Bei den Betrieben ist es vielfach die Wirksamkeit der Konkurrenz. *Form, Größe* und *Material* werden dagegen durch die Einheiten diktiert, die verknüpft werden müssen. Diese üben somit sekundäre Wirkungen aus. Wird etwa in Betrieben die gleiche Funktion hier durch einen Menschen und dort durch eine Maschine erbracht, dann zeigt sich, wie verschiedenartig die jeweils nötigen Bindemittel sind.

Sowohl die äußere als auch die innere evolutionäre Steuerung erfolgt über die natürliche oder intelligenzgesteuerte Auslese. Sind Bindungen zu schwach, dann kann der betreffende Energontyp sich nicht behaupten. Sind sie zu stark oder zu kostspielig, dann ist das ein überflüssiger Aufwand, der das betreffende Energon – im Konkurrenzkampf – ebenfalls schädigt und früher oder später zu seinem Ausscheiden führen kann.

Die zweite »innere Front« hat mit der eben besprochenen manche Ähnlichkeit. Geht es bei jeder Bindung um das Zusammenhalten von materiellen, also räumlichen Einheiten, so geht es beim nächsten Faktor um die Verknüpfung von Bewegungsvorgängen, *also von zeitlichen Abläufen.*

Anmerkungen

[1] »Ein Rechtsverhältnis zwischen dem einzelnen Menschen und seinen Gliedern oder Organen ist undenkbar«, schrieb Otto von Gierke. (»Das Wesen der menschlichen Verbände«, 1902, S. 30.) Tatsächlich aber konstituiert das in den Zellen enthaltene Erbrezept eine »Verfassung«, die sich durchaus mit den menschlichen Rechtsordnungen vergleichen läßt. Sie besteht nicht zwischen dem »Menschen« und seinen Organen, sondern zwischen den Funktionsträgern, die insgesamt das sind, was den leistungsfähigen Menschen ausmacht. So wie Kelsen in der Rechtsordnung (»einem System von Normen«) das den Staat Konstituierende sah, so ist auch die »Rechtsordnung« Erbrezept das den individuellen Körper eines tierischen und pflanzlichen Organismus Konstituierende.

[2] Einen interessanten Überblick über die bei Tieren auftretenden Formen der »Bandbildung« und die Frage, wieweit menschliche Bindungen auf ähnlichen oder gleichen Mechanismen beruhen, gibt I. Eibl-Eibesfeldt in seinem aufschlußreichen Buch »Liebe und Haß – Zur Naturgeschichte elementarer Verhaltensweisen«, München 1970.

[3] E. H. Hess, »Imprinting an Effect of Early Experience«, in: »Science« 130, 1959, S. 133–141.
[4] Einzelheiten gibt Konrad Lorenz in seinem lesenswerten Buch »Das sogenannte Böse«, Wien 1966.
[5] Auf Einzelheiten über das menschliche Triebverhalten komme ich in Abschnitt 2, Kapitel II ausführlich zurück. Noch ausführlicher in Band 4.
[6] So sah auch Sombart die Zusammenhänge. Er schrieb: »Jedes technische Problem muß sich im Rahmen der kapitalistischen Unternehmung in einen Vertragsabschluß auflösen lassen, auf dessen vorteilhafte Gestaltung alles Sinnen und Trachten des kapitalistischen Unternehmers gerichtet ist.« (»Der moderne Kapitalismus«, München 1921, S. 321.)
[7] M. Haire, »Modern Organization Theory«, New York 1959, S. 302.

II
Ursprung des »Ich«

> *Das Ich ist der Fürst des Alls, der König der Geschöpfe, der Schirmherr der Wesen. Es ist der Damm, der die Welten voneinander trennt, auf daß sie nicht ineinander verfließen.*
> Bridadarajanka-Upanischad (ca. 1000 v. Chr.)
>
> *Und wohin ich auch steige, überall folgt mir mein Hund, der heißt »ich«.*
> Friedrich Nietzsche (ca. 1904)
>
> *Cogito ergo sumus.* Johann Plenge (1919)

1

In Betrieben äußert sich die Wichtigkeit einer Funktion in der Höhe des Entgeltes, das ihre Ausübung einbringt. Die weitaus höchsten Gehälter (plus Nebenleistungen) erhalten die Leitungsspitzen – heute sind es die Manager. Im Staat ist es ebenso. Die höchstbezahlten Posten sind die der obersten Leitung.

Fragt man nach der wichtigsten Funktion im Körper eines Tieres oder einer Pflanze, dann fällt die Antwort weit schwieriger. Hier werden die einzelnen Organe und Gewebe nicht auf dem Markt erworben, und fast jeder Teil ist lebenswichtig. Immerhin kommt dem genetischen Rezept in den Zellkernen und – bei den höheren Tieren – dem Zentralnervensystem besondere Bedeutung zu. Das Erbrezept ist für den Aufbau des Körpers verantwortlich, das Zentralnervensystem für dessen zweckvolle Bewegung. Wenn hier auch das Wort »Wert« nur im Sinne einer mehr oder minder leichten Ersetzbarkeit verwendet werden kann, so haben doch zweifellos auch bei den Organismen die steuernden Einheiten eine besondere Stellung. Sie sind auch die weitaus kompliziertesten und differenziertesten Funktionsträger.

Betrachten wir uns selbst, dann kann über unsere wichtigste Einheit – gemäß unserem subjektiven Empfinden – kaum ein Zweifel bestehen. Die zentrale und für uns bedeutsamste Erscheinung ist hier unser »Ich«: unser Denken und Empfinden. Sie ist praktisch über-

haupt die Voraussetzung für unser wirkliches Sein. Ohne unser Bewußtsein mag wohl unser Körper vorhanden sein – wie bei einem völlig Geistesgestörten –, aber ein eigentliches »Ich« ist dann nicht existent.
Nach altüberlieferten Vorstellungen deckt sich »Ich« weitgehend mit »Seele« (oder mit »Geist« im metaphysischen Sinn), und viele erblicken darin etwas Unmaterielles oder nur teilweise Materielles.[1] In zahlreichen Glaubensvorstellungen ist das »Ich« unsterblich, so daß dann alles übrige nur eine Art von Schale ist, in die das Ich vorübergehend hineinschlüpft. Nach dem Konzept des Buddhismus beseelt das Ich sogar in Aufeinanderfolge eine Reihe solcher körperlicher Schalen und kann im Verlaufe der »Seelenwanderung« auch individuelle Erinnerungen bewahren. Vom naturwissenschaftlichen Standpunkt ist das Ichbewußtsein eine Funktion unserer Großhirnrinde. Auch hier ist jedoch kaum je bezweifelt worden, daß diese Funktion das eigentliche Zentrum des Organismus »Mensch« ist.
Die Energontheorie führt dagegen unerbittlich zu der Schlußfolgerung (die vielen wohl als das Absurdeste an dieser Theorie erscheinen mag), daß auch jede steuernde Struktur – und somit auch unser »Ich« – bloß ein Funktionsträger wie alle übrigen ist, durchaus nicht Zentrum und Herr, sondern auch nur Diener. Der wirkliche »Herr« ist und bleibt immer die auf Energieerwerb ausgerichtete Struktur. Diese kann – zumindest in manchen Fällen – auch ohne zentrale Steuerung ihre Leistung erbringen. Nie aber gibt es Steuerungsvorgänge ohne Kraftaufwand: ob dieser nun in einem Bewegungsvorgang oder einem Widerstand besteht. Ohne Energie gibt es letztlich nichts: weder Materie noch Bewegung – nach Einsteins allgemeiner Relativitätstheorie nicht einmal Zeit und Raum.[2]
Vom menschlichen »Ich« zeichnet die Energontheorie ein höchst merkwürdiges Bild: Die Keimzelle Mensch gelangte zu solcher Überlegenheit, befreite sich derart von allen bis dahin den Lebensprozeß einschränkenden »Fesseln«, daß der Energieerwerb – die zentrale Erscheinung – gleichsam zur Selbstverständlichkeit wurde. Das ganz andere Problem trat für sie in den Vordergrund: Was soll mit den Überschüssen geschehen? Hier riß die steuernde Einheit – an das Steuern gewöhnt – die Zügel an sich. Sie betrachtet sich als Selbstzweck – und macht die schnöde Energie zu einem scheinbaren

Diener. Alles hat ihren Regungen zu folgen, sie wird zum König. Sie verherrlicht sich, bedauert sich, berauscht sich oder verzweifelt – *ein Diener, der unversehens an die Reichtümer des Herrn gelangt ist und selbst kaum weiß, wozu er diese verwenden soll.*
Hat eine solche Entwicklung wirklich stattgefunden? Und wie nahm sie einen solchen Verlauf?

2

Die zweite »innere Front« ist die einzige Problematik, mit der sich bereits eine junge Wissenschaft sehr im Sinne der Energontheorie beschäftigt hat. Die von dem Mathematiker und Techniker Norbert Wiener begründete Kybernetik untersucht die Phänomene der Steuerung von der Funktion her. Es wird dort als sekundär erachtet, ob es Nerven oder Drähte sind, Ganglienzellen, Menschen oder elektronische Einheiten, mit deren Hilfe Steuerungsvorgänge ablaufen. In der Funktion, in der Leistung erblickt man das Wesentliche und fragt ganz allgemein: Wie müssen Einheiten beschaffen sein, um eine steuernde Leistung zu erbringen?
Von der Energontheorie her ist die Bezeichnung »Steuerung« (»Kybernetik« ist vom griechischen Wort für »Steuermann« abgeleitet) für die Gesamtheit dieser Problematik nicht wirklich geeignet. Es geht bei diesem Funktionskreis im Prinzip darum, Bewegungsabläufe miteinander zu verknüpfen, zu »koordinieren«. Im einfachsten Fall stellt das noch keine Steuerung im eigentlichen Sinne des Wortes dar. Deshalb nenne ich die zweite innere Front »Koordination«.
Im Gegensatz zur »Bindung« trifft diese innere Forderung nicht alle Funktionsträger – sondern nur solche, deren Funktion in einem Bewegungsvorgang besteht. Die Dornen eines Rosenstrauches oder der Schornstein einer Fabrik leisten zum Beispiel ihren jeweiligen »Dienst« in ganz *passiver* Weise. Die Dornen behindern Pflanzenfresser in ihrer Tätigkeit, der Schornstein lenkt Rauch in eine ganz bestimmte Richtung. Eigenbewegungen sind für diese Funktionen nicht nötig – und deshalb auch keine Koordination mit anderen Bewegungen.

Aber auch nicht jeder *aktiv* tätige Funktionsträger muß mit der Tätigkeit anderer koordiniert sein. Das zeigen etwa die schon besprochenen Nesselkapseln der Korallenpolypen. Werden sie von einem Fremdkörper berührt, dann schießen sie ihre Pfeile ab – ganz unabhängig davon, was der restliche Körper gerade tut.

Bei den sechs Beinen eines Käfers ist es anders. Für diese Funktionsträger genügt es nicht, für sich isoliert Bewegungen auszuführen. Um die benötigte Funktion zu erbringen – nämlich den Körper des Käfers fortzubewegen –, ist eine ganz bestimmte Verknüpfung mit den Bewegungen der übrigen Beine erforderlich – außerdem mit den Sinnesmeldungen der Augen.

Während also jeder Funktionsträger an sein Energon gebunden sein muß, braucht durchaus nicht jeder mit den übrigen *koordiniert* zu sein. Die zweite innere Front trifft somit nur manche Funktionsträger – doch sie ist darum nicht weniger bedeutsam. Im Gegenteil: Kein anderer Faktor hat den Energonen kompliziertere Einrichtungen aufgezwungen als gerade dieser.[3]

3

Wie können überhaupt – ganz allgemein betrachtet – zwei Funktionsträger in ihren Bewegungen miteinander *koordiniert* werden? Welche zusätzlichen Einrichtungen sind hierfür erforderlich?

Ohne Zweifel muß in diesem Fall irgendein Signal von dem einen Funktionsträger zu dem anderen hinüberfließen, ein Kommando, durch das ein Zusammenwirken erzielt wird. Das aber macht bereits das Vorhandensein von nicht weniger als vier grundverschiedenen funktionellen Strukturen unerläßlich.

Erstens muß ein vermittelndes Etwas da sein, über das das Signal seinen Weg nehmen kann. *Zweitens* ist das Signal selbst notwendig. *Drittens* muß bei dem einen Funktionsträger eine Sendevorrichtung vorhanden sein, fähig, das Signal auszusenden. *Viertens* ist beim anderen Funktionsträger ein »Empfänger« notwendig, der das Signal auffängt – und »versteht«. Letzteres gewinnt besondere Bedeutung, wenn verschiedene Signale vom einen Funktionsträger zum anderen hinüberfließen. Dann muß dieser erkennen, um welches es sich handelt.

Erstens: *das vermittelnde Etwas*. In der Kybernetik wird es »Übertragungskanal« genannt. Diese Bezeichnung paßt einigermaßen, wenn wir an Signale durch Hormone über den Blutstrom denken. Diese Botenstoffe werden an einer Stelle von einer Drüse abgesondert und lösen an einer anderen eine bestimmte Wirkung aus. In diesem Fall hat das Signal die Gestalt einer chemischen Substanz und bewegt sich, gemeinsam mit dem Blutstrom, im Röhrensystem des Blutkreislaufes – also wirklich in einem »Übertragungskanal«. Sind dagegen die Signale elektrische Impulse, die über einen Draht laufen, dann paßt das Bild vom »Kanal« bereits weniger gut. Ein Draht ist nicht hohl. Ist das Signal ein Wort, das von einem Menschen gesprochen und von einem anderen gehört wird, dann paßt »Übertragungskanal« noch schlechter. In diesem Fall ist das vermittelnde Etwas die Luft. Ganz besonders schlecht paßt jedoch diese Bezeichnung, wenn die Signalübertragung – etwa bei einer Maschine – über einen Hebel erfolgt. Ein solcher Hebel hat mit einem »Kanal« nicht mehr das geringste zu tun. Darum will ich in der Energontheorie das übertragende, vermittelnde Etwas »Übertragungsmedium« nennen.

Bleiben wir bei der Luft, welche die Schallwellen der Stimme fortpflanzt (im luftleeren Raum pflanzt sich kein Ton fort). Die auf Erden operierenden Energone kostet sie nichts, sie ist als Gegebenheit da. In diesem Fall wird also – für die Zeit der Schallübertragung – die Luft zu einer Hilfseinheit der sich verständigenden Personen. Eine fördernde Umweltgegebenheit wird hier temporär in das Funktionsgefüge des Energons mit eingespannt.

Pflanzen sich im Inneren der Zellen chemische Signale durch die Zellflüssigkeit fort, dann wird – in Doppelfunktion – die Zellflüssigkeit zum »Übertragungsmedium«. Auch hier ist somit kein zusätzlicher Aufwand erforderlich – eine schon gegebene Einheit übernimmt einen weiteren Dienst. Bei der Signalübertragung über Nerven oder Telephondrähte sind dagegen zusätzliche Einheiten Voraussetzung: eben diese Nerven und Drähte. In diesem Fall liegt also ein entsprechender Aufwand, eine entsprechende Bilanzbelastung vor.[4]

Zweitens: *die Signale*. In der Kybernetik nennt man sie »Nachrichtenträger« oder »Informationsträger«. Diese Bezeichnung könnte nicht besser gewählt sein. Von der Energontheorie her sind auch sie *Funktionsträger*. Bei sprachlicher Verständigung treten sie uns in Gestalt von Lauten, Worten und Sätzen entgegen; bei schriftlicher Verständigung in entsprechend angeordneten Schriftzeichen. Bei telegraphischer Übermittlung wird nur über drei Einheiten (langer Impuls, kurzer Impuls, Pause) der Sinngehalt des zu Übertragenden übermittelt. Der Kybernetik gelang es, diesen Sinngehalt – genannt »Information« – mathematisch erfaßbar zu machen. Information wird heute in »bit« gemessen.[5]

Die Entwicklung einfacher Signale läßt sich bei den Tieren gut verfolgen. Schlägt etwa ein Pfau ein Rad, dann überträgt er damit auf Artgenossen eine ganz bestimmte »Mitteilung«, löst bei diesen ganz bestimmte Reaktionen aus (bei Männchen Einschüchterung, bei Weibchen sexuelle Annäherungsbereitschaft). Bei solchen Signalen – die vor allem als Erkennungsmerkmale zwischen Artgenossen und Geschlechtspartnern eine wichtige Rolle spielen – läßt sich feststellen, welche Eigenschaften ein Signal haben muß, um wirkungsvoll zu sein.

Es sind deren zwei: Jedes Signal muß möglichst auffällig sein – damit es gut wahrnehmbar ist. Zweitens soll es noch möglichst ungewöhnlich sein – damit nicht Verwechslungen mit anderen Sinneseindrücken auftreten. Wenn wir bei Tieren – besonders in Gebieten, wo es viele verschiedene Arten gibt – sehr komplizierte und ungewöhnliche Signale finden (man denke etwa an Körperfärbungen, Balz- oder Drohzeremonien), dann erklärt sich das aus der Wichtigkeit, Mißverständnisse zu vermeiden. Auch hier sehen wir eine evolutionäre Steuerung am Werk. Tierarten mit leicht mißverständlichen Signalen kamen in Nachteil, solche mit prägnanten, präzisen Signalen setzten sich besser durch.

Drittens: *der sendende Funktionsträger*. Er muß befähigt sein, Signale über das Übertragungsmedium auf den Weg zu bringen. In manchen Fällen kann eine solche Sendeeinheit sich erübrigen, sie kann mit einem anderen Funktionsträger in Funktionserweiterung zusammenfallen. So übt etwa beim männlichen Rotkehlchen die Färbung der Kehle auf rivalisierende Männchen eine drohende

Wirkung aus. Die Kehle wird hier durch die besondere Färbung – in Funktionserweiterung – zu einem Signal. Eine besondere Sendeeinheit erübrigt sich in diesem Fall: Es wird Fremdenergie dienstbar gemacht. Die sowieso den Raum durcheilenden Lichtstrahlen werden von der Kehle reflektiert und gelangen – ganz von selbst – zu den Augen, dem Empfangsapparat der anderen Männchen. Dagegen sind zur Aussendung von Lautsignalen besondere schallsendende Funktionsträger nötig: Bei den Heuschrecken ist es eine besondere Ausbildung der Hinterbeine und Flügel, bei uns sind es die Stimmbänder. Für schriftliche Nachrichtenübermittlung (etwa durch einen Brief) sind als zusätzliche Einheiten ein Schriftträger (etwa Papier) und ein Schreibwerkzeug nötig. Zur Übermittlung über Telegraph oder Radio gehört ein Sender.

Das sind bereits sehr verschiedene Strukturen (rote Kehle, Stimmbänder, Bleistift, Radiosender), die von der Funktion her zusammengeordnet werden müssen. Den Kybernetiker interessiert dabei das allen zugrunde liegende gemeinsame *technische* Prinzip. Von der Energontheorie her dagegen interessiert die durch die gleiche Funktion bedingte bilanzmäßige Belastung – also der »Aufwand«, die Kosten.

Doppelfunktionen und Funktionserweiterungen erschweren die funktionelle Beurteilung. So ist etwa die rote Kehle des Rotkehlchens sowohl Signal als auch Sender – zwei sehr verschiedene Funktionen fallen hier in ein und demselben Funktionsträger zusammen. Beim Pfau sind die Radfedern nicht nur besonders gefärbt, sondern auch noch entsprechend vergrößert: eine Funktionserweiterung der Schwanzwurzeldeckfedern, durch welche sowohl die Sende- als auch die Signalwirkung verstärkt wird. Außerdem ist dieser Federkranz zusammenklappbar – eine Folge des Funktionskonflikts zwischen Signalwirkung einerseits und Erwerbstätigkeit sowie Feindabwehr anderseits. Das geöffnete Rad würde beim Beutefang behindern und auch für Feinde ein allzu deutliches Erkennungsmal sein. Ferner ist es der Signalwirkung zuträglich, wenn das Signal nur im Augenblick, da es erteilt werden soll, ausgesandt wird. Für die Empfängerseite wird es dann auffälliger. Mannigfache Korrelationen sind so an der evolutionären Gestaltung körperlicher Einheiten und ihrer Bewegungsweise beteiligt.

Bei der menschlichen Nachrichtenübermittlung über technische

Hilfsmittel werden »Störungen« zu einem wichtigen Faktor. Fließen elektrische Impulse über einen Draht, dann werden sie mit zunehmender Entfernung schwächer. Die im Leiter auftretenden Störungen fallen dann stärker ins Gewicht, die Erkennbarkeit des Signals nimmt immer mehr ab. Die Lösung dieses Problems heißt »Relais« und »Verstärkerkette«. Das Signal wird dazu gebracht, einem neuen, starken Stromfluß dieselbe Information aufzuprägen. Gerade dieser Kunstgriff machte die Techniker auf das Phänomen der Steuerkausalität aufmerksam. Von der Energie des Signals geht bei diesem Vorgang nicht das geringste in den weiterlaufenden Stromfluß über. Diese Energie steuert bloß dessen Impulse.
Vom Standpunkt der Sendeeinheit ist an diesem Vorgang interessant, daß hier, zur Verstärkung der Wirksamkeit, auf dem Signalweg weitere – sozusagen kollegiale – Sender eingeschaltet werden.

4

Viertens: *die Empfängerseite.*
Auch hier ist es möglich, daß sich ein eigener Funktionsträger erübrigt – dann nämlich, wenn das Signal unmittelbar zum Reiz wird, der bei der empfangenden Einheit eine entsprechende Reaktion auslöst. Bei den chemischen Botenstoffen, die innerhalb und zwischen den Zellen wirken (besonders bei den Vererbungs- und Entwicklungsvorgängen), liegen meist solche unmittelbaren Wirkungen vor. Hier ist der Signalträger selbst Auslöser einer chemischen Reaktion.
Ist dagegen die Empfängerseite mit Sinnesorganen ausgestattet, die auf mehr als einen Reiz ansprechen, dann lautet das Problem: Wie gelingt es dem Empfänger, unter verschiedenen Reizen ein bestimmtes Signal (oder gar deren mehrere) zu erkennen? Die empfangende Einheit spielt dann funktionell die Rolle eines »Filters«, der jeweils nur ganz bestimmte Reizkombinationen »durchläßt« – die dann dieses oder jenes Verhalten auslösen.
Solche Mechanismen des »Erkennens« wurden bei zahlreichen Tierarten experimentell nachgewiesen. Sind sie angeboren (werden sie also vom Erbrezept aufgebaut), dann nennt man sie AAM – »an-

geborene auslösende Mechanismen«.[6] Es sind auf Signalempfang – genauer: auf Datenverarbeitung – spezialisierte Einheiten innerhalb des Zentralnervensystems. Daß ähnliche Mechanismen des »Erkennens« auch im Vorgang des Lernens und Übens aufgebaut werden können, zeigt jede Tierdressur. In diesem Fall wird dann im Zentralnervensystem künstlich ein solcher »Filter« aufgebaut, der aus der Fülle wahrgenommener Sinneseindrücke ganz bestimmte heraussondert – woraufhin dann eine ebenfalls anerzogene Reaktion erfolgt.

Beim Menschen stellt das »Verstehen« der Bedeutung gesprochener oder geschriebener Sätze eine vergleichbare Gehirnleistung dar. Auch Worte und Sätze sind Signale. Auch sie müssen aus der Vielheit anderer Wahrnehmungen herausgesondert und in ihrer Bedeutung erkannt werden. Auch sie lösen – in unserem Gehirn – eine bestimmte Reaktion aus: das »Erfassen der Bedeutung«, das »Verstehen«. Aus zahlreichen dieser Einzelleistungen innerhalb einer zum Teil äußerst komplizierten Datenverarbeitung bauen sich unsere Intelligenzhandlungen auf.

5

Je wichtiger eine Nachrichtenübermittlung (Information, Meldung, Befehl) innerhalb des Leistungskörpers eines Energons ist, um so wichtiger wird es auch, daß das jeweilige Signal richtig »verstanden« wird, also zur richtigen Reaktion führt. Daraus ergibt sich als weiteres funktionelles Problem das der *Kontrolle*.

Praktisch bedeutet das eine Umkehrung des gesamten Vorganges. Läuft etwa ein Befehl von A nach B, dann muß die Kontrollmeldung von B nach A zurücklaufen. Das erfordert – im Prinzip – vier weitere notwendige Einheiten: einen Sender auf der Empfängerseite, einen Empfänger auf der Senderseite, ein übertragendes Medium (es mag das gleiche sein oder auch nicht) und entsprechende Signale. Dieser umständliche Vorgang eröffnete eine bedeutsame konstruktive Möglichkeit. Solche Rückmeldungen können nämlich dazu verwendet werden, die Befehlsaussendungen unmittelbar zu korrigieren (in der Biologie: »Reafferenzprinzip«).

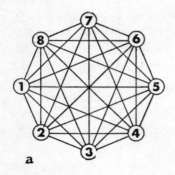 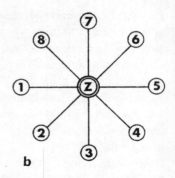

Abbildung 28: Vorzug einer Koordinationszentrale

a) Sollen beispielsweise acht Funktionsträger koordiniert werden (1–8), dann muß jeder mit jedem verbunden sein.
b) Durch den vermittelnden Funktionsträger Z (Zentrale) verringern sich die notwendigen »Leitungen« erheblich. (Nach Stefanic-Allmayer.)

So wie beim Relais das Signal seine Impulse einem anderen Energiestrom aufprägt, so kann die Rückmeldung zum Befehlsgeber dazu verwendet werden, die Befehlserteilung selbst entsprechend zu *steuern*. Das Prinzip der Steuerkausalität tritt auch hier in Erscheinung. Von der Energie der Rückmeldung geht nichts in den Energiestrom der Befehlsgebung über. Sie steuert diesen bloß.
Ein praktisches Beispiel für einen solchen »Regelkreis« ist der Thermostat im Eisschrank. Im einfachsten Fall ist hier die befehlsgebende Einheit ein Thermometer. Steigt dessen Quecksilbersäule höher (etwa bis plus 4 Grad), dann schließt sie einen Stromkreis – und die Kühlmaschine beginnt zu arbeiten. Daraufhin sinkt im Eisschrank die Temperatur, die Quecksilbersäule sinkt ab – und der Stromkreis wird unterbrochen. Die Kühlmaschine setzt aus. Jetzt steigt wieder die Temperatur, die Quecksilbersäule steigt... schließt den Stromkreis: Die Kältemaschine arbeitet wieder. So wird die Temperatur ganz »automatisch« in engen Grenzen konstant gehalten.
In diesem Fall erfolgt die Rückmeldung zur Befehlsstelle (zum Thermometer) über die im Eisschrank befindliche Luft. Als Signal fungiert – ebenfalls gratis – die Wärme. Indem diese die Quecksilbersäule zum Steigen bringt, wird die Kühlmaschine eingeschaltet.

Die Rückmeldung steuert so die Befehlsstelle. Sinkt die Temperatur, dann ist dies eine andere Rückmeldung – die das Abschalten der Kühlmaschine bewirkt. Man nennt diesen Wirkungszusammenhang »Rückkoppelung«. Die Befehlsstelle wird so zu einer Art von Hampelmann, der bloß auf den Fadenzug der Rückmeldungen reagiert. *Auch hier handelt es sich um eine Funktionserweiterung: Die Rückmeldung übernimmt zusätzlich das Amt der Steuerung.*
Sowohl in der Technik als auch im Körper der Organismen spielen solche selbsttätige Steuerungen eine wichtige Rolle.
Im menschlichen Körper wird auf diese Weise die Körpertemperatur innerhalb enger Grenzen gehalten – ebenso der Blutdruck und der Blutzuckerspiegel. In unser Bewußtsein dringt ein »Regelkreis« bei der Atmung. Sie wird durch den CO_2-Gehalt im Blut gesteuert: steigt dieser, dann aktiviert das die Befehlsstelle »Atemzentrum«, und diese löst eine Atembewegung aus. Daraufhin – infolge des Atmungsvorganges – sinkt der CO_2-Gehalt im Blut, und soundso viele Sekunden lang erfolgt vom Atemzentrum her kein Befehl. Da wir die Atembewegungen willentlich beeinflussen können, kann jeder die Wirksamkeit der Rückmeldungen an sich selbst beobachten. Halten wir den Atem an, dann spüren wir, wie der Atemdrang immer intensiver wird, wie die steuernde Wirkung der Rückmeldungen uns immer mehr zu einer Atembewegung drängt.
In Betrieben und innerhalb der staatlichen Organisation spielen Regelkreise ebenfalls eine wichtige Rolle. Dort sind es nicht Zellen oder Schaltelemente, die zu einem selbsttätig gesteuerten Wirkungszusammenhang gekoppelt sind, sondern denkende und fühlende Menschen. Am Prinzip ändert sich dadurch jedoch nichts. Auch dort bewirken Kontrollrückmeldungen entsprechende Befehlsänderungen. Werden diese Befehle von einem Menschen erteilt, dann ist er ebenso ein »Hampelmann« wie die Befehlsstelle Thermometer im Eisschrank oder wie die Befehlsstelle Atemzentrum in unserem Rückenmark. Auch er ist dann nicht wirklich für die von ihm erteilten Befehle verantwortlich. Die jeweilige Rückmeldung ist es, die diesen oder jenen Befehl bei ihm auslöst – *durch die er somit gesteuert wird.*

Abbildung 28 zeigt den funktionellen Vorteil einer Zentrale, etwa im Telephonwesen. Schon wenn bloß 50 oder 100 Teilnehmer vorhanden sind, würde es zu einem ungeheuren Drahtgeflecht führen, wenn jeder Teilnehmer mit jedem anderen direkt verbunden wäre. Ist dagegen eine vermittelnde Einheit zwischengeschaltet, dann genügt *ein* Draht zu jedem Teilnehmer.
Bei den niederen Tieren – etwa bei den Medusen – sehen wir diffuse Nervennetze den Körper durchziehen. Im Verlauf der Höherentwicklung kam es zu einer immer stärkeren Zentralisation (Abb. 29). Die Gründe hierfür sind jedoch nicht ganz so einfach wie bei der Zentralisation im Telephonsystem.
Hier mußte die sich bildende Zentrale (das »Gehirn«) gleich von Anbeginn mehr leisten als eine bloße Vermittlung. Sie übernahm – in einer Funktionszusammenlegung – einerseits die Bewertung eingehender Sinnesmeldungen, anderseits die Erteilung von koordinierten Befehlen an ausführende Organe (Gliedmaßen, Freßorgane, Drüsen etc.). Für jede dieser beiden Leistungen waren zusätzliche Einheiten (untergeordnete Funktionsträger) nötig: die in diesem Buch schon häufig genannten Verhaltensrezepte. Einerseits benötigte das Zentralnervensystem Rezepte des Erkennens: also entsprechende Richtlinien dafür, nach welchen Reizkombinationen das Individuum in der Vielheit der einströmenden Sinnesmeldungen suchen muß. Anderseits benötigte es solche der Befehlserteilung: Anweisungen für entsprechend koordinierte Befehle an ausführende Organe, besonders an die Muskeln.
Die eigentliche Vermittlungstätigkeit besteht darin, diese »sensorischen« und »motorischen« Leistungen entsprechend zu verknüpfen. Nimmt das Gehirn eine bestimmte Reizkombination (»Schlüsselreiz«, »Auslöser«) wahr, dann muß das zu einer ganz bestimmten »Reaktion«, zu einer ganz bestimmten Bewegungsfolge, also zur Aktivierung eines ganz bestimmten motorischen Rezeptes führen.
Sind solche Verhaltensrezepte angeboren, dann ist die Zusammenschaltung genetisch festgelegt, und die Reaktion erfolgt »automatisch«. Das einfachste Beispiel sind die »unbedingten Reflexe« – deren es auch beim Menschen noch verschiedene gibt. So schließen sich etwa bei Wahrnehmung von hellem Licht »ganz von selbst« un-

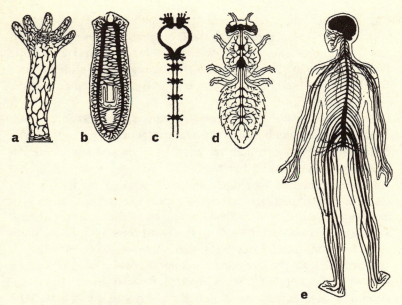

Abbildung 29: Beispiele für zunehmende Zentralisierung innerhalb der tierischen Höherentwicklung

a) Süßwasserpolyp (Hydra), b) Strudelwurm (Planaria), c) Palolowurm (Eunice), d) Honigbiene, e) Mensch.
Bei der festsitzenden Hydra verbindet ein diffuses Netz von Koordinationseinheiten (Nervenfasern) die einzelnen Körperteile. – Beim Strudelwurm ist bereits eine Zentralisierung der Koordinationsträger erkennbar. Vier Längsstämme sind durch ringförmige Querverbindungen miteinander verbunden; die beiden ventral gelegenen (im Bild gezeichnet) sind stärker ausgebildet und enden vorn in einer Anhäufung von Nervenzellen, einem noch sehr einfachen »Gehirn«. – Beim Palolowurm sind die Längsstämme näher aneinandergerückt, und wo die Querverbindungen (»Komissuren«) sie verknüpfen, haben sich weitere Anhäufungen von Nervenzellen (»Ganglienknoten«) ausgebildet. – Bei der Honigbiene konzentrieren sich die Ganglienzellen auf zwei Punkte. – Beim Menschen bilden Gehirn und Rückenmark die Steuerungszentren für die bewußten und unbewußten Nervenleistungen.

sere Pupillen. Eine bestimmte Sinneswahrnehmung ist hier streng an die Erteilung von Befehlen an entsprechende Muskeln (eben jene, welche die Pupillenveränderung bewirken) gekoppelt. Ähnlich verhält es sich auch bei weit komplexeren »Verhaltensweisen«.

Eine ganz bestimmte Reizsituation – die man dem Tier auch im Experiment darbieten kann – löst dann bei diesem eine ganz spezifische Verhaltensweise aus. Bei vielen Tieren löst zum Beispiel die Wahrnehmung hochkomplizierter Balzbewegungen (und eben nur sie) die nicht minder komplizierte eigene Bewegungsfolge aus, die zur Begattung führt.[7]
Eine weitere Leistung des Zentralnervensystems tritt in Erscheinung, wenn die angeborenen Verhaltensrezepte durch individuelle Erfahrung abgeändert oder verfeinert werden können. Diese zusätzliche Fähigkeit zeigt beispielsweise die junge Kröte.
Angeborenermaßen schnappen diese Tiere zunächst nach jedem kleinen, sich schnell bewegenden Körper. Ein Rezept des Erkennens spricht auf diesen recht allgemeinen »Schlüsselreiz« an und löst die motorische Befehlsgebung des Hinspringens und Zuschnappens (also koordinierte Befehle an zahlreiche verschiedene Muskelgruppen) aus. Gerät nun aber die junge Kröte an ein Insekt, von dem sie gestochen wird, dann »assoziiert« sich dieser Sinneseindruck mit dem angeborenen Verhalten. Praktisch heißt das: Die junge Kröte merkt sich das unangenehme Erlebnis, und begegnet ihr wiederum ein mit ähnlichen Merkmalen versehener »kleiner, sich schnell bewegender Körper«, dann springt sie ihn nicht mehr an, schnappt nicht mehr zu. Das »Schaltnetz« der angeborenen Reaktion ist dann um eine zusätzliche Einheit erweitert, es wurde abgeändert, verbessert, mehr »differenziert«. Der große Vorteil dieser Fähigkeit liegt auf der Hand. Das Verhalten wird so weniger mechanisch. Das Energon (in diesem Fall die Kröte) vermag so seine angeborenen Verhaltensrezepte den individuellen Umweltbedingungen besser »anzupassen«.
Noch weiter geht diese Leistungssteigerung, wenn *ganz allgemein* Erfahrungen gespeichert werden können, ohne daß bereits feststeht, wozu sie dem Energon später dienen sollen. Erst diese über die bloße »Assoziation« weit hinausgehende Fähigkeit ist, was wir »Erinnerungsvermögen« nennen. Eine neue funktionelle Einheit (innerhalb des Zentralnervensystems) ist dafür Voraussetzung: eine »Erfahrungsregistratur«, ein »Erinnerungsdepot«. Gemeinhin nennen wir diese Einheit »das Gedächtnis«.[8]
Zwei nicht eben einfache Leistungen muß dieser Funktionsträger erbringen: Erstens muß die Vielheit der eingehenden Sinnesmel-

dungen entsprechend »verarbeitet«, in entsprechende »Kategorien« eingeordnet, bildlich: in entsprechende Geistesschubladen eingereiht werden. Und zweitens muß dieser gespeicherte Erfahrungsschatz, dieses »Wissen«, dann auch wieder zugänglich sein – das heißt: bei Bedarf, also in entsprechender Situation, müssen diese Erfahrungen dem Zentralnervensystem auch wieder verfügbar sein, *es muß sie wiederfinden können.*
Bei den höheren Tieren sind beide Fähigkeiten bereits nachweisbar. Beim Menschen steigerten sie sich noch dadurch, daß wir die einzelnen »Begriffsschubladen« mit Wortbezeichnungen versehen. Das Tier kann bloß »averbale« Begriffe bilden. Unsere Denkprozesse stützen sich dagegen weitgehend auf die durch Worte geschaffene, weit klarere Unterteilung.
Diese neue Einheit – das Erinnerungsvermögen – ermöglicht den höher entwickelten Tieren nicht nur, angeborene Rezepte entsprechend *abzuändern,* also zu ergänzen und zu verfeinern. Darüber hinaus können sie aus angeborenen Grundeinheiten individuelle Rezepte zusammenbauen – *oder überhaupt völlig neue schaffen* (»Lerntiere«).
Auf diese besondere Bedeutung der menschlichen »Phantasie« wurde bereits hingewiesen. (Teil 1, S. 58 f.) Wie auf einem inneren Projektionsschirm werden in unserem Gehirn Bewußtseinsinhalte miteinander verglichen, und das Zentralnervensystem vermag so »Pläne« – man kann sie *theoretische Verhaltensrezepte* nennen – aufzubauen.
Dazu kommt noch – seit der Mensch Gemeinschaften bildet und sich sprachlich verständigt –, daß für das kombinatorische Spiel »Gedanken« durchaus nicht nur die eigenen Erfahrungen als Baumaterial zur Verfügung stehen. Im Verlauf der Erziehung fließt eine ungeheure Menge Erfahrung, die von anderen Menschen gemacht wurde, in uns ein – und auch diese wird mit zu einem »Baumaterial« für solche Kombinationsversuche.

7

Mehr als das:
Indem der Funktionsträger »Phantasie« jeden Erfahrungsinhalt mit jedem anderen kombinieren kann, vermag er auch die Vorstellung

der eigenen Person mit in diese kombinatorischen Spiele einzubeziehen. Genau das aber ist nach meiner Ansicht bereits das als »Ich-Bewußtsein« bezeichnete Phänomen. Das Energon Mensch hat so – durch eine besondere Funktionsleistung – die Möglichkeit, Abstand von sich selbst zu gewinnen, sich selbst zu »objektivieren« – also sich selbst als »Objekt« zu sehen. Unser »Ich« ist nach diesem Konzept nichts anderes als eben die Tätigkeit dieses Projektionsschirmes, die Funktion dieses besonderen Funktionsträgers. Es ist die Summe unserer Gedanken und der uns durch sie »bewußt werdenden« Gefühle. Dies deckt sich mit Descartes' »Cogito ergo sum« – Ich denke, also bin ich.[9]

Selbst den höchsten Tieren fehlt dieser (oder zumindest ein so leistungsfähiger) Projektionsschirm. Wir dagegen besitzen ihn – und damit ein »Bewußtsein« und ein »Ich«. Dieses »Ich« aber – wie könnte es anders sein – ist sich natürlich selbst Zentrum, sieht alles von ebendiesem Zentrum aus. Es bildet – beinahe notwendigerweise – die Vorstellung, der übrige Körper wäre gleichsam eine Schale, rings um dieses »Ich« gelagert, ja sein Besitz. In diesem Sinne sagen wir *mein* Körper, *meine* Augen, *meine* Hände.

Von der Energontheorie her ist das eine Denkschablone, vielleicht die allererste, zu der der Mensch gelangte. Unser »Ich« ist nach dieser Ansicht nur eine unter zahlreichen Funktionen – die Tätigkeit *eines* Funktionsträgers innerhalb der Keimzelle Mensch.

8

Bei allen von diesem »Ich« aufgebauten Berufskörpern ist es nach wie vor das Zentralnervensystem des betreffenden Menschen, das sämtliche Funktionsträger steuert: auch die künstlichen Organe. Ob es eine Hacke ist oder ein Bleistift, ein Zugtier oder ein gegen Bezahlung Dienste leistender Mensch: Immer sind entsprechende Verhaltensrezepte notwendig, um diese zusätzlichen Einheiten in den eigenen Leistungskörper einzubauen, sich ihrer zielführend zu bedienen. Die »Handhabung« des gesamten Berufskörpers, jeder seiner Einheiten muß »gelernt« sein.

Noch mehr: Auch die Verwendung von Gemeinschaftsorganen –

genauer: ihr zeitweiliger Einbau in das eigene Wirkungsgefüge – hat erworbene Verhaltensrezepte zur Voraussetzung. Wir müssen auch lernen, uns der Gerichte, der Post oder eines Zirkus zu »bedienen«. Wir sind gewohnt, das Verhältnis anders zu betrachten. Aber vom Energon her muß es so beurteilt werden. Ganz allgemein gilt: Für jeden zusätzlichen, nicht verwachsenen Funktionsträger, auch wenn er millionenfach größer ist als wir selbst und wir ihn nur gelegentlich in Anspruch nehmen, sind entsprechende, in unserem Gehirn künstlich aufgebaute Verhaltensrezepte (des Erkennens, der Bewegung und der Kombination von beiden) erforderlich. Nur wenn wir sie haben, stehen sie uns *potentiell* zur Verfügung.[10]
Schon bei den Berufskörpern verlassen jedoch manche Funktionen des Zentralnervensystems den genetischen Körper. Der Berufstätige macht sich Notizen – damit verlagert sich die Speicherung von Erinnerung auf das künstliche Organ Papier. Im Rahmen unserer planenden Tätigkeit machen wir Skizzen, rechnen, schreiben – das sind Hilfsfunktionen der Planbildung, deren Träger bereits von unserem Körper getrennt sind.
Bei den Betrieben steigert sich dann noch dieser Vorgang. Die steuernde Einheit ist hier nicht mehr *ein* Mensch, sondern setzt sich aus vielen Menschen zusammen. In der Buchhaltung wird systematisch Erinnerung gespeichert. Durch statistische Verfahren wird diese verarbeitete. Computer – rein technische Gebilde – führen das noch weiter, übernehmen auch Steuerungen.
Auch hier spezialisieren sich besondere Abteilungen auf Rezeptbildung. Das Ergebnis ihrer Tätigkeit sind die jeweiligen Betriebsrezepte. Aus den ihre Ausführung bewirkenden »Ichs« entsteht im Betrieb gleichsam ein »Ich« von höherer Integrationsstufe. Es ist ein Kollektiv-Ich, das sich nicht ohne weiteres als Summe aller Einzel-Ichs erklärt. Selbst das Ich des Unternehmers ist in dieser größeren Einheit nicht mehr frei entscheidend, sondern nur noch Bestandteil. Bei Entscheidungen kommt es nicht selten vor, daß dieses »Kollektiv-Ich« ganz eigengesetzlich in Erscheinung tritt.
In den Staatskörpern mit Volksvertretung ist es nicht anders. Auch dort setzt sich die *steuernde Struktur* aus einer Vielheit denkender und planbildender Menschen zusammen, wobei die entworfenen Konzepte zum Teil der »allgemeinen Meinung« entstammen, zum Teil persönlichen Überzeugungen oder Interessen, und nicht zu-

letzt auch der Macht weit zurückreichender Gemeinschaftsgewohnheiten: der Tradition. Auch hier bildet sich ein recht abstraktes »Über-Ich«, das jedoch trotzdem eine sehr wirksame Realität darstellt. Ähnlich dem Ich des einzelnen neigt auch dieses »Ich« dazu, sich selbst als Zentrum zu betrachten, als wichtigste Einheit, um die sich alles übrige lagert. Eine sehr komplexe Struktur wird so nicht selten zum eigentlichen »Geist«, zur eigentlichen »Seele« dieser Energone – und regiert dann nicht selten jene, die sie geschaffen haben.

9

In den Koordinationsstrukturen sämtlicher Energone tritt ein und dasselbe Problem auf. Es lautet: Zentralisation oder Dezentralisation? Letztlich wurzelt es immer in der Problematik: Wieviel aktive Funktionsträger vermag eine Einheit zu steuern?
Sollte dereinst der Mensch die Steuerung seiner größeren Erwerbsorganisationen Computern übertragen – was gar nicht unwahrscheinlich ist –, dann mag diese Problematik wegfallen. Denn Computer arbeiten um so vieles schneller, daß sie eine unvergleichlich größere Zahl von Einheiten steuern können. Sowohl der Zelle als auch dem Menschen sind hier dagegen enge Grenzen gesetzt.
Das ist der eigentliche Grund dafür, warum wir im Staat, in Betrieben und auch im Körper der Organismen hierarchisch gestaffelte Steuerungsstrukturen am Werk sehen. Sie sind – in dem Innensektor »Koordination« – *eine funktionelle Notwendigkeit*. Sie sind die Folge notwendiger Arbeitsteilung, die Folge beschränkter Leistungsfähigkeit der zur Steuerung verfügbaren Funktionsträger. Und innerhalb dieser Hierarchien ergibt sich dann – als sekundäres Problem – das Problem: Was muß von der obersten Leitungsspitze her gesteuert werden – und was kann der »Kompetenz« untergeordneter Steuerungsträger überantwortet sein?
Ein Beispiel für krasse Dezentralisierung ist das Erbrezept sämtlicher Vielzeller. Bei jeder Zellteilung teilt sich auch dieses – so daß (auch beim Menschen) fast jede der Milliarden und Billionen von Zellen in ihrem Kern über das gesamte »Erbgut« verfügt. Die »Differenzierung« der einzelnen Gewebe und Organe beruht – wie man

heute weiß – auf einem vom Konstruktionsstandpunkt aus gesehen recht kuriosen Vorgang. In jeder der so mannigfach spezialisierten Zellen ist gleichsam ein Teil des genetischen Rezeptes »stillgelegt«. In den Nervenzellen wirkt bloß jener Abschnitt, der eben für Nervenzellen gilt; innerhalb eines Muskels oder Knochens nur eben der für Muskeln oder Knochen zuständige Teil.
Grob verglichen ist das so, als würde beim Bau eines Betriebes jedem Beteiligten ein Gesamtplan mit sämtlichen Anweisungen in die Hand gedrückt, in dem alle Befehle, die nicht für ihn gelten, ausgekreuzt sind.
Das erstaunlichste dabei ist, daß auch diese Blockierung – notwendigerweise – vom Erbrezept aus gesteuert sein muß. Diese endlosen Molekülfäden, die in Doppelfunktion Rezept und steuernde Instanz zugleich sind, *bewirken – wo ihre Befehle nicht passen – ihre eigene Blockierung.*
Bei allen Organismen, die keine Eigenbewegung benötigen (hauptsächlich also bei den Pflanzen), genügte diese Lösung einer extremen Dezentralisation. Jeder der Teile – ist er erst differenziert – arbeitet weitgehend unabhängig. Von der Pflanze sagte Goethe, sie sei »nur im Augenblick Individuum, wenn sie sich als Samenkorn von der Mutterpflanze loslöst«. Bereits im Verfolg des Keimens sei sie »ein Vielfaches«. Das mag nach den heutigen Forschungsergebnissen etwas zu kraß ausgedrückt erscheinen – denn ein langsames Kommunikationssystem über Stofftransport und Diffusion dürfte doch alle Teile zumindest lose verknüpfen. Im Hinblick auf den Unterschied zum typischen Tier trifft es aber doch das Wesentliche.
Aber auch das Zentralnervensystem der Tiere ist weniger zentralisiert, als viele glauben. Jede angeborene Verhaltenssteuerung (»Instinkt«) hat eine Art von Eigenleben – Lorenz verglich ihr Zusammenwirken mit einem »Parlament«. In diesem melden sich gleichsam die verschiedenen Steuerungsträger »zu Wort«, wetteifern darum, abwechselnd oder gemeinsam die Steuerung des Körpers zu übernehmen. In sehr aufschlußreichen Experimenten (und nicht zuletzt durch künstliche Gehirnreizungen) gelang es, diese höchst föderative Situation recht genau zu erkennen. Eine »oberste Leistungsspitze« ist auch bei höchsten Tieren noch nicht vorhanden.
Erst beim Menschen trat eine solche hinzu – nach meinem Dafürhalten durch die Bildung (oder stärkere Entfaltung) unserer für die

Leistung »Phantasie« zuständigen Gehirnstruktur. Erst der ichbewußte Mensch verfügt über eine sich auf Erfahrung und Überlegungen stützende *zentrale Instanz*. Daß deren Macht allerdings nicht allzu groß ist, dürfte wohl jeder aus eigener Erfahrung wissen. *Angeborene* Steuerungsstrukturen haben auch bei uns nach wie vor einen gewichtigen Sitz im Parlament unserer Entschlüsse. Die »Triebe« sowie angeborene Reaktionsnormen üben starke Einflüsse aus. Weit seltener, als der einzelne es sich wahrscheinlich eingesteht, ist unser »Wille« wirklich frei – im Sinne von emotionsunabhängigen, auf nüchterner Erfahrung basierenden Entscheidungen.
Aber noch in anderer Hinsicht sind unsere Steuerungen dezentralisiert. Lernen wir eine Tätigkeit – Schreiben, Autofahren, Klavierspielen –, dann geschieht das zunächst bei voller »Aufmerksamkeit« (deren wir nur *eine* haben). Das heißt: Der innere Projektionsschirm wird für diesen Lernvorgang eingesetzt. Haben wir dann aber die neue Fertigkeit erworben, übernehmen untergeordnete Zentren (auf Grund der so gebildeten Rezepte) diese Aufgabe. Der erwachsene Mensch muß längst nicht mehr bewußt jeden seiner Schritte lenken. »Ganz von selbst« bewegen sich unsere Beine so, daß wir auf der Straße anderen ausweichen, Hindernisse überwinden, Stiegen steigen. Der geübte Autofahrer denkt nicht mehr an Gasgeben, Bremsen, Schalten – er kann gleichzeitig an ganz anderes denken, sich über etwas ganz anderes unterhalten. Der Pianist spielt Hunderte von Tönen in der Minute – aber seine Aufmerksamkeit gilt nicht mehr jedem einzelnen Finger.
Auf dem inneren Frontabschnitt »Koordination« bietet sich beim Menschen ein recht komplexes Bild. Von der Steuerung durch unser genetisches Rezept, das in jeder einzelnen Zelle wirksam ist, dringt nicht das geringste in unser Bewußtsein – in unser Ich. Ebenso spielt sich auch in unserer Verhaltenssteuerung vieles unterhalb der Grenze dieses Bewußtseins ab – erfolgt dezentralisiert, »ganz von selbst«. Und sogar in der eigentlichen Steuerungszentrale kommt es zu vielen Entscheidungen, die das Ich nicht wirklich kontrolliert. Wie in einem Parlament bemühen sich dort – im »Unterbewußtsein« – angeborene und erworbene Steuerungsmechanismen (letzteres sind vor allem die »Gewohnheiten«, die uns ebenso mächtig drängen können wie die Triebe) ums Wort. Sie beeinflus-

sen, ja lenken nicht selten das Oberhaupt »Wille«, verhindern eine auf Erfahrungen basierende »Vernunft«.

In den Betrieben ist perfekte Zentralisation möglich geworden, hat sich jedoch als schädlich erwiesen, da sie die Initiative der Mitarbeiter lähmt. Ein gewisses Maß an »dispositiver Freiheit« hat sich hier als förderlich gezeigt. Bei den besonders erfolgreichen Großbetrieben der USA gilt die Parole: »Ziele zentralisieren, Entscheidungen dezentralisieren.« Besonders wenn etwa Filialen über die ganze Welt verstreut sind, erwies es sich als besser, »wenn sich die Entscheidungsgewalt möglichst nahe am Schauplatz des Geschehens befindet«.[11]

Im Staat führt allzu starke Zentralisation ebenfalls zu einer Stagnierung und zu einem Überwuchern von Bürokratie. Der Gewaltstaat braucht Zentralisation, denn er ist auf laufende Kontrollen angewiesen. Ebenso muß in Kriegs- oder Notzeiten *jeder* Staat straffer, zentralisierter gelenkt werden. In Friedenszeit und bei echter Demokratie hat dagegen Dezentralisation manchen Vorteil. In ihrem mehr flexiblen Rahmen können sich verschiedenartige Bestrebungen entfalten – das ist manchmal eine Gefahr für das Gemeinwesen, gleichzeitig aber auch eine wichtige Quelle für den Fortschritt.

10

Auch die zusätzlichen Einheiten, die der innere Frontabschnitt »Koordination« den Energonen aufzwingt, sind somit äußerlich sehr verschiedenartig. Zu ihnen gehören auch die kompliziertesten und differenziertesten Strukturen, die überhaupt je von Energonen hervorgebracht wurden.

In der Erwerbsperiode benötigen nur manche Funktionsträger eine Bewegungssteuerung – in der Aufbauperiode dagegen alle. Das zeigt der Aufbau jedes künstlichen und jedes natürlichen Organs. Bauen wir ein Haus, dann erfordert das Legen jedes Ziegels, jedes Rohres, jeder Täfelung ebenso Koordination wie jeder Spatenstich, jeder Materialtransport, jede Montage. Beim »Aufbau« der Organismen, ihrer »Ontogenese«, ist es nicht anderes. Nur durch entsprechende Koordination der einzelnen Zellteilungen und Dif-

ferenzierungen können Knochen, Blätter, Blutgefäße, kann ein Zentralnervensystem entstehen.
Wie wir heute wissen, gibt es bei der Entwicklung der Tiere zwei verschiedene »Techniken«. Tiere mit »Mosaikkeimen« – etwa Insekten, Weichtiere, Manteltiere – haben einen straff zentralisierten Aufbauvorgang. Die aus der Keimzelle hervorwachsenden Strukturen sind gleich von Anbeginn stark eingeengt, können nur noch ganz bestimmte Organe bilden. Bei Tieren mit »Regulationskeimen« – etwa Stachelhäuter und Amphibien – bewahren dagegen die Zellbezirke mehr Selbständigkeit, mehr »Potenz«. Ähnlich wie bei den Pflanzen kann hier auch noch aus einzelnen Zellen – wenn man sie abtrennt – der ganze Körper entstehen. Ihre Aufbauweise ist somit mehr »föderativ«.
Daß auch bei den Funktionsträgern der Koordination sowohl der Aufbau als auch die Tätigkeit möglichst billig, möglichst präzise und möglichst schnell erfolgen soll, versteht sich von selbst. Hier hat der Wertmaßstab Zeitaufwand wieder größeren Einfluß auf den Konkurrenzwert. Auch hier ist die Situation in den Erwerbsphasen, in den Ruhephasen und in den Stilliegephasen eine grundsätzlich andere – also müssen diese gesondert beurteilt werden. Auch dieser »Sektor« liefert somit – ebenso wie der Sektor »Bindung« – zwölf weitere für die Beurteilung der Konkurrenzfähigkeit relevante Werte (Vgl. Teil 1, S. 120f.).
Jeder Funktionsträger muß an sein Energon gebunden sein, viele Funktionsträger müssen in ihrer aktiven Funktionserfüllung auch koordiniert sein. Darüber hinaus ist noch eine andere, weit komplexere Wechselwirkung von eminenter Wichtigkeit.

Anmerkungen
[1] Eine Übersicht über die Definitionen des Begriffes »Seele« gebe ich in Band 2, Anhang III.
[2] Näheres über Energie ist in Band 2, Anhang I zusammengefaßt.
[3] Das Wort »Verbindung« vermeide ich mit Absicht. Im sehr ungenauen Sprachgebrauch werden damit zwei Gruppen von Erscheinungen bezeichnet, die von der Energontheorie her getrennt werden müssen. Sagt man, zwei Ziegel werden durch Mörtel »verbunden« – dann meint man das Aneinanderfesseln materieller Körper. Sagt man dagegen, eine telephonische »Verbindung« ist hergestellt, dann geht es darum, energetische Vorgänge zu verknüpfen: hin und her eilende Worte – also sich

in der Dimension Zeit manifestierende Phänomene. Das aber sind funktionell völlig verschiedene Aufgaben. Deshalb spreche ich beim ersten Problemkreis von »Bindung«, beim zweiten (da hier kein passendes deutsches Wort existiert) von »Koordination«.

⁴ Die in einem Betrieb befindliche Luft als »Produktionsmittel« zu betrachten, weil sie für Verständigung nötig ist, mag dem Wirtschaftler überflüssig und abwegig vorkommen. Diese Ansicht wird sich jedoch ändern, wenn auf dem Mond der erste Betrieb errichtet wird. Da dieser keine Atmosphäre hat, ist dort eine Verständigung über Lautsignale nicht möglich. Ein zusätzlicher Aufwand – etwa für eine Verständigung über elektromagnetische Wellen – wird dann nötig, um ein fehlendes Produktionsmittel zu ersetzen.

⁵ Die Bezeichnung »Information« für das in »bit« Gemessene ist mit Recht sehr umstritten, da sich der kybernetische Begriff vom Sprachgebrauch des Wortes »Information« grundlegend unterscheidet. Die Verwendung dieses Begriffes ohne genaue Kenntnisse der von C. Shannon mathematisch formulierten Grundlage ist deshalb gefährlich und hat schon zu vielen Mißverständnissen geführt. Eine anschauliche Kritik gibt B. Hassenstein in seiner Schrift »Was ist Information?« in »Naturwissenschaft und Medizin«, Mannheim 1966

⁶ Richtiger wäre es, sie AEM zu nennen – »angeborene *erkennende* Mechanismen«. Denn nicht das »Auslösen«, sondern das »Erkennen« ist die besondere und schwierige Leistung dieser Funktionsträger. »Erkennen« darf dann freilich nicht im Sinne bewußter Vorgänge verstanden werden, sondern ganz allgemein im Sinne einer datenverarbeitenden *(datenintegrierenden)* Leistung. Diese neutrale Bedeutung ist auch gemeint, wenn man in der Verhaltensforschung häufig von »angeborenem Erkennen« spricht.

⁷ Auf die Bedeutung der »Antriebsmechanismen« (Triebe), die dieses Wechselspiel durch Schaffung verschiedener »Gestimmtheiten« ebenfalls beeinflussen, komme ich in Abschnitt 2, Kapitel II zurück. Ausführlicher in Band 4.

⁸ Nach dem heutigen Forschungsstand gibt es ein Kurzzeitgedächtnis (»Fluoreszenzgedächtnis«) und ein Langzeitgedächtnis. Hier ist von letzterem die Rede.

⁹ Plenges im Motto gegebene Abänderung Cogito ergo sumus – Ich denke, daher sind wir – präzisiert die Stellung des Menschen noch genauer. Plenge fügt hinzu: »Denn ich könnte nicht denken, wenn nicht Wir, die menschliche Gesellschaft, Sprache und Denkform geschaffen hätten.« (»Drei Vorlesungen über die allgemeine Organisationslehre«, Essen 1919, S. 39.)

¹⁰ Auf diese Thematik gehe ich in Band 4 S. 118f. näher ein.

¹¹ O. G. d'Estaing, »La décentralisation des pouvoirs dans l'entreprise«.

III
Abstimmung

Organisation ohne innere Reibung ist eine unmöglichere Unmöglichkeit als die Quadratur des Zirkels.
Johann Plenge (1919)

Wer in einer Ganzheit ein Glied ändert, ändert auch alle anderen Glieder.
Othmar Spann (1939)

1

Die dritte »innere Front« ergibt sich aus der weiteren Forderung, daß die Funktionsträger einander auch gegenseitig nicht behindern, ja einander nach Möglichkeit sogar unterstützen sollen. In Lage, Gestalt, Größe und so weiter müssen sie aufeinander – und auf das Ganze hin – abgestimmt sein. Auch diese im Inneren auftretende Forderung führte in der Evolution zu einer gigantischen Problematik.
Wir kommen jetzt eigentlich zu dem, was man Organismus, Organisation, Harmonie, Ganzheit oder ähnlich zu benennen pflegt. Jeder Funktionsträger in einem arbeitsteiligen Gefüge ist bloß eine Kraft unter zahlreichen anderen.[1] Nur wenn alle diese Kräfte – diese Funktionen – entsprechend aufeinander abgestimmt sind, wird das Ganze zur Einheit. Es ist über dieses Thema schon sehr viel geschrieben worden – meist allerdings in eher allgemeinen Redensarten. Hier soll nach den konkreten Grundlagen dieser Harmonie – nach meßbaren Zusammenhängen – gesucht werden.
Wem die bisherigen Abschnitte noch nicht bewiesen haben, daß zwischen den Organismen und den menschlichen Erwerbskörpern eine echte und tiefe Verwandtschaft besteht, der findet diese Verwandtschaft nirgends stärker und deutlicher ausgeprägt als an dieser »inneren Front«. Ich nenne sie »Abstimmung«.
Auch hier geht es um manchen Zusammenhang, der nach dem ge-

wohnten Denken recht »selbstverständlich«, ja banal anmutet. Daß etwa die Augen eines Tieres »vorne« sein müssen, erscheint selbstverständlich. Und daß in einer Fabrik die Maschinenwerkstatt nicht über dem Büro des Generaldirektors angeordnet sein darf, erscheint ebenfalls selbstverständlich. Von der Energontheorie her gibt es jedoch die Wertung »selbstverständlich« überhaupt nicht. Was immer die Erwerbs- und Konkurrenzfähigkeit eines Energons konstituiert, abschwächt oder steigert, muß erfaßt, gemessen, in seinen kausalen Wechselwirkungen erforscht werden.

Wie also können wir die innere Front »Abstimmung« kausal erfassen? Wie können wir praktisch die zusätzlichen Aufwendungen, die sie den Energonen »aufzwingt«, messen?

Als erstes ist von Bedeutung, inwiefern ein Funktionsträger »lagefixiert« oder »lagevariabel« ist.

Bei den meisten Tieren sind etwa die Organe der optischen Wahrnehmung sehr lagefixiert. Hat das Tier im Sinne seiner Fortbewegungsrichtung ein Vorne und Hinten, dann müssen sie am vorderen Ende sein. Sie müssen sich in der Nähe der Mundöffnung befinden (um den Freßvorgang kontrollieren zu können), jedoch nicht allzu nahe (um durch diesen nicht gestört oder gefährdet zu werden). Ihr bester Platz ist oberhalb der Mundöffnung – einerseits weil sich von dort aus die besten Sichtverhältnisse ergeben, anderseits weil Speisereste und Bodenwuchs sie dort weniger stören.

In diesem Fall besteht also eine Wechselwirkung zwischen verschiedenen Funktionen: *Die Art des Nahrungserwerbs diktiert dem Funktionsträger der optischen Wahrnehmung einen bestimmten Platz. Umweltbedingungen und der Freßvorgang legen diesen noch genauer fest.*

Extrem lagefixiert sind Schutzpanzer. Um ihrem Energon entsprechend zu dienen – um also die benötigte Schutzwirkung zu erbringen –, müssen sie notwendigerweise *außen* liegen.

Weniger lagefixiert sind – bei den Tieren – Herz und Nieren. Funktion des Herzens ist es, den Blutstrom in Bewegung zu halten, Funktion der Nieren, dem Blut Abfallprodukte zu entziehen und nach außen abzuscheiden. Ob diese Organe im vorderen oder hinteren Drittel an den Blutkreislauf angeschlossen sind, ist nicht wesentlich. Die Leistungskraft des Organismus wird dadurch kaum berührt.

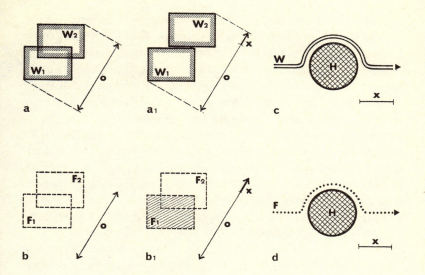

Abbildung 30: **Abstimmungen in Raum und Zeit**

a) Die für zwei Funktionsträger (W_1 und W_2) optimalen Lagen innerhalb eines Energons überschneiden sich: Ein Kompromiß wird nötig (a_1). Beide Funktionsträger entfernen sich von ihrer optimalen Lage. Die optimale Ausdehnung 0 wird mit um die Raumeinheit x überschritten. Mehr Raum muß somit beherrscht werden: Dies bedeutet (in der Regel) eine Mehrausgabe, eine Belastung für die Bilanz des Energons. x ist ein prinzipiell meßbarer, energetischer Sollposten.
b) Zwei Funktionen (F_1 und F_2) sind hier graphisch als Bereich dargestellt, in denen sich zwei Tätigkeiten abspielen. Die beiden Funktionen behindern einander (man denke etwa an zwei Arbeitsprozesse, bei denen die sie ausübenden Funktionsträger zeitweise gegeneinanderstoßen). b_1: Auch hier erfolgt ein Kompromiß – diesmal in der Dimension Zeit. Die beiden Funktionen werden so abgestimmt, daß sie nicht *gleichzeitig* erfolgen. Funktion F_2 setzt erst später ein. Die Kollision wird so vermieden. das ergibt jedoch einen längeren Gesamtablauf für die beiden Funktionen. Die Optimalzeit o kann nicht erreicht werden, sie verlängert sich um die Einheit x, die wiederum als Mehrausgabeposten die Bilanz belastet und energetisch ausdrückbar ist.
c) Ein Funktionsträger W (etwa ein Nerv) kollidiert mit einem Funktionsträger H (etwa einem Knochen). Ein Kompromiß ist hier nicht möglich: H hat funktionellen Vorrang, W muß ausweichen. Daraus ergeben sich Mehrkosten x, die energetisch meßbar sind.
d) Ein Funktionsablauf, also eine Tätigkeit, wird durch ein Hindernis gestört. Beispiel: ein Botengänger durch einen Felsen oder ein Haus. Der Ablauf wird durch den erzwungenen Umweg entsprechend länger, das kostet die zusätzliche Energie x, die wiederum meßbar ist.

Zu beachten ist – ebenso wie in Abb. 27 – die höchst verwandte Situation bei räumlicher und zeitlicher Problematik.

Noch weniger lagefixiert sind bei den höheren Tieren jene Organe, die die Blutkörperchen bilden, ebenso die Ablagerungsstellen für gespeichertes Fett. Überall entlang der Blutbahn können diese Funktionsträger ihre Funktion erbringen. Sie können sich im Gesamtwirkungsgefüge *nach den Gegebenheiten richten* und dort, wo sie am wenigsten stören, eingepaßt sein. Ihre optimale Leistungskraft ist nicht an eine bestimmte Lage gebunden.

Bei Betrieben sind die Dächer der Gebäude extrem lagefixiert. Sie dienen diesen Energonen nur dann, wenn sie sich *auf* den entsprechenden Gebäuden befinden. Auch ein Portier kann seine Funktion nur am Eingang erfüllen. Wird in Fließfertigung gearbeitet, dann ist durch den Produktionsplan für sehr viele Einheiten der notwendige Punkt ihrer Tätigkeit festgelegt. Der Fuhrpark kann dagegen an sehr verschiedenen Punkten angeordnet sein.[2]

Ebenfalls wichtig ist der Unterschied zwischen »formfixiert« und »formvariabel«. Wenn wir nochmals die Augen der Tiere zu unserer Betrachtung heranziehen, so sind diese sehr formfixiert. Von der Funktion her ist ihre Gestalt weitgehend festgelegt (weitgehend *gesteuert*). Das gleiche gilt für eine Nähnadel, für eine Schiffsschraube, für den Gesteinsbohrer bei der Rohölgewinnung. Schon geringfügige Abänderungen an der optimalen Gestalt beeinträchtigen hier die jeweilige Leistungskraft wesentlich. Dagegen zeigt etwa die Leber der Fische, daß sie sich weitgehend den Darmzwischenräumen anpassen kann. Auch in höchst absonderlicher Gestalt kann sie ihre Funktion fast ebenso gut verrichten. Bei den nicht verwachsenen Funktionsträgern der menschlichen Berufskörper und Erwerbsorganisationen wird weit seltener die Form des einen durch die Form anderer beeinflußt. Aber auch hier kommt es zu Vorrangstellungen, durch die dem einen oder anderen Funktionsträger eine unoptimale Form aufgezwungen wird – beispielsweise bei der Anordnung von Räumen und Gebäuden.

Im Rahmen solcher Wechselwirkungen spielt wiederum eine Rolle, wie »wertvoll« (Aufbaukosten, Beschaffungskosten, Ersetzbarkeit) und wie »wichtig« (funktionelle Vertretbarkeit, Zentrum und Ausmaß der Benötigung) ein Funktionsträger ist. Wird bei einem Tier das Gehirn oder bei einem Produktionsbetrieb die Energieanlage beeinträchtigt, dann sind die betroffenen Energone empfindlich gestört. Fällt dagegen ein Muskelstrang oder ein Lastwagen aus, dann ist das Energon wohl behindert, kann jedoch – bei unerheblich verschlechterter Bilanz – trotzdem seine Tätigkeit fortsetzen.

Aus alldem ergibt sich, daß manche Funktionsträger anderen gegenüber Vorrangstellung einnehmen. Manche sind an einen bestimmten örtlichen Punkt gebunden, sonst kommt es zu einem empfindlichen Leistungsabfall, andere dagegen nicht. Manche können sich sehr verschiedenen Gegebenheiten einfügen, andere können das nicht. Manche sind kostspieliger, schwieriger ersetzbar oder werden konstanter benötigt als andere. Jedes Energon hat so ein internes Gerüst von Vormachtstellungen, das für den Konkurrenzwert von großer Bedeutung ist. Denn logischerweise ist im Konkurrenzkampf immer jenes Energon allen (sonst gleichwertigen) Konkurrenten gegenüber im Vorteil, bei dem die Funktionsträger am wenigsten Einbuße an ihren optimalen Fähigkeiten erleiden.

Der so häufig zitierte Satz »Das Ganze ist mehr als die Summe seiner Teile« ist eine ebenso wahre wie auch oberflächliche Feststellung, die sehr wenig besagt. Der Arm eines Schmiedes kann für sich allein nicht das geringste leisten. Im Verein mit dem Körper des Schmiedes, einem Hammer, einer Esse und so weiter kann er dagegen sehr viel vollbringen. Eine Niere, für sich genommen, hat kaum Lebensfähigkeit; im Körper eines Tieres hat sie einen wichtigen Platz. Da die Teile in einem arbeitsfähigen Gefüge für sich genommen meist keinerlei Leistungsfähigkeit haben, bedeutet es wahrhaft nicht viel, wenn hier das Ganze mehr ist als die Summe der Teile. Weit wesentlicher ist, daß bei jedem Energon – ausnahmslos – die Summe der Leistungen *weniger* ist als die Summe der Einzel-Leistungen: einfach deshalb, weil manche Leistung die andere stört. In jedem Leistungsgefüge sind mannigfache Kompromisse notwendig. Für den Konkurrenzwert ist dabei entscheidend, daß diese ein Optimum an »Abstimmung«, also ein Minimum an Leistungsverlusten ergeben.

3

Sehr deutlich zeigt sich die Auswirkung dieser »inneren Front« am Beispiel der Gliedmaßen bei den Wirbeltieren. Hier besteht eine

Abstimmung zwischen vier sehr verschiedenen Funktionsträgern: den Knochen, den Muskeln, den Blutgefäßen und den Nerven. Am stärksten form- und lagefixiert sind die Knochen. Aus der Funktion, die sie erbringen müssen, ergibt sich ihre notwendige Gestalt, aus dem Material ihre Dimensionierung. Schon geringe Abweichungen in Form und Lage müssen hier zu wesentlichen Leistungsverlusten führen.

Wesentlich anpassungsfähiger sind die Muskeln und Bänder, doch gemäß der von ihnen benötigten Funktion und der Gestalt der Knochen ist auch ihre Form und Lage weitgehend fixiert. Die Blutgefäße müssen sich diesen vorrangigen Funktionsträgern anfügen. Sie weichen im Konfliktfall aus – laufen also um die Knochen und Muskeln herum. Für das Energon ergeben sich daraus Mehrkosten – aber der Leistungsverlust ist geringer, als wenn diese Gefäße quer durch Muskeln und Knochen hindurchlaufen würden. Auf der untersten Rangstufe stehen schließlich die Nerven. Im Konfliktfall weichen sie nicht nur den Knochen und Muskeln, sondern auch den Blutgefäßen aus. Für die Gesamtbilanz ist es so günstiger. Der etwas längere Nerv bedeutet gegenüber einem längeren oder gebogenen Blutgefäß eine geringere Leistungs- und Kosteneinbuße.

Wie genau im Körper diese Komponenten aufeinander abgestimmt sind, zeigt ein Vergleich mit der Schädelkapsel. Dort haben die Knochen bloß schützende und bindende Funktion, die jedoch durch kleine Löcher nicht wesentlich gestört wird. Hier haben manche Blutgefäße und Nerven den Vorrang. Sie laufen nicht mehr um den Knochen herum, sondern durchqueren ihn direkt.[3]

Bei den Betrieben versucht der Mensch schon *vor* deren Aufbau, alle notwendigen Funktionsträger aufeinander abzustimmen und Leistungseinbußen zu minimieren. Daß dieses trotzdem nicht immer gelingt, ist bekannt. Hier ist das Ausmaß solcher innerbetrieblicher Störungen (»innere Reibung«) deutlicher verfolgbar und auch in Geld meßbar. Da man die Organismen bisher meist für perfekte Konstruktionen hielt, hat man an ihr Leistungsgefüge nur selten solche Maßstäbe angelegt.

Neben den Abstimmungen von Gestalt und Lage – also in der Dimension Raum – sind auch solche von Bewegungsabläufen nicht minder wichtig: also Abstimmungen in der Dimension Zeit. Geht es bei der »Koordination« darum, verschiedene Bewegungstätigkeiten zu einer gemeinsamen Leistung zu verknüpfen, so muß der Auslesefaktor »Abstimmung« dafür sorgen, daß kein Ablauf den anderen behindert. Nicht selten stören aktive Funktionen einander gegenseitig – oder schließen einander sogar aus. Ein sehr markantes Beispiel: Wenn wir schlucken, können wir nicht atmen. Oder: Wenn wir essen, können wir nicht (oder nur sehr behindert) sprechen. Hier hat die Eßöffnung (in Funktionserweiterung) zur ursprünglichen Funktion der Nahrungsaufnahme die des Gasaustausches und des Sprechens hinzugewonnen. Daraus ergibt sich – zwangsläufig – ein Funktionskonflikt. Abhilfe schafft hier alternierende Funktion. Entweder wir schlucken oder wir atmen und spechen. Das gleiche Lösungsprinzip kennzeichnet das Instinktverhalten der Tiere. Auch hier schließt mancher Verhaltensablauf den anderen aus. In Betrieben zeigt sich diese Problematik, wenn ein Angestellter »nur eine Sache auf einmal besorgen kann«. Die Lösung heißt dann: Das im Augenblick Wichtigere wird zuerst ausgeführt, das weniger Wichtige muß warten. Die hier kollidierenden Funktionen stehen gleichsam beim gleichen Funktionsträger Schlange.[4]

Es kann aber auch vorkommen, daß Funktionsträger *Bewegungsabläufe* stören – oder umgekehrt. In diesem Fall besteht dann also eine Kollision zwischen räumlichen und zeitlichen Phänomenen. Der erste Fall ist bei allen Tieren gegeben, die einen Schutzpanzer ausbilden. Ein solcher stört beispielsweise den Gasaustausch – also eine aktive Funktion. Ebenso erschweren Panzer die Aufnahme von Sinnesmeldungen – besonders jene des Tastsinns. In Betrieben wiederum werden häufig Gebäude oder Wände zur Ursache von *Umwegen*. Diese können zu ganz beträchtlichen Leistungseinbußen führen, deshalb bemüht man sich, sie – schon von der Planung her – möglichst gering zu halten. Das kommt in der Anordnung von Räumen, Türen und Stiegen zum Ausdruck, aber auch in der Inneneinrichtung und der Anordnung von Werkzeugen an der Werkbank. Im Staatsgebiet trifft das gleiche Probleme die Gestaltung der Verkehrswege, der Kanalisation und so weiter. Auch hier geht es um eine Minimierung von »innerer Reibung« durch Vermeidung von Behinderung.

Der umgekehrte Fall – daß aktive Funktionen einen Funktionsträger, also ein *räumliches Gebilde* beeinträchtigen – ist etwa gegeben,

wenn in einem Atomreaktor die Mitarbeiter durch Strahlungsschäden erkranken oder wenn durch Überhitzung eines Motors Lager heißlaufen. Bei diesem Wirkungszusammenhang stört nicht ein räumliches Gebilde einen Vorgang, sondern eine aktive Funktion stört eine körperliche Struktur.
Jede solche Behinderung führt zu Leistungseinbußen und damit zu einer Belastung der Bilanz. Auf Grund verschiedener Wichtigkeit, Ersetzbarkeit, Form- und Lagefixierung können einfach nicht alle Funktionsträger optimal und gleichzeitig tätig sein. Einbußen – deren Auswirkung durchaus meßbar ist – müssen in Kauf genommen werden. Für den Konkurrenzwert ist es wichtig, daß diese so gering wie möglich sind. *Wer und was dabei im Einzelfall den Vorrang hat, entscheidet letztlich – die Bilanz.*

4

Nicht immer aber genügen Kompromisse, um Funktionskonflikte tragbar zu machen. Recht häufig sind besondere, darauf spezialisierte Funktionsträger, die als »Puffer« fungieren, dazu nötig. Somit führt die innere Front der »Abstimmung« nicht nur durch *Kompromisse* zu einer Belastung der Bilanz – sondern diktiert darüber hinaus noch zusätzlich notwendige Funktionsträger, die ebenfalls eine Ausgabe, einen belastenden Aufwand darstellen.
Das zeigt beispielsweise in unserem Körper das Herz. Durch seine dauernde Bewegung – die auf Grund seiner Funktion unvermeidbar ist – würde es die benachbarten Organe, besonders die Lunge, stören. Und durch die auftretende Reibung würde es auch sich selbst schädigen. Eine Verlagerung würde nicht genügen, denn wo immer sich das Herz auch befände, träten durch Reibung störende Nebenerscheinungen auf. In diesem Fall ist ein zusätzlicher, *abschirmender* Funktionsträger notwendig: der mit Flüssigkeit gefüllte Herzbeutel, in dem diese Pumpe, ohne Schädigung zu verursachen, pulsiert. In Betrieben haben schallisolierende Mittel eine ähnliche Funktion. Beim Atomreaktor finden wir die zentrale Einheit durch einen höchst kostspieligen Bleimantel abgeschirmt – er wäre überflüssig, gäbe es nicht strahlungsempfindliche Menschen. Hier ist ein

ganz gehöriger Ausgabeposten für eine zusätzliche Einheit dem Konto der »Abstimmung« anzulasten.
In einer Sprengmittelfabrik tritt uns eine solche Abschirmung in wieder anderer Gestalt gegenüber. Hier besteht die Gefahr, daß bei Explosion einer Einheit andere in Mitleidenschft gezogen werden. Deshalb müssen die einzelnen Komplexe klein gehalten und voneinander möglichst weit entfernt werden – der Betriebswirt spricht von »flächenintensiven« Unternehmen. Von der Energontheorie her müssen in diesem Fall die Mehrkosten für Grunderwerb dem Faktor Abschirmung angelastet werden. Der räumliche Abstand – der ebenfalls Geld kostet – wird hier zur abschirmenden Einheit.
Bei zusammenhängenden Funktionsträgern, die Bewegungen ausführen, werden entsprechende Gelenke, Lager und Schmierungen notwendig. Wir finden solche Einrichtungen ebenso bei den Knochen der Tiere wie bei den Gestängen und Rädern der Maschinen. Durch Funktionszusammenlegung kann die Schmierung in Form einer »Zentralschmierung« zu einem eigenen Leitungssystem werden. Auch alle diese Einheiten müssen dem Konto »Abschirmung« angelastet werden, sie sind ebenfalls zusätzliche Aufwendungen, die dieser innere Frontabschnitt notwendig macht.
Noch komplizierter ist die Abschirmung bei organischen Funktionsträgern, besonders in Betrieben und im Staatswesen. Hier verursacht der Funktionsträger Mensch beträchtliche »Reibungen«. Er hat Triebe und Launen, neigt zu Antipathien und Streit. Sein Streben nach Anerkennung und Rang führt zu tausendundeinem Konflikt. Mit der eigentlichen Funktionserfüllung hat das meist gar nichts zu tun; es sind negative Begleiterscheinungen dieser sonst so ungemein vielseitigen und hochbegabten Einheit. Wie sehen hier die abschirmenden Mittel aus, um solche »innere Reibungen« zu verhindern?
Sie treten uns in Gestalt von Betriebsordnungen entgegen; in der Funktion von Einheiten, die Streit schlichten; in entsprechenden Methoden der Menschenführung. Dieser Aufwand hat mit Kugellagern und schallisolierenden Platten äußerlich wenig gemein und muß doch – von der Energontheorie her – mit diesen gemeinsam beurteilt werden. Von der Bilanz her gehören diese zusätzlichen Aufwendungen zusammen. Ob es ein Mensch ist oder eine technische Vorrichtung, die eine bestimmte Funktion erbringt, ist – wie schon

mehrfach hervorgehoben – für die Energone sekundär. Von primärer Wichtigkeit ist dagegen immer, daß Funktionsträger, die einander beeinträchtigen, entsprechend abgeschirmt werden müssen. Im Tierreich gibt es auch dafür mancherlei Parallelen. So erkennen im Ameisenstaat die einzelnen Individuen einander am Geruch. Das ist wichtig, weil fremde Ameisen eine feindliche Reaktion auslösen. Wirft man eine Ameise ins Wasser, dann verliert sie den »Nestgeruch« und wird von ihren Mitbürgern nicht mehr erkannt, sondern heftig bekämpft. Hier bewirkt also der Gemeinschaftsgeruch eine *Abschirmung* gegen die angeborene Reaktion aggressiven Verhaltens. Da er sich von selbst bildet, verursacht er dem Energon »Ameisenstaat« keine nennenswerten Kosten – trotzdem wird er zu einer sehr wichtigen funktionellen Einheit. Er bewirkt die Ausschaltung einer sonst auftretenden »inneren Reibung«.

Der Innenfaktor »Abstimmung« äußert sich jedoch nicht nur in der notwendigen Vermeidung von Konflikten. Auch der entgegengesetzte Vorgang ist von Bedeutung: Einzelne Funktionsträger können einander auch gegenseitig *fördern*.

5

Im Energoninneren gibt es das Gegenstück zu dem bereits besprochenen Roß-Reiter-Verhältnis. Auch Funktionsträger können sich Fremdenergie nutzbar machen – und zwar die Leistung anderer Funktionsträger.

Alle Formen der Funktionspartnerschaft und Funktionszusammenlegung (Teil 1, S. 208f.) gehören hierher. Immer geht es hier darum, daß funktionelle Einheiten ihren Bilanzteil verbessern, indem sie sich körperlich oder in der Ausübung aktiver Funktionen mit anderen verbinden. Das sind gleichsam interne Hilfsbündnisse. Zweigleisigkeiten werden so vermieden.

In diesem Fall – und eigentlich nur in diesem – ist das Ganze tatsächlich »mehr als die Summe seiner Teile«. Die Gesamtkosten sind dann nämlich geringer als die Summe der Einzelkosten. Gegenüber den Mehrkosten, die jedem Energon durch gegenseitige Behinderung seiner Funktionsträger erwachsen, dürften jedoch solche Einsparungen eher in den Hintergrund treten.

Fassen wir zusammen: Einerseits durch »innere Reibung«, andererseits durch zusätzliche Funktionsträger, um solche Reibungen zu vermindern (oder zu beseitigen), wird die Bilanz der Energone belastet. Wieder sind hier die Kriterien Kosten, Präzision und Zeitaufwand gültig. Denn innere Reibung äußert sich in Mehrkosten, im Verlust von Präzision, in der Verlangsamung von Abläufen. Und bei sämtlichen Funktionsträgern, die der Verminderung oder Beseitigung solcher Reibung dienen, sind diese Maßstäbe erst recht wieder gültig: Auch bei ihnen ist es wichtig, daß sie möglichst geringe Kosten verursachen und möglichst präzise wirken. Daß auch die Schnelligkeit ihrer Wirkung von erheblicher Bedeutung sein kann, zeigt sich beispielsweise bei der Schlichtung von Streitfällen.

6

Die bisher besprochenen »Abstimmungen« treffen nicht jeden Funktionsträger. Nicht jeder übt störende Nebenwirkungen auf andere aus. Es gibt jedoch eine weitere, besonders bedeutsame Abstimmung, die *jeden einzelnen Funktionsträger jedes Energons* trifft. Es ist die Abstimmung der Teile auf das Ganze.
Auch über dieses Thema ist schon sehr viel geschrieben worden – nicht zuletzt in der Staats- und Volkswirtschaftslehre. Dort besteht schon seit langem die Streitfrage: Soll man das Ganze von den Teilen her beurteilen (»atomistische« Betrachtung) oder die Teile vom Ganzen her (»universalistische« Betrachtung). Praktisch heißt das: Was hat Vorrang? Müssen die Teile sich nach dem Ganzen richten – oder bestimmen die Teile das Ganze?
Von der Energontheorie her ist O. Hertwigs Ansicht beizupflichten, daß jede dieser Betrachtungsweisen unvollständig ist und zu einer fehlerhaften Beurteilung der Wirklichkeit führt.[5] Sowohl bei den Organismen als auch bei den von Menschen geschaffenen Energonen manifestiert sich die *wechselseitige* Beeinflussung deutlich. Sehr oft zwingen einzelne Funktionsträger – durch die Ansprüche, die sie auf Grund ihrer Funktionen stellen – dem Ganzen erhebliche Bürden auf. Andererseits aber muß jeder Teil, um eine optimale Wirkung auszuüben, zum Ganzen in einer bestimmten Relation stehen.

Goethe sprach von einer »Subordination der Teile«. Heute verfügen wir über den noch weit besseren Begriff der »Integration«. Von der Bilanz her läßt sich dieser besonders gut fassen. Die Kriterien Kosten, Präzision und Zeitaufwandd treten hier neuerlich in Erscheinung.

Ist ein Funktionsträger größer oder kleiner dimensioniert, als vom Ganzen her nötig wäre, dann ist das ein Konkurrenznachteil. Ist er zu groß und aufwendig, dann ist das eine überflüssige Ausgabe; ist er zu klein, dann kann er im Leistungsgefüge des Energons zum »schwächsten Glied in der Kette« werden und die Vorzüge anderer Funktionsträger entwerten. In diesem Sinne spricht man in der Betriebswirtschaftslehre von einer »Dominanz des Minimumsektors«. Ist ein solcher gegeben und unvermeidbar, dann muß sich alle Planung auf diesen schwächsten Teilbereich »einnivellieren«.

Bei den Organismen bewirkt die natürliche Auslese das gleiche. Ganz zwangsläufig setzt sie stets beim schwächsten Glied der Kette an.

Sehr viele Tier- und Pflanzenarten haben jedoch die besondere Fähigkeit einer »funktionellen« oder »regulatorischen« Anpassung. Die Proportionen der einzelnen Funktionsträger sind dann vom Erbrezept her nicht streng festgelegt. Je nach Beanspruchungen können sie ihre Größe und Funktionskraft steigern.[6] Geht die Beanspruchung zurück, dann erfolgt auch wieder eine Rückbildung. Solche Organismen verfügen also über besondere Mechanismen zur Verbesserung ihrer innerkörperlichen Integration.

Bei den menschlichen Erwerbskörpern führen Intelligenz und Kontrollen zur gleichen Leistung. Wird in einem Betrieb festgestellt, daß eine Abteilung überlastet ist, dann wird sie – sofern sich keine andere Lösung findet – entsprechend vergrößert. Sitzen in einer anderen die Angestellten untätig herum, dann wird sie – bei rationeller Betriebsführung – früher oder später verkleinert.[7]

Gutenberg wies darauf hin, daß in den Betrieben auch die *Qualität* der Produktionsmittel integriert sein muß. Wo etwa Hochleistungsmaschinen nicht unbedingt nötig sind, werden sie zum Nachteil, da ihre »optimalen Nutzungszonen« meist eng sind. Das für den Betrieb mögliche »Abstimmungsoptimum« wird nur dann erreicht, wenn die »optimalen Kapazitäten« aller Betriebsmittel den tatsächlichen Anforderungen entsprechen.

Der gleiche Zusammenhang hat auch bei den Organismen Geltung. Wo etwa feine Sinnesleistungen – für eine bestimmte Erwerbsart oder Feindabwehr – nicht erforderlich sind, ist ihre Ausbildung ein überflüssiger Aufwand. Sowohl im Tierreich wie auch im Pflanzenreich zeigen viele Beispiele deutlich, wie in einem solchen Fall die natürliche Auslese zu entsprechenden Einsparungen führt.
Was bei Betriebsmitteln »Qualität« heißt, deckte sich weitgehend mit dem in der Energontheorie verwendeten Begriff »Präzision«. Ganz allgemein gilt: *Für jedes Energon ist von Vorteil, daß auch die Präzision seiner Funktionsträger integriert ist.*
Ebenso muß auch die *Schnelligkeit,* mit der einzelne Funktionsträger ihre Funktionen erfüllen, auf die Gesamttätigkeit des Energons abgestimmt sein. Zu große Schnelligkeit wird zum Nachteil, wenn sie erhöhte Kosten verursacht und nicht notwendig ist. So braucht am Fließband keiner der Arbeitsabschnitte schneller erfolgen, als ihm durch den Gesamtzeitplan zugebilligt ist. Ist anderseits eine Funktionserfüllung zu langsam, dann kann sie die Gesamtleistungskraft des Energons vermindern.
Die Unterordnung der Teile unter das Ganze erfolgt somit nach verschiedenen Gesichtspunkten. Innerhalb des Gesamtleistungsgefüges müssen sich gleichsam die einzelnen Leistungen gegeneinander »einpendeln«. Das jeweils optimale »innere Gleichgewicht« perfekter Integration zu ermitteln dürfte zu den schwierigsten rechnerischen Aufgaben gehören. Die Leistungen sämtlicher Funktionsträger müssen hier berücksichtigt werden – und außerdem sämtliche das Energon beeinflussende Umweltfaktoren.
Ändern sich diese, dann ändert sich automatisch auch das optimale innere Gleichgewicht.

7

Das ist ein überaus wichtiger Punkt. Jede Integration hat nur bei konstanter Erwerbsform und in einer konstanten Umweltsituation Gültigkeit. Das aber bedeutet: Jede »Ganzheit« ist ein völlig relativer Wert. Ändern sich die Umweltbedingungen, dann ändern sich auch die Anforderungen an einzelne Funktionsträger. Die von außen her wirkenden »Kraftfelder« verändern sich und überschneiden sich dann anders. Die Werte für perfekte Integration sehen dann entsprechend anders aus.

Diese Erkenntnis führt zu einer dynamischen Beurteilung der Energone. Ihre notwendigen Teile und deren Vorrangverhältnisse hinsichtlich Lage, Dimensionierung, Form und Funktion: all das ist durchaus nicht konstant. Je mehr sich die Umweltbedingungen – besonders die Erwerbsverhältnisse – ändern, um so mehr verändern sich auch die Forderungen an ihre innere Abstimmung. Bei den Organismen können die Teile, da sie verwachsen sind, nur in beschränktem Maße durch »Regulation« solchen Veränderungen nachkommen, und alle *erblich* festgelegten Strukturen konnten sich innerhalb der Evolution nur sehr langsam und sukzessive verändern. *Erst bei den vom Menschen gebildeten Erwerbskörpern fielen diese Beschränkungen weg, erst hier wurden schnelle und grundlegende Veränderungen und Umschichtungen möglich.*

Diese besondere Fähigkeit zeigt sich nirgends deutlicher als bei kriegerischen Verbänden. Je nachdem wie die gegnerischen Kräfte stehen und wie das Terrain beschaffen ist, können die einzelnen Truppenteile und sonstigen Kampfmittel so oder anders angeordnet werden. Gerade darin liegt die Kunst jeder »Strategie«. Aber auch hier ist es letztlich nicht der Feldherr, der über die jeweils bestmögliche Aufstellung und Taktik (deren es auch mehr als eine geben kann) bestimmt, *sondern der Gegner und die jeweilige Umweltsituation.* Auch hier üben diese Faktoren – ohne es auch nur im entferntesten zu »wollen« – eine *steuernde* Wirkung aus.

Was jeweils die beste Ganzheit ist, bestimmt immer die Umwelt – und nur diese. Sie diktiert die notwendige Größe, Lage und Leistungsart der einzelnen Funktionsträger, und deren Forderungen strahlen dann weiter in das Energoninnere ein, diktieren dort sekundäre, tertiäre, quartäre Abstimmungen.

Sehr deutlich tritt diese Problematik auch bei jedem *Wachstum* in Erscheinung – das weiß jeder Betriebswirt. Wird ein Betrieb vergrößert, dann ändern sich fast alle Abstimmungen – und durchaus nicht immer proportional. Jedes bestehende Gebäude, jede bestehende organisatorische Verflechtung wird erneut zum Problem: Manche grundsätzliche Neubewertung wird nötig. Wenn bei den Tieren und Pflanzen das Wachstum so reibungslos vor sich geht, dann ist das wohl *eines der erstaunlichsten Phänomene.* Jeder Aufbauvorgang muß hier so erfolgen, daß die im Entstehen begriffenen oder anwachsenden Funktionsträger nicht andere, in Veränderung begriffene behindern. Allein hier sind die durch die innere Front »Abstimmung« notwendigen Leistungen der Erbrezepte ganz außerordentlich.

Wenn die vom Menschen gebildeten Energone ihre benötigten Funktionsträger aus »Werkstätten« beziehen können, die einander überhaupt nicht stören, dann kann dieser Vorteil gar nicht hoch genug veranschlagt werden. Bis zur Evolutionsstufe Mensch war der Entwicklungsstrom bei dem Aufbau- und Wachstumsvorgang durch Probleme der Abstimmung ganz außerordentlich belastet. Gutenberg wies darauf hin, daß der Einbau jeder neuen Einheit in einen Betrieb das ganze System beeinflußt. Genau das gleiche gilt für die Entstehung jedes neuen Funktionsträgers im Verlauf der Evolution. Wie der Entwicklungsphysiologe Roux sehr richtig hervorhob, muß jede neue Einheit sich ihren Platz erst »erkämpfen«.[8] Ihre relative Wichtigkeit muß sich erweisen und sich mit jener der übrigen, besonders der benachbarten Einheiten, auseinandersetzen. Manche Funktionsträger ziehen dabei ein ganzes »Gefolge« zusätzlicher Ansprüche nach sich: Energieversorgung, Abfallabfuhr, Pflege, Reparatur, Kontrollen, notwendige Hilfseinheiten und anderes mehr. Der neu hinzutretende Funktionsträger kann so mit seinen Auswirkungen bis in die entlegensten Abschnitte eines Energons einstrahlen und dort Modifikationen und Änderungen notwendig machen. Berücksichtigt man all das, *dann wird die besondere Bedeutung der Funktionserweiterung im Evolutionsverlauf besonders deutlich.* Nur über diesen Vorgang war es oft möglich, in kleinen Schritten – und über mancherlei Umwege – zu neuen Leistungen und den sich daraus ergebenden zusätzlichen Abstimmungen zu gelangen.

8

Bei den menschlichen Erwerbskörpern wurde eine weitere Abstimmung bedeutungsvoll, die gleichsam aus dem Luxussektor in den Erwerbssektor hineinstrahlt. Ihr Ursprung ist das menschliche

Schönheitsempfinden, auf dessen Wurzeln wir an späterer Stelle zurückkommen (Abschnitt 2, Kap. II).

An sich muß jeder Erwerbskörper nach *ökonomischen* Gesichtspunkten ausgerichtet sein. Seine Erwerbs- und Konkurrenzfähigkeit ist die Basis seiner Existenz. Sobald jedoch der Mensch zu entsprechenden Überschüssen kam, baute er nicht nur Luxuskörper um sich auf, *sondern begann außerdem auch seine Erwerbskörper entsprechend zu »verschönen«.*

Die Problematik, die sich aus diesen oft sehr divergierenden Kriterien ergibt, ist jedem Konstrukteur und Architekten bekannt. Nicht nur Repräsentationsmittel – wie etwa Autos und Gebäude –, sondern auch Maschinen und Werkzeuge werden heute so gestaltet, daß sie sowohl leistungsfähig als auch für unser Empfinden »gefällig« sind. Das bedeutet praktisch neben Lack und Politur so manche Änderung, durch die die Leistungskraft dieser künstlichen Organe sogar vermindert wird. Besonders deutlich wird das in der Architektur. Wenn beispielsweise die Fenster von Gebäuden regelmäßig und symmetrisch angeordnet sind, dann liegt das ausschließlich an dem Eindruck, den diese von *außen* her erwecken. Vom Standpunkt der jeweiligen Wohnung oder Einrichtung her wäre oft eine ganz andere Anordnung zweckmäßiger.

Verschiedene »ganzheitliche Maßstäbe« überschneiden sich hier. Der eine zielt auf Bilanzverbesserung hin: der ökonomische. Der andere versucht unserem Schönheitsempfinden (samt Modeeinflüssen) gerecht zu werden: der ästhetische.

Ähnliche Überschneidungen treten in Erscheinung, wenn sich in einer freien Wirtschaft wirtschaftspolitische Gedanken durchsetzen. Während in Ländern mit völlig freier Wirtschaft der Staat mit all seinen Einrichtungen ein Gemeinschaftsorgan ist, das anteilig den Einzelinteressen dient, verwandelt eine organisierte Volkswirtschaft den Staat mehr und mehr in ein Energon. Es ergeben sich dann verschiedene Bewertungen, die oft erheblich kollidieren. Einmal ist der Staat ein Diener, ein andermal wird er zum Herrn. Da meist keine der beiden Richtungen sich voll durchsetzt, kommt es auch hier zu notwendigen Abstimmungen – ähnlich jenen zwischen ökonomischer und ästhetischer Bewertung.

Wenn Betriebe sich fusionieren oder ein Berufstätiger mehr als einen Beruf ausübt, kollidieren ebenfalls verschiedene Wertmaßstäbe – verschiedene »Ganzheiten«. *Auch hier werden entsprechende Abstimmungen – entsprechende Kompromisse – nötig.*

9

Der Begriff »Ganzheit« hat bis heute einen mystischen, übersinnlichen Beigeschmack. Das liegt daran, daß viele Forscher ihn verwendeten, die an die Wirksamkeit einer übersinnlichen, die Evolution zu höheren Formen von Ordnung und Ganzheit hinführenden Kraft glaubten.
Die konsequenteste derartige Weltanschauung stammt von dem Wiener Philosophen und Volkswirtschaftler Othmar Spann. Während die übrigen »ganzheitlich orientierten« Denker (Driesch, Üxküll, Gurwisch, Bertalanffy u. a.) die von ihnen postulierte übersinnliche Kraft nur gleichsam als Hypothese forderten (ohne sich jedoch genauer mit ihr zu beschäftigen), entwarf Spann – an die »Ideen« von Platon anknüpfend – eine Art von Religion. Spann sah in Gott selbst – der »Urmitte« – das Zentrum aller Ganzheit. Gott selbst »gliedere« sich in untergeordneten Ganzheiten wie in Organen »aus«. Aus diesen gingen dann immer weitere, ihnen wieder untergeordnete Ganzheiten hervor... und so fort. Die jeweils höhere Stufe präge so jeweils das Aussehen der aus ihr hervorwachsenden. Das Ganze sei somit »vorgegeben«, es sei *vor den Gliedern da. Es würde in seinen Gliedern geboren.*
Dieser – pantheistische – Gedanke hat, praktisch betrachtet, viele Schwächen. Spann war konsequent genug, um sie selbst in aller Klarheit zu sehen.
Die erste Schwierigkeit ist die: Warum verändern sich dann diese sich aus der göttlichen Ganzheit herausschälenden Glieder? Spann schrieb dazu: »Warum sich die Ganzheit nicht in ewiger Herrlichkeit eines strahlenden, einmal für immer gesetzten Gliederbaues erfreut und in seliger Ruhe ihrer selbst genießt, warum sie vielmehr in rastloser Veränderung sich umgliedert, wird sich wohl rein rational nie ergründen lassen.«[9]
Noch schwerwiegender ist ein zweiter Widerspruch. Wenn Gott selbst es ist, der sich in diesen vielen Ganzheiten ausgliedert und

manifestiert: wie läßt sich dann verstehen, daß diese Teile miteinander konkurrieren, ja sich gegenseitig auf das erbittertste bekämpfen? Dazu schrieb Spann: »Wer das Verhältnis der Ganzheiten zueinander verstünde, der verstünde die Welt, nicht nur nach Weisen, sondern nach der Art. Darum überschreitet diese Frage die Macht des menschlichen Erkennens...«[10]
Ich führe diese Gedanken an, weil sie die universalistische Gedankenrichtung in der Volkswirtschaft – besonders in Wien bei W. Heinrich – nicht unwesentlich beeinflußt haben. Vor allem aber deshalb, weil Spann trotz seiner so völlig anderen Sicht zu vielen Folgerungen gelangt ist, die sich durchaus mit jenen der Energontheorie decken.
So prägte Spann die Sätze »Leistung geht vor Leistungsträger« und »Die Leistung schafft sich das Organ«. Er sprach von einem »Leistungsfeld«, von »Ortsempfindlichkeit« und einem »relativen Qualitätswert«. Er sprach von »Leistungsgefügen« und erklärte, die Leistungsträger seien »keine Wirklichkeiten an sich«. Er sprach auch von »Leistungs-Stellvertretung«.
Auch die Energontheorie sieht letztlich »das Ganze vor dem Teil« – insofern nämlich, als die Umweltsituation *gleichsam im voraus* darüber bestimmt, wie ein Energon aussehen muß, um an einem bestimmten Raum-Zeit-Punkt erwerbs- und konkurrenzfähig zu sein.
Praktisch freilich steht meine Theorie auf der von Spann so sehr bekämpften »atomistischen« Grundlage. Sie sieht in der Evolution ein durchaus kausales Geschehen, das aus den anorganischen Erscheinungen hervorwuchs. Sie behauptet außerdem, daß diese besondere Entfaltung nicht beliebige Formen annehmen konnte. Vielmehr waren diese – und sind es für alle Zukunft – durch die Notwendigkeit, eine aktive Energiebilanz zu erzielen, festgelegt. Das führte – ganz automatisch – zu steuernden Wirkungen von seiten der Erwerbsquellen wie auch von seiten widriger und fördernder Umweltbedingungen. Weitere Auswirkungen ergaben sich dann – sekundär, tertiär, quartär – im inneren Gefüge. *Jedes Energon wächst so gleichsam in ein ihm vorgezeichnetes Wertgerüst hinein – um dessen Aufdeckung und meßbare Erfaßbarkeit sich die Energontheorie bemüht.*[11]
Neben Bindung, Koordination und Abstimmung steht jedes Ener-

gon noch einer weiteren, sehr wichtigen »inneren Front« gegenüber. Auch sie ist eine Kategorie, die man bisher nicht als Einheit anzusehen pflegte.

Anmerkungen

[1] Auch organisierten Widerstand bieten stellt eine »Kraft« dar, selbst wenn keine laufende Energieausgabe sich damit verbindet. Auf Grund besonderer Form und Masse kann ein Funktionsträger Bewegungsvorgänge abändern – auch das ist eine Leistung, unter Umständen eine hochdifferenzierte Funktion. Beispiele: die Panzerplatte stoppt die Kanonenkugel; das Negativ einer Photographie läßt beim Kopierungsprozeß nur an bestimmten Stellen Lichtstrahlen verschiedener Intensität durch.

[2] K. Mellerowicz stellte zehn Grundsätze für die »innerbetriebliche Standortwahl« auf, deren Studium auch Biologen anzuempfehlen wäre. Manche der dort gegebenen Gesichtspunkte – Prozeßfolge, wirksame Kontrolle, zentrale Anordnung verkehrsreicher Abteilungen, Isolierung von Gefahrenquellen und so weiter – haben auch die evolutionäre »Gestaltung« der Organismen beeinflußt. (»Betriebswirtschaftslehre der Industrie«, Freiburg 1958, S. 253f.)

[3] So ist etwa bei unserem Schläfenbein *(Os temporale)* das »Warzenloch« *(Foramen mastoideum)* ein Durchgang für eine Vene und der *Canalis caroticus* der Durchtritt für eine Arterie: die innere Kopfschlagader. Eine Durchtrittsöffnung für einen Nerv (den 12. Gehirnnerv) ist beim Hinterhauptbein *(Os occipitale)* der *Canalis nervi hyperglossi*.

[4] Im Rahmen der »operations' research«, wo Optimierungsprobleme im Vordergrund stehen, wurde eine besondere »Theorie der Warteschlangen« entwickelt.

[5] »Der Staat als Organismus«, Jena 1922, S. 12. Hertwig gibt in den ersten drei Kapiteln dieses Werkes einen ausführlichen Überblick über die beiden Betrachtungsweisen.

[6] Unsere Muskeln sind dafür ein Beispiel. Bei dauerhafter Beanspruchung entwickeln sie sich stärker.

[7] Nach Parkinson ist es im Staatswesen meist nicht so. Hier setzen Abteilungen einer etwaigen Verkleinerung Widerstand entgegen, indem sie Wichtigkeit vortäuschen. Dies führt zu einer übermäßigen Aufblähung des Staatsapparates (»Parkinsons Gesetz und andere Untersuchungen über die Verwaltung«, Düsseldorf 1957).

[8] W. Roux, »Der Kampf der Teile im Organismus«, Leipzig 1881.

[9] »Kategorienlehre«, Jena 1939, S. 209.

[10] Ebenda S. 365.

[11] Der schon seit Platon und Aristoteles bestehende Disput, ob das *Allgemeine* oder das *Individuelle*, die »Idee« oder der konkrete Gegenstand die eigentliche Wirklichkeit sei, wird durch diese Überlegungen berührt. Messungen sind nur am Individuum, am konkreten Gegenstand möglich – hier stimmt die Energontheorie Aristoteles bei. Die eigentlich bedeutsamen Werte, die das Aussehen der Individuen bestimmen, ergeben sich jedoch aus sinnlich nicht wahrnehmbaren Zusammenhängen. Diese können, je nach der Art ihres Einflusses, in »Kategorien« zusammengefaßt werden... *vielleicht* im Sinne der platonischen »Ideen«.

IV
Erhaltung

Alle Stammbegriffe oder Kategorien müssen solche sein, die sich beim Leisten, Verrichten (Funktionieren) der Mittel ergeben. Othmar Spann (1929)

Alles Gewordene vergeht und das Wachsende altert.
Sallust (»Bellum Jugurthinum«, 40 v. Chr.)

1

Jedes Energon besteht nicht eigentlich aus Funktionsträgern, sondern samt und sonders aus Leistungen. Auf diese kommt es an. Wie die Funktionsträger im einzelnen aussehen, ist unerheblich – sofern sie bloß die im arbeitsteiligen Ganzen benötigten Leistungen erbringen. Die vierte »innere Front« ergibt sich aus der Forderung, daß alle diese Leistungen *aufrechterhalten bleiben* müssen. Es genügt nicht, daß geeignete Funktionsträger vorhanden sind – sie müssen auch gepflegt und erneuert werden, vielen müssen laufend Energie- und Stoffmengen zugeführt werden, auftretende Abfälle müssen, um nicht zu behindern, irgendwie abtransportiert werden.
Diese vierte innere Front nenne ich »Erhaltung«. An sich geht es um die Erhaltung von Leistungen. Praktisch geht es um die Erhaltung der Funktionsträger und deren Leistungsfähigkeit.
Welche »Ansprüche« stellen die Funktionsträger? Das ist die Problematik der vierten inneren Front. Es gibt hier enorme Unterschiede. Völlig anspruchslose Funktionsträger sind eher die Ausnahme.
Ein Beispiel dafür sind etwa die Fundamente von Gebäuden und die toten Festigungselemente (Holzkörper) bei den Pflanzen. Sind sie erst einmal geschaffen, erbringen sie in der Regel ohne weitere Pflege oder Betreuung ihren Dienst, ihre Leistung. Ähnlich ist es

bei den Skeletten der riffbildenden Korallen, die eine Art vergrößerter Aufsitzfläche sind, welche die Polypen ins Wasser vorbauen. Jeder benützt dabei das Werk vergangener Generationen, ohne daß seine Bilanz Ausgabenposten für die Aufrechterhaltung dieser stützenden Strukturen – genauer: für die Aufrechterhaltung ihrer Stützwirkung – aufwiese. Dagegen müssen die Knochen der Tiere laufend ernährt, kontrolliert, regeneriert werden. Noch weit größere Ansprüche stellen alle aus lebenden Zellen bestehenden *aktiven* Funktionsträger. Ebenso – in Betrieben – alle Angestellten und Maschinen.

2

Jeder aktive Funktionsträger braucht, um seine Funktion erfüllen zu können, entsprechende Mengen von freier Energie, dazu oft auch noch Stoffe. Das Energon, dem sie angehören, erwirbt beides als zentrale Leistung – und zwar im Durchschnitt mehr, als es selbst für den Erwerb ausgeben muß. Das Problem lautet nun: Wie können diese »Güter« allen jenen Einheiten, die sie laufend benötigen, zugeführt werden?
Im Körper der Einzeller sehen wir dafür noch keine besonderen Organe. Das Protoplasma ist hier in ständigem Fluß, die vereinnahmten Energie- und Stoffmengen breiten sich darin aus, werden von den Bedarfsstellen an sich gerissen. Immerhin gibt es aber auch hier schon Funktionsträger, die diese Verteilung ordnend beeinflussen – etwa das endoplasmatische Reticulum, die Grenzschichten der Organellen sowie die »Kompartimentierung« genannte innere Struktur.
Bei den einfachen Vielzellern (Pflanzen wie Tieren) diffundieren Stoffe von einer Zelle in die nächste – durch entsprechende Öffnungen (Poren). Das sind somit bereits zusätzliche Einheiten, die auf das Konto »Erhaltung« zu buchen sind. Schließen wir sie ab, dann kann die Leistungsfähigkeit mancher Zellen nicht aufrechterhalten werden. Bei den Schwämmen, Nesseltieren und anderen primitiven Vielzellern finden wir als zusätzliche Einheiten, die auf den Energie- und Stofftransport spezialisiert sind, die »Wanderzellen«. Sie

übernehmen die Energieträger und Baustoffe von den Erwerbsorganen (etwa Darmzellen) und kriechen zu anderen Geweben hin, die sie so »beliefern«. Daß für diese Tätigkeit in solchen Zellen besondere Verhaltensrezepte vorhanden sein müssen, liegt auf der Hand. Sowohl diese Zellen als auch ihre Rezepte werden durch die innere Front »Erhaltung« notwendig. Hätten die Funktionsträger, die sie beliefern, keinen derartigen Bedarf, dann könnten sie auch wegfallen. Sie belasten die Bilanz ihres Energons.

Im weiteren Evolutionsverlauf kam es zur Ausbildung von ausgedehnten Leitungssystemen: bei den höheren Pflanzen sind es die Siebröhren, bei den höheren Tieren ist es das Blutgefäßsystem. Das ist allgemein bekannt – nicht üblich ist bloß, diese ausgedehnten Strukturen gleichsam als Anhängsel und Diener von anderen Funktionsträgern zu betrachten. Das sind sie aber. Hätten die Einheiten der Erwerbstätigkeit, des Störungsschutzes, der inneren Koordination usw. keine Ansprüche – wären sie ein überflüssiger Aufwand. Auch unser Herz wäre dann ein unnötiger Funktionsträger.

Bei den vom Menschen gebildeten, nicht verwachsenen Energonen änderte sich vieles – an diesem Prinzip jedoch änderte sich nichts. Auch Maschinen müssen mit Energie versehen werden, und auch dafür sind zusätzliche Einrichtungen nötig. Sie haben vielerlei Gestalt, dienen aber der gleichen Funktion. Rohöl gelangt über Rohrleitungen oder in Tankwagen an die Verbraucherstellen, Kohle in Waggons oder Lastwagen, Elektrizität über hochorganisierte Drahtsysteme. Auch Stoffzuteilung ist vielfach nötig, besonders in den Produktionsbetrieben. Stoffe gehen an alle Einheiten, welche die Erwerbsorgane (Verkaufsobjekte) herstellen. Auch daraus ergeben sich zusätzlich notwendige Vorrichtungen.

Die in den Betrieben (und im Staatswesen) tätigen Menschen werden heute in der Regel nicht mehr *direkt* mit Nahrung versorgt. Sie erhalten Geld, wofür sie Nahrung und Güter erwerben können. Immerhin macht auch dieser Zuteilungsvorgang zusätzliche Funktionsträger nötig: etwa die Lohnbuchhaltung.[1] Verringert sich in einem Betrieb – durch Automatisierung – der Umfang dieses notwendigen Zuteilungsvorganges, dann schrumpft sie (und der damit verbundene Ausgabeposten) entsprechend zusammen.

Einen weiteren hierher gehörenden Aufwand stellen die Kantinen dar. Der Tauschvorgang Geld gegen Nahrung wird so erleichtert.

Zeitverluste werden erspart, die Zufriedenheit erhöht. Hier handelt es sich um eine Doppelfunktion. An sich sind die Kantinen eine Hilfseinheit zur »Erhaltung von Leistungsfähigkeit«; gleichzeitig werden sie aber auch zu einem Mittel der Rationalisierung und führen – wenn sie gut und billig sind und erhöhte Zufriedenheit schaffen – zu einer Verstärkung der Bindungen.
Die notwendige Zufuhr von Energie und Stoffen zieht nun aber – indirekt – noch eine Reihe weiterer Aufwendungen nach sich.

3

Wo Prozesse stattfinden, gibt es meist auch Abfälle. Diese müssen beseitigt, ausgeschieden, weggeräumt werden. Sonst treten sie im Energongefüge als selbstgeschaffene Störungen in Erscheinung – beeinträchtigen die Wirkung.
Bei den Einzellern gibt es dafür bereits spezialisierte Einheiten: die »pulsierenden Vakuolen«. Es sind rhythmisch sich verengende Bläschen, oft mit gut sichtbaren Zuführungskanälen. Sie nehmen die im Protoplasma anfallenden Stoffwechselprodukte auf und entleeren sie nach außen. Hier ist festzuhalten, daß diese »Organellen« ausschließlich der Abfallbeseitigung, nicht dagegen der Stoff- und Energiezufuhr dienen.
Wenn bei den höheren Tieren das Blutgefäßsystem *beide* Funktionen ausübt, dann darf man darin nicht etwas Selbstverständliches sehen. Bei diesen Energonen kam es vielmehr zu der schon besprochenen Funktionserweiterung: Durch zusätzliche Funktionsträger – Nieren, Harnröhre usw. – wurde der Energie und Stoffe verteilende Blutstrom *zusätzlich* auch noch zu einem Funktionsträger der Abfallbeseitigung (Exkretion).
Wanderzellen spielen auch bei den höheren Tieren nach wie vor eine wichtige Rolle. In unserem eigenen Körper kriechen unzählige »Phagozyten« umher (die »weißen Blutkörperchen«). Sie »fressen« Abfälle und unbrauchbar gewordene Gewebeteile und bringen sie zur Darmoberfläche, von wo aus sie dann mit dem Kot abgehen.
Bei den Stachelhäutern durchdringen solche Einheiten der Müllabfuhr, wenn sie voll beladen sind, die Körperwand. Sie wandern

dann aus dem vielzelligen Verband »Körper« aus – und gehen dabei zugrunde. Auch für diese »selbstlose« Funktionsweise sind besondere Verhaltensrezepte sicher Voraussetzung.
Eine andere Möglichkeit, Abfallstoffe aus dem Weg zu schaffen, besteht darin, sie an Körperstellen abzulagern, wo sie keinen Schaden anrichten. Die großen Landpflanzen zum Beispiel verfügen über kein Exkretionssystem. Viele lagern ihre Stoffwechselschlacken in Kristallform (Oxalsäure) in das abgestorbene Holz der Stämme und Äste ab. Aus der Not wird so eine Tugend: die pflanzlichen Stützelemente werden so noch mehr gefestigt. Aus etwas Wertlosem wird etwas Funktionelles – nach meiner früher gegebenen Definition (Teil 1, S. 209f.) eine »Funktionsgeburt«. Auch bei zahlreichen Tierarten wird vor allem Harnstoff in besonderen Gewebsbezirken und Organen abgelagert. Bei den Schnecken nennt man solche Organe »Speichernieren«. Bei den Schmetterlingen und Fischen sind die Pigmente der Außenhaut vielfach aus kristallisierten Stoffwechselschlacken gebildet. Durch aus Abfällen gebildete Guaninkristalle gelangen die Fische zu ihrem Silberglanz, auch im Tapetum ihrer Augen ist dieser Stoff abgelagert. In jedem dieser Fälle wird etwas Funktionsschädliches in etwas Funktionsdienliches verwandelt.
Nach unserem herkömmlichen Denken gilt es als oberflächlich und abwegig, Nieren, Harnröhre, Phagozyten, pulsierende Vakuolen und Guaninablagerungen in einem Atem mit Papierkörben, Mülleimern, Kanalisation, Toiletten und industrieller Abfallverwertung zu nennen. Da diese Strukturen höchst verschieden aussehen, haben wir sie in ganz andere Begriffsschubladen unseres Gehirns eingeordnet. Und sobald wir diese Schubladeneinteilung in Frage stellen, wehrt sich unser Gehirn dagegen ganz energisch. Lassen wir uns dagegen von den äußeren Erscheinungen nicht beeindrucken, sondern gehen wir von den Energonen und ihren Bilanzen aus, dann fallen diese Einrichtungen in die gleiche Kategorie.
Jedes Energon ist ein auf durchschnittlich aktive Energiebilanz angewiesenes Funktionsgefüge. In jedem Energon finden demgemäß Erwerbsprozesse statt. Bei fast jedem Energon treten dabei Abfälle auf, die irgendwie beseitigt oder neutralisiert werden müssen, damit sie den Erwerbsvorgang nicht behindern. Für fast jedes Energon bedeutet also Abfallbeseitigung einen zusätzlich notwendigen

Aufwand, zusätzliche Kosten. Ob dabei die abfallbeseitigenden Einheiten im einzelnen so oder anders aussehen, tritt in der Bilanz nicht in Erscheinung. In Erscheinung tritt bloß, wie teuer, wie präzise und wie schnell sie wirken. Das – *und nur das* – beeinflußt den Konkurrenzwert. Und der Konkurrenzwert – *und nur er* – entscheidet letztlich darüber, was bestehen kann und was nicht. Zwingen wir unser Gehirn zu diesem Gedankenweg, dann ist die gemeinsame Betrachtung von Mülleimern und Nierenkanälen durchaus nicht trivial. Vielmehr kommt dann gerade der Betrachtung der *Leistungs*verwandtschaften die zentrale Bedeutung zu. Aus dieser Sicht wird gerade umgekehrt die *äußere* Verwandtschaft zu etwas Sekundärem, Nebensächlichem, Unerheblichem. Selbst die »natürliche« (phylogenetische) Verwandtschaft – die Stammfolge der evolutionären Entwicklung – zeigt uns dann nichts als eben nur den historischen Weg.

Die besondere Funktion, *andere* Funktionsfähigkeiten zu erhalten, muß jedes Energon erbringen. Alle Energone sind einander darin verwandt. Es geht einerseits um die Zufuhr von Notwendigem, anderseits um die Abfuhr von Schädigendem. Darüber hinaus sind jedoch in diesem Sektor noch weitere, zum Teil wieder ganz anders aussehende Einrichtungen notwendig.

4

So benötigen sehr viele Funktionsträger Pflege und Wartung. Schwerter und Pflugscharen müssen nachgeschliffen werden: ihre Wirkung wird sonst geringer. Beschmutzungen durch Umweltkontakte müssen beseitigt werden – durch Putzwerkzeuge, angeborene Rezepte zur Sauberhaltung, Waschräume, Ordnungsvorschriften, Reinigungsanlagen. Bei den Organismen ist solches Sauberhalten auch zur Feindabwehr – zur Abwehr von Mikroorganismen – von zusätzlicher Bedeutung (Doppelfunktion). Das gilt für den Insektenstaat ebenso wie für den menschlichen Körper. Abgenützte und schadhaft gewordene Teile müssen ausgewechselt werden, Schutzanstriche müssen erneuert werden.

Die Instandhaltung der »Arbeitsmoral« in Betrieben und des »patriotischen Zugehörigkeitsgefühls« im Staat betrachtet man – gefühlsmäßig – als etwas von den bisher besprochenen Einrichtungen und Phänomenen völlig Verschiedenes. Für die Energone und ihre Leistungsfähigkeit ist es aber, vom Funktionellen her, durchaus das gleiche. Im Energon »Betrieb« und im Energon »Staat« ist auch der Mensch (samt seinen Besonderheiten und Komplikationen) nur eben ein Funktionsträger. Auch seine Funktions*bereitschaft* muß gepflegt und gewartet werden. Sonst besteht Gefahr, daß ein anderer Betrieb diese Einheit wegengagiert, an sich reißt.

Im Staat ist es ebenfalls wichtig, daß die Funktionsbereitschaften nicht verlorengehen, daß der einzelne nicht Einflüsterungen einer anderen Partei, eines anderen Staates erliegt – daß er nicht der in der Staatsverfassung niedergelegten Ordnung »untreu« wird.

Im Funktionsträger »Heer« ist die Pflege und Wartung der Einsatzbereitschaft von besonderer Wichtigkeit. Nicht nur Waffen und Transportgeräte müssen in Ordnung sein, nicht nur Befehlsverbindungen und Reglements müssen funktionieren. Die Funktionsbereitschaft, die »Subordination«, der Einsatzwille müssen erhalten bleiben. Wodurch? Durch die mitreißende Kraft einer vertraueneinflößenden Führerpersönlichkeit. Oder durch gefälschte Informationen, die ein Demagoge geschickt darlegt. Oder durch Drohungen und Terror: Ein Feigling oder ein Verräter wird öffentlich hingerichtet, einer Tortur ausgesetzt – und siehe da: die allgemeine Funktionsbereitschaft steigt wieder an. Auch das sind Hilfsmittel zur »Erhaltung von Leistungen«.

Selbst *Rezepte* müssen gepflegt und gewartet werden. Bei allen angeborenen Verhaltensweisen verbindet sich mit diesen ein ebenfalls angeborener Trieb, sie auszuführen. In der Verhaltensforschung nennt man ihn »Appetenz« und hat dieses Phänomen bis heute nur als ein Hilfsmittel zur Funktionserfüllung (Triebleistung) angesehen. Vergleichen wir jedoch diesen »Mechanismus« mit den Vorgängen bei *erworbenen* Rezepten, dann rückt er in ein etwas anderes Licht.

Wie jedem bekannt, müssen erworbene Fähigkeiten geübt werden – sonst werden sie »verlernt«. Bei jedem Artisten, jedem Musiker, jeder Heeresgruppe zeigt sich das auf das deutlichste. Für erworbene Rezepte ist somit eine Wartung nötig – sonst desintegrieren sie. Werden sie nicht eingesetzt, dann sind sie etwas ebenso Überflüssiges wie jeder andere ungebrauchte Funktionsträger. Nur indem sie regelmäßig aktiviert werden, bleiben sie erhalten. Bei allen angeborenen Rezepten ist diese besondere Form der Pflege ebenfalls angeboren. Das dürfte die zweite, nicht minder wichtige Funktion der »Appetenzen« sein und erklären, warum sie periodisch »spontan« auftreten. Es ist sozusagen der notwendige »Service«. Bei den erworbenen Rezepten müssen Selbstdisziplin und Drill die gleiche Funktion ausüben.

Bei jedem Werkzeug und jedem beweglichen Hilfsmittel gehört auch das »In-Ordnung-Halten« mit zur notwendigen Pflege. Einerseits wird so vermieden, daß diese Objekte einander gegenseitig behindern und beschädigen, anderseits wird auch ihre Einsatzbereitschaft erhalten. Denn nur wer weiß, wo sich gerade sein Schraubenzieher, sein Kochrezept, eine benötigte Gebrauchsanweisung oder ein Angestellter befindet, kann sich dieser Funktionsträger bedienen, kann über sie verfügen. Anderenfalls sind sie zwar vorhanden – aber nicht einsetzbar. Auch Ordnung ist somit eine Hilfseinrichtung zur *Erhaltung von Funktionen*.

Aus alledem ergibt sich im weiteren die Wichtigkeit von *Kontrollen*. Ob es um die Instandhaltung einer Maschine, eines Staatsbewußtseins, einer Werksordnung, einer Zellstruktur oder der Brutpflege in einem Bienenstock geht: immer muß ein *Ist* mit einem *Soll* verglichen werden.

In den Betrieben finden wir Hilfseinrichtungen aller Art – technische Meßgeräte, Statistiken, Kontrollpersonen usw. – mit dieser wichtigen Erhaltungsfunktion betraut. Im Körper der Organismen müssen wir auf die Wirksamkeit ähnlicher Kontrollinstanzen schließen – wissen aber einstweilen nur beschränkt, wie sie aussehen und wo sie sich befinden. In den Erbrezepten liegt der Schlüssel für das eigentliche Organisationsrezept. Doch wie im einzelnen die ständigen Kontrollen und Rückmeldungen erfolgen, liegt zum Teil noch sehr im dunklen. Aus der vergleichend funktionellen Betrachtung heraus muß man jedoch schließen, daß es sie geben muß. *Denn ohne spezialisierte Funktionsträger dieser Art wären so differenzierte Leistungen nicht möglich.*

5

Weitere Funktionsträger, die der inneren Front »Erhaltung« angehören, sind alle Sicherheitsvorrichtungen, die verhindern, daß ein Funktionsträger überbeansprucht wird oder sich selbst zerstört. Das Sicherheitsventil der Dampfmaschine ist dafür ein gutes Beispiel. Steigt im Kessel der Druck über die zulässige Atmosphärenzahl, dann öffnet sich das Ventil und Dampf strömt ab. Der Schlaftrieb hat die gleiche funktionelle Bedeutung. Er zwingt die Energone, Ruheperioden einzulegen, und verhindert so eine Überbeanspruchung von Funktionsträgern. Besonders wichtig ist das für die sehr empfindlichen und erholungsbedürftigen Nervenzellen. So wie die Dampfmaschine durch das Sicherheitsventil daran gehindert wird, sich selbst zu zerstören, verhindern die Verhaltensrezepte, die Müdigkeit und Schlaf auslösen, eine Überbeanspruchung der steuernden Zentrale.
Feuerlöscher, Sicherheitsvorschriften, das Gemeinschaftsorgan »Feuerwehr«, aber auch Angsttrieb und Schmerzempfindung gehören mit in diese Kategorie. Teilweise sind diese Strukturen und Funktionen dem Konto »Abwehr von Umweltstörungen« anzulasten, teils aber auch der Innenfront »Erhaltung«. Die Gefährdung des Leistungsgefüges oder einzelner Funktionsträger kann sowohl von außen als auch von innen her erfolgen. In beiden Fällen sind Sicherheitsvorrichtungen nötig, *vielfach genügen für beide die gleichen.*

6

Je nachdem wie bei einem Energon die Erwerbsquellen und die übrigen Umweltbedingungen beschaffen sind, muß es, um bestehen zu können, auch über entsprechende *Reserven* verfügen. Hätten die Funktionsträger keinerlei Ansprüche – und gäbe es keine Abnützung und Beschädigung, dann wäre dieser an sich »tote«, nicht arbeitende Aufwand überflüssig.
Bei den Pflanzen und Tieren gibt es solche Reserven sowohl innerhalb der einzelnen Zellen als auch innerhalb von Geweben und in besonders darauf spezialisierten Organen (etwa in den Wurzelknol-

len bei den Pflanzen und in der Leber bei den Tieren). Für manche dieser Energone sind *Energie*reserven wichtiger, für andere wieder *Stoff*reserven (etwa Wasser). Bei Berufstätigen, Betrieben und im Staatswesen finden wir Energiereserven in Gestalt von Nahrungsmitteln, Rohöl, Kohle usw. und Stoffreserven in Gestalt von gespeicherten Rohstoffen, Halbfertigprodukten oder Fertigprodukten (etwa Reservemaschinen). (*Arbeitskraft*reserven liegen vor, wenn Fachkräfte trotz Arbeitsmangel nicht entlassen werden, weil man fürchtet, sie nicht wieder zu bekommen.) Die wichtigste Reserve ist jedoch bei allen menschlichen Erwerbskörpern die Universalanweisung auf menschliche Arbeitskraft (oder deren Ergebnisse): nämlich Geld. Solches kann in bar (im Safe), auf Bankkonten oder in Gestalt von Wertobjekten gespeichert werden.

Alles das sind Belastungen für die jeweilige Bilanz: notwendige Funktionsträger der Erhaltung. Wie groß dieser nicht wirklich arbeitende, sondern bloß zur Sicherheit notwendige Aufwand insgesamt sein muß, hängt von der Erwerbsart und den Umwelteinflüssen ab, fällt also unter den Funktionskreis »Abstimmung«. Sind die Reserven zu groß, dann sind sie eine unnütze Belastung; sind sie zu gering, dann wird das Risiko zu groß. Bei den Organismen kommt es durch die natürliche Auslese, beim Menschen durch Intelligenzakte auf Grund von Erfahrung zu passenden Zwischenwerten. Auf jeden Fall müssen diese Werte irgendwo im Steuerungssystem festliegen. Sie sind eine nicht minder wichtige funktionelle Einheit wie jede übrige Information innerhalb der Aufbau- und Verhaltensrezepte.

Darüber hinaus kann – für Notzeiten – ein besonderer *Verteilungsplan* wichtig sein. Bei Staaten im Kriegszustand kommt es zu Rationierungen der Nahrungsmittel und von Stoffreserven: als Ergebnis von Intelligenzakten. Im Körper der Organismen gibt es die gleiche Problematik – und wird auch dort gelöst. Bei den höheren Wirbeltieren zum Beispiel ist es nicht einfach so, daß jedes Organ sich aus dem Blutstrom nach Belieben »bedient«. In Notzeiten kommt es auch hier zu »Rationierungen«: lebenswichtigere und empfindlichere Organe – etwa das Gehirn – werden bevorzugt bedient. Auch das erfordert ein entsprechendes System von Kontrollen und Befehlen. Wo und wie auch immer diese verankert sind: sie müssen bei den zusätzlichen Aufwendungen verbucht werden, die zur »Erhaltung der Leistungsfähigkeit« notwendig sind.

Weitere *Notreserven* haben viele Energone in Funktionsträgern, auf die sie vorübergehend verzichten können. Bei Berufstätigen oder Betrieben werden in Notzeiten Bestandteile »veräußert« – also verkauft – oder belehnt. Bei den Organismen werden Gewebe und Organe »eingeschmolzen« – der Körper frißt und verdaut sie gleichsam selbst. Er baut sie ab, um ihren Energie- und Stoffgehalt für lebenswichtige Teile nutzbar zu machen. Auch das stellt eine erhebliche Leistung dar, die zusätzliche Einrichtungen erfordert. Kein Tier kann in diesem Fall mit seinem Maul und seinem Darm an solche Teile gelangen. Die auf Molekülabbau spezialisierten Einheiten können somit gar nicht in Aktion treten. Ganz andere Vorgänge und Steuerungen sind dafür notwendig.[3]

Schließlich gibt es noch als weitere Möglichkeit, Notzeiten zu überstehen und sich so die Leistungsfähigkeit zu erhalten: die *Stillegung*.

Den Berufstätigen und Betrieben steht dieser Weg weit eher offen als den Tieren und Pflanzen. Der Betrieb kann seine Angestellten entlassen, er konserviert seine Maschinen, schließt die Gebäude. Die laufenden Kosten werden so auf das Minimum reduziert. Den Organismen ist es nur in Ausnahmefällen möglich, Organe abzuwerfen (etwa das Abwerfen der Blätter bei der Stillegung der Bäume im Herbst). Immerhin besteht auch hier die Möglichkeit, Tätigkeiten, Prozesse, Energieausgaben auf ein Minimum einzuschränken. Bei den »wechselwarmen« Tieren (Amphibien, Reptilien) geschieht das ziemlich von selbst: sie fallen in Kältestarre – oder »Trockenstarre«. Bei einigen Warmblütern finden wir als Form der Stillegung den Winterschlaf. Manche verfügen dabei noch über eine zusätzliche Sicherheitsvorrichtung: den »Weckreiz«. Sinkt die Temperatur unter ein bestimmtes Minimum (für das Murmeltier fünf Grad Celsius, für den Igel drei Grad Celsius), dann erwacht das Tier, nimmt seinen normalen Stoffwechsel wieder auf und wirkt aktiv – durch Bewegung und »Heizen« – der weiteren Abkühlung entgegen. Bei den Einzellern, aber auch bei zahlreichen niederen Vielzellern geht die Stillegung noch wesentlich weiter. Manche bilden »Dauerstadien«. Praktisch heißt das: sehr viele Funktionsträger des Körpers werden »eingeschmolzen«, und das

Energon verwandelt sich in eine zum Wiederaufbau des Körpers fähige Einheit.

Das aber ist bereits der Übergang zur »Fortpflanzung«. Denn wird später, bei Eintreten günstigerer Umweltverhältnisse, der Körper wieder aufgebaut, dann ist das nicht mehr eigentlich »derselbe Körper«. Es ist vielmehr bereits ein anderer Körper der »gleichen Art«.

Der fließende Übergang vom Individuum zur Art – mit dem wir uns im nächsten Kapitel näher beschäftigen werden – wird hier schon deutlich. Letztendlich kann auf sämtliche Funktionsträger – falls diese zugrunde gehen oder ihren Dienst einstellen – verzichtet werden – *unter der einen Voraussetzung: daß einer verbleibt, der so beschaffen ist, daß er alle übrigen wieder neu herstellen kann.*

7

Eine wieder andere, jedoch verwandte Problematik ergibt sich aus der möglichen *Beschädigung,* aus dem möglichen Verlust von Funktionsträgern. Sollen die Funktionen erhalten bleiben, dann sind in diesem Fall entsprechende »Reparaturen« oder ein entsprechender Ersatz nötig.

Für die nicht verwachsenen Energone, die der Mensch bildet, ergeben sich daraus weit geringere Probleme als bei den Organismen. Im organisierten Gefüge der zivilisierten Länder sind die Berufstätigen und Betriebe zu echten Stehaufmännchen geworden. Werden künstliche Organe unbrauchbar, verloren oder geraubt, dann können sie fast immer ersetzt werden – sofern bloß genug Anweisung auf menschliche Arbeitskraft, also Geld, vorhanden ist. Diese kann jedoch aus ganz anderen Quellen »vorgeschossen« werden, ja die Gemeinschaft kann uneigennützig helfend eingreifen. Nicht einmal die Aufbau- und Verhaltensrezepte müssen in diesem Fall überleben. Fast jedes solche Energon kann gleichsam mit Putz und Stingel wiederhergestellt werden.

Das bedeutete in der Evolution einen bedeutsamen Fortschritt. Der Sicherheitsfaktor dafür, daß bereits Erreichtes nicht wieder verlorenging, erhöht sich so wesentlich. Bis zur Entwicklungsstufe Mensch kam es nur zu oft vor, daß Energonarten ausstarben – obwohl sie anderenorts oder bei wieder veränderten Umweltbedingungen sehr wohl hätten fortbestehen können. Diese Gefahr fiel nun weitgehend weg. Ist für längst ausgestorbene Erwerbsarten wieder ein Markt gegeben – etwa durch das menschliche Streben nach Abwechslung oder durch Fremdenverkehr –, dann leben diese ohne weiteres wieder auf. In Gestalt von Büchern und sonstigen Schriften haben die Aufbau- und Verhaltensrezepte längst die organischen Körper verlassen. Wenn sie gebraucht werden, dann sind sie – sofern nicht alle Überlieferungen gewaltsam zerstört wurden – wieder greifbar.

Für die Organismen bedeutet der *Ersatz* verlorener Teile ein weit größeres organisatorisches Problem. Zunächst müssen Kontrollmeldungen über etwaige Verluste an solche Funktionsträger ergehen, die zu einer Wiederherstellung befähigt sind. Zweitens ist zu bedenken, daß die Funktion des Organaufbaus nicht unbedingt mit der einer Organreparatur oder Organwiederherstellung identisch ist. Die Gesamtsituation während der Embryonalentwicklung ist eine durchaus andere als bei Wiederherstellungen. *Viel kann hier durch Regelkreise erreicht werden, doch längst nicht alles.*

Zuallererst ist bei Verletzungen ein entsprechender Wundverschluß nötig, damit nicht Körpersäfte verlorengehen oder räuberischen Eindringlingen (Endoparasiten) Tür und Tor geöffnet ist. Die Koagulation des Blutes und alle sie bewirkenden Einheiten gehören beispielsweise in diesen Funktionskreis. Dann müssen beschädigte und funktionslos gewordene Teile abgebaut, abgestoßen oder sonstwie eliminiert werden – eine Aufgabe, die im ursprünglichen Aufbauprogramm höchstens beim Abbau von Hilfsstrukturen gegeben ist. Schließlich müssen sich neu bildende Organe an die bestehenden Systeme der Koordination, der Versorgung und der Kontrolle Anschluß finden: ein weiteres schwerwiegendes Problem.

Auch hier liegt noch weitgehend im dunklen, wie alle diese Leistungen innerhalb der pflanzlichen und tierischen Körper erbracht werden. Jedenfalls aber sind dafür besondere, uns zum Teil unbekannte Funktionsträger nötig. Auch alle durch sie verursachten Kosten und zusätzlichen Abstimmungen sind eine notwendige Anpas-

sung an die vierte »innere Front«. Auch sie gehören funktions- und bilanzmäßig in die Rubrik »Erhaltung der Leistungen«.
Bei den Tieren und Pflanzen spielen hier »undifferenzierte« Zellen eine wichtige Rolle. Sie sind gleichsam Universalbausteine, die sich in Benötigtes und zu Ersetzendes umwandeln, »umdifferenzieren« können. Ähnliches wird bei den menschlichen Erwerbskörpern durch Normung und Standardisierung erreicht. Verlorene Teile werden auf diese Weise leichter ersetzbar. Maschinen werden heute nach Möglichkeit so konstruiert, daß alle Teile möglichst leicht auswechselbar sind (Baukastenprinzip). Der Volkswagen ist dafür ein Beispiel.
Innerhalb der Zellen – das wurde erst kürzlich festgestellt – finden sogar an den Rezeptfäden (DNS-Molekülen) Regenerationsvorgänge statt.[4] Selbst hier vermutet man dafür einen eigens dafür zuständigen Mechanismus, und notwendigerweise müssen auch an diesen Kontrollmeldungen ergehen. Beim Menschen ist gleichsam die gesamte Medizin (Ärzte, Medikamente, Spitäler usw.) zu einem Gemeinschaftsorgan der Kontrolle und Wiederherstellung geworden. In allen diesen Einheiten hat die Funktion der Erhaltung den genetischen Körper verlassen und wird von künstlichen Organen ausgeübt. Durch die heute möglich gewordene Organverpflanzung ist sogar die *Totalerneuerung* von genetisch gebildeten Funktionsträgern durchführbar. Ebenso wie alle künstlichen Funktionsträger werden dann auch die natürlichen durch solche, die ganz woanders gebildet wurden, ersetzt.
Bei Tierarten mit Metamorphose ist zu bedenken, daß jede ihrer Gestalten entsprechend andere pflegende und wiederherstellende Einheiten notwendig macht. Bei Verletzung einer Kaulquappe müssen Heilungs- und Regenerationsvorgänge anders aussehen als beim nachfolgenden Frosch. Bei Parasiten kommt es vor, daß sie nacheinander bis zu vier oder fünf völlig verschiedenartige Gestalten annehmen. Für jede sind dann eigene Rezepte und Funktionsträger zur »Erhaltung der Leistungen« notwendig. Beispiele dafür gibt es in großer Zahl.
Werden durch eindringende Räuber (Mikroorganismen), durch Krankheit oder Alter Teile zerstört, dann ist es den Organismen oft nicht möglich, sie abzustoßen. Sie werden vielmehr eingekapselt, damit sie die gesunden Abschnitte nicht weiter stören. Auch das –

wie auch die Übernahme von Funktionen durch andere Organe – hat entsprechende Mechanismen zur Voraussetzung.

Ein weiteres Problem, das leicht übersehen wird, besteht darin, daß jede pflegende Einheit *selbst wieder gepflegt werden muß*. Funktionell beißt sich hier die Katze gleichsam in den Schwanz. So muß bei allen Organismen den Funktionsträgern der Energiezufuhr selbst Energie zugeführt werden. Und bei jenen der Abfallsabfuhr treten meist selbst wieder Abfälle auf. Reinigende Einheiten müssen sehr oft selbst wieder gereinigt werden, kontrollierende müssen selbst kontrolliert werden, regenerierende müssen selbst Schäden ausgleichen können. *Diese Probleme lösen sich nicht von selbst.*

Von den Pflanzen ist jedermann bekannt, daß bei vielen Arten durch Stecklinge – also kleine Teile – eine neue Pflanze aufgebaut werden kann. Bei manchen Tieren ist das ähnlich. Wird Plattwürmern (Planarien) Kopf und Schwanz abgeschnitten, dann regeneriert das Mittelstück beides, und es bildet sich allmählich wieder ein Körper von gleicher, nur etwas kleinerer Gestalt. Beim Seeigelkeim ist nach dem vierten Teilungsschritt noch jede der sechzehn entstandenen Tochterzellen »totipotent«. Löst man eine solche von den übrigen, dann vermag sie einen ganzen – nur entsprechend kleineren – Seeigel zu bilden.

Nach unseren gewohnten Denkgeleisen betrachten wir bei einem Organismus seine Entwicklung als den »Anfang« und den schließlich fertigen Körper als die »Folge«. Die Energontheorie zwingt dagegen, den Zusammenhang gerade umgekehrt zu sehen. Denn für jede Fortpflanzung sind Energieüberschüsse nötig – deren Gewinnung somit *notwendigerweise* am Anfang steht. Die Antwort auf die alte Scherzfrage: »Was war früher – die Henne oder das Ei?« findet hier die eindeutige Antwort: die Henne. Im endlosen Kettenprozeß, der bis zu den ersten erwerbs- und duplikationsfähigen Molekulargefügen zurückführt, stehen jene, die zu Überschüssen an freier Energie gelangten oder auf freie Energie Einfluß nehmen konnten (Nutzung von Fremdenergie), *notwendigerweise* am Anfang.

Aus dieser Sicht ist die Fortpflanzung nichts anderes als eine besondere Art von Regeneration. Ein hochspezialisierter Funktionsträger leistet diese Funktion – eben die Keimzelle.

Um den Vermehrungsvorgang der Organismen im rechten Licht zu sehen, muß man ihn scharf von der geschlechtlichen Paarung, mit der er meist verknüpft ist, unterscheiden. Es handelt sich dabei um zwei völlig verschiedene Funktionen – die bloß im Sinne einer zweckmäßigen Anlagerung verkoppelt in Erscheinung treten.

Anmerkungen

[1] Auch die Frage der Ermittlung der Lohn*höhe* regelt sich hier nicht von selbst. Der Mensch ist nicht so anspruchslos wie die Zelle im vielzelligen Organismus. Für jeden Angestellten ist der Betrieb die Erwerbsquelle, die er auf bestmögliche Weise erschließt. Diese *Abstimmung* verursacht den Betrieben nicht unbeträchtliche Kosten.

[2] In den größeren Betrieben Japans werden die Führungskräfte (vom Werkführer bis zum Generaldirektor) durch die besondere Einrichtung der Dauerstellung (shu-shin-koyo) lebenslänglich gebunden. Der Betrieb verpflichtet sich, für sie zu sorgen; sie verpflichten sich, den Betrieb nicht zu verlassen. Ihr Gehalt – selbst bei gleicher Arbeit – erhöht sich mit der Länge der Betriebszugehörigkeit. So wird die »Fluktuation« – die im Westen bis zu einem Drittel der Belegschaft pro Jahr ausmacht – wesentlich vermindert. In den USA sieht man in der Fluktuation einen positiven Faktor, ja eine Grundvoraussetzung für die Leistungsfähigkeit der Betriebe. In Japan wurden jedoch durch diese »Immobilisierung der Arbeitskräfte« und durch das sich daraus ergebende weit größere Gemeinschaftsgefühl beträchtliche Erfolge erzielt.

[3] Bei einem verhungerten Kater wurde festgestellt, daß er 97% seines Fettes verlor, 54% seiner Leber, 31% seiner Muskeln und nur 3% von Gehirn, Rückenmark und Herz. Diese und ähnliche Beobachtungen haben gezeigt, daß es bei den Organismen für Notzeiten nicht nur Zuteilungspläne gibt, sondern auch entsprechende Rezepte und Steuerungen für einen allenfalls nötigen Abbau.

[4] »Scientific American«, 1967, Heft 2, S. 36.

V
Sex und Forschung

*Was ist es, sprich,
was bei den Menschen Liebe heißt?
O Kind,
das Süßeste und Bitterste zugleich.*
(Euripides, »Hippolytos«, 428 v. Chr.)

Die Kosten für Forschung und Entwicklung pro Kopf der Bevölkerung betrugen im letzten erfaßten Jahr 94 Dollar in den Vereinigten Staaten gegenüber 25 Dollar pro Kopf in Europa.
(J.-J. Servan-Schreiber, 1967)

1

Autoren, die ihrem Buch einen möglichst weiten Absatz sichern wollen, gehen heute nicht fehl, wenn sie darin ausgiebig auf das Thema »Sex« eingehen. Auch wir wenden uns nun diesem Thema zu. Ob das Interesse an diesem Buch dadurch gesteigert wird, bleibt allerdings dahingestellt. Denn die Quintessenz dessen, was die Energontheorie zu diesem Thema zu sagen hat, ist: Sex und Forschung sind eng verwandt und müssen vergleichend betrachtet werden. Funktionell spielen sie die gleiche Rolle.

Bis zu diesem Punkt haben wir uns hauptsächlich mit den Energon*individuen* beschäftigt. Wir fragten: Wie müssen diese beschaffen sein? Welche Funktionsträger benötigen sie? Was macht sie konkurrenzfähig?

Wären die Energone isolierte Phänomene – und nicht Träger eines gewaltigen Entwicklungsstromes, der sich in ihnen, *und nur in ihnen,* fortsetzt –, dann wären wir fast am Ende unserer Betrachtungen angelangt. Wir wüßten dann, daß bei *jedem* Energon die zentrale Struktur durch die Energie- und Stoffquellen bestimmt wird. Weitere Funktionsträger benötigt es, um störende Faktoren abzuwehren, fördernde zu nützen. Und dazu kommen noch – als Erfordernisse der inneren Organisation – solche der Bindung, der Koordination, der Abstimmung und der Erhaltung. Nach diesem Begriffssystem läßt sich die Struktur jedes Energons verstehen, es macht alle untereinander vergleichbar. Dieses System ist nicht bloß eines unter vielen anderen möglichen, sondern insofern relevant, als es das Grundgerüst der Konkurrenzfähigkeit bezeichnet und damit die eigentliche Existenzbasis dieser Strukturen.

Betrachten wir dagegen die Energone nicht als Individuen, sondern als *Träger der Lebensentwicklung,* als Voraussetzung und einzige Möglichkeit für das Weiterfließen eines sich steigernden Prozesses, dann sieht die Situation anders aus. Es zeigt sich dann, daß an ihre raum-zeitliche Struktur noch weitere Forderungen gestellt sind. Sie müssen noch weitere Leistungen erbringen, über weitere, sehr wesentliche Funktionsträger verfügen.

Man hat den Lebensprozeß nicht selten mit dem Feuer verglichen, und es besteht auch eine gewisse Ähnlichkeit, allerdings bloß in einem einzigen Punkt: Beide Vorgänge benötigen arbeitsfähige Energie, verbrauchen diese.

Die Besonderheit des Lebensprozesses besteht jedoch darin, daß er sich in raum-zeitlichen Strukturen manifestiert, die eine im Durchschnitt aktive Bilanz an arbeitsfähiger Energie aufweisen. Während also das Feuer bloß arbeitsfähige Energie verbraucht, setzt sich der Lebensprozeß über materielle Strukturen fort, die sich die zum Weiterfließen dieses Prozesses nötige Energie selbst beschaffen.

Die allerersten derartigen Strukturen – die allerersten Energone, wie wir sie nennen – müssen somit über zwei Grundeigenschaften verfügt haben. Erstens mußten sie in passender Umwelt derartige Wirkungen auf ihre Umgebung ausüben, daß sich ihr Potential an arbeitsfähiger Energie erhöhte. Zweitens mußten sie so beschaffen sein, daß diese Potentialsteigerung zu einem Anwachsen ihrer Struktur führte. Es mußte ihnen gelingen, entsprechende Stoffe an sich zu ziehen – und zwar so, daß ihre Struktur sich vergrößerte.

Auf Grund dieser beiden Eigenschaften konnte sich der Lebensprozeß aber noch nicht wirklich entfalten. Solche Energone konnten sich wohl – ähnlich den Kristallen – in passender Umgebung entwickeln und entsprechend anwachsen; wurden jedoch die Umweltbedingungen ungünstig, zerfielen sie wieder. Um zu Verbesserungen – zu einer »Höherentwicklung« – zu gelangen, waren noch zwei weitere Eigenschaften, zwei weitere Fähigkeiten nötig. Die Lebensentwicklung mußte – technisch betrachtet – noch zwei weitere »Hürden« nehmen, zwei weitere funktionelle »Barrieren« überwinden.

Es ist bis heute kaum – oder jedenfalls nicht genügend – darauf hingewiesen worden, daß diese beiden weiteren Fähigkeiten einander geradezu ausschlossen. Das Überwinden der ersten »Barriere« bedeutete praktisch, daß ein Überwinden der zweiten fast unmöglich wurde. *Die Lebensentwicklung wurde von allem Anfang an durch einen schwerwiegenden Funktionskonflikt gebremst.*
Diesen wollen wir näher betrachten.

2

Die erste zu überwindende »Barriere« war die Notwendigkeit, zu Einrichtungen der *Fortpflanzung* zu gelangen.
Hatte ein Energon bloß die Fähigkeit, sich laufend zu vergrößern, dann endete die Lebensentwicklung, falls es abstarb, an diesem Punkt. War es dagegen fähig, sich in soundso viele Teile aufzusplittern, dann wurde die Chance, daß eine dieser Einheiten ihre autokatalytische Tätigkeit fortsetzen konnte, erheblich größer. Mochte der Lebensprozeß auch in 99 solcher Einheiten zu einem Endpunkt kommen und versiegen – in der hundertsten setzte er sich fort.
Eine solche Teilung war im einfachsten Fall durch bloßes Zerreißen möglich; zu dieser Art von Vermehrung ist auch das Feuer »fähig«.
Betrachten wir dagegen die einfachsten, heute noch existierenden Energonarten, dann stellen wir fest, daß bei ihnen die Vermehrung bereits an recht komplizierte Funktionsträger geknüpft ist. Hier genügt ein bloßes Auseinanderfallen des Energons in mehrere Teile durchaus nicht. Die Gesamtstruktur ist hier bereits so kompliziert geworden, daß sie über besondere Einheiten verfügen muß, die das Gesamtenergon neu aufbauen – also regenerieren können.
Damit komme ich auf die Ausführungen im vorhergehenden Kapitel zurück: *Fortpflanzung ist eine Totalregeneration.* Neben allen sonstigen Funktionsträgern müssen also alle höherentwickelten Energone auch noch solche haben, die einen Gesamtaufbau bewerkstelligen können. Wie sehen diese Funktionsträger aus? Wie müssen sie beschaffen sein?
Folgen wir dieser Frage theoretisch, dann stellen wir fest, daß die Funktion »Fortpflanzung« zwei sehr verschiedene Gruppen von

recht komplizierten Funktionsträgern notwendig macht. Erste Voraussetzung für jeden Aufbauvorgang – wie dieser dann auch immer im einzelnen erfolgen mag – ist ein Aufbaurezept, ein Gesamtaufbauplan, in dem jede Einzelheit des Energons festgelegt ist. Fehlt ein solcher, dann kann auch die beste Steuerung das Energon nicht bilden. Zweite Voraussetzung ist: Das Energon muß auch über Funktionsträger verfügen, die diese Rezepte haargenau *duplizieren* können. Denn bei jeder Vermehrung, bei jeder Vervielfältigung muß ja jedes neue Energon auch das gesamte Aufbaurezept mitbekommen, um es selbst wieder an seine Nachkommen weitergeben zu können. Wie immer also das Rezept aussehen mag – es muß exakt geteilt werden: Das ist das zweite Problem. Je differenzierter, je komplexer ein Energon ist, um so komplizierter und komplexer wird notwendigerweise auch das zu seinem Aufbau nötige Rezept – und um so komplizierter wird auch die Aufgabe, es fehlerlos zu *teilen*.

Wie es bei den ersten Energonen zu diesem Vervielfältigungsmechanismus gekommen ist – über welche Zwischenstufen er sich entwickelt hat –, wird sich vielleicht nie ganz rekonstruieren lassen. Schon bei den Einzellern sehen wir diesen Mechanismus in hoher Perfektion. Das Aktionszentrum ist hier – in der Regel – das »Zentralkörperchen« (Centriol), ein Funktionsträger, der sich zuallererst selbst teilt. Von den so entstehenden beiden Zentren, die auseinanderwandern, bilden sich Zuggerüste aus, die die Rezeptfäden, die sich der Länge nach spalten, von zwei Seiten her ergreifen und auseinanderziehen. Dieser Vorgang wird »Mitose« genannt. Von der Evolution her betrachtet ist hervorzuheben, daß – notwendigerweise – die Energone bereits auf einem sehr frühen Entwicklungsstadium zu dieser Leistung gelangt sein müssen. Sie war Voraussetzung für ihre Höherentwicklung.

Die zweite »Barriere« ist nicht minder schwierig zu überwinden. Durch den Mechanismus der Rezeptteilung ist dafür gesorgt, daß alle Eigenschaften eines Energons auf seine Nachkommen übergehen, daß also kein in der Evolution erreichter Fortschritt wieder verlorengeht. *Wie aber kam es nun zu Fortschritten?*

Damit kommen wir zum entscheidenden Punkt: Fortschritte, Verbesserungen kann es nur geben, wenn die Aufbaurezepte sich *verändern*. Gleichen die Nachkommen stets haargenau dem sie hervorbringenden Energon, dann ist eine Höherentwicklung ausgeschlossen.

Das ist der schwerwiegende Funktionskonflikt, mit dem die Energone – als Träger der Lebensentwicklung – von allem Anfang an belastet waren. Zu ihrer Vermehrung waren Einrichtungen notwendig, die haargenau ihre Eigenschaften auf die Nachkommen übertrugen. Nur so konnte jeder Fortschritt erhalten bleiben. Anderseits aber wurde jede Weiterentwicklung, jeder Fortschritt durch eine solche fehlerlose Duplizierung geradezu ausgeschlossen. An die Erbrezepte – als Zentrum jedes Mechanismus der Vermehrung – waren somit zwei völlig konträre Forderungen gestellt: Einerseits fehlerlose Teilung – sonst gingen die Fortschritte wieder verloren; andererseits Veränderung – sonst konnte es zu keinem Fortschritt kommen.

Wenn heute fast der ganze Erdball mit Pflanzen und Tieren bevölkert ist und wenn wir selbst existieren, dann ist das ein zwingender Beweis dafür, daß es einen Ausweg aus diesem Funktionskonflikt gab. Der »Lebensstrom« – wie ich die Lebensentwicklung weiterhin nennen will – versiegte nicht. Er manifestierte sich in immer neuen, immer leistungsfähigeren, immer höher entwickelten Energonen. Wie spielte sich das ab?

Wie konnten die Erbrezepte diesen so völlig entgegengesetzten Anforderungen – sich *nicht* zu verändern und sich *doch* zu verändern – genügen?

3

Damit kommen wir zur Zweigeschlechtlichkeit.

Sie ist, im Prinzip, ein äußerst plumper Vorgang. Bei der Teilung der Erbrezepte kommt es – trotz aller Perfektion – gelegentlich zu Fehlern: zu *Mutationen*. Diese führen in der überwiegenden Zahl der Fälle zu einer Verminderung der Leistungsfähigkeit – können aber manchmal auch eine Verbesserung bewirken. Die Wahrscheinlichkeit, daß es zu einer solchen kommt, wird nun aber beträchtlich erhöht, *wenn die Erbrezepte verschiedener Individuen miteinander verschmelzen.* Es kommt dann zu immer neuen Kombinationen der hier und dort aufgetretenen Abweichungen. Das

»Auslesematerial« – wie der Biologe sagt – wird so größer. Während die eine oder andere Änderung für sich allein keinen Vorteil erbringen würde, kann sie durch Kombination mit anderen sehr wohl zu bilanzfördernden Neuerungen führen.
Damit ist bereits das Grundprinzip der Zweigeschlechtlichkeit dargelegt. Manche Forscher glaubten, daß durch die Zellverschmelzungen Fehler in den Erbrezepten ausgeglichen würden; daß *das* also die Funktion dieser Vorgänge sei. Wie die genetischen Forschungen einwandfrei gezeigt haben, ist dies jedoch – zumindest in der Regel – weder der Fall noch überhaupt nötig. Die Teilungen der Erbrezepte – bei den Zellteilungen – erfolgen höchst akkurat. Die Wahrscheinlichkeit zu Mutationen beträgt bloß 1 : 10000 bis 1 : 100000. Wenn im sexuellen Vorgang verschiedene Keimzellen verschmelzen, *dann hat dies nicht den Zweck, Fehler auszubessern, sondern aufgetretene Veränderungen zu kombinieren.*[1]
In fünf Punkten zusammengefaßt, sieht dieser Zusammenhang, der dem gewohnten Denken sehr fremd und fern ist, so aus:

- *Erstens:* Die Lebensentwicklung konnte sich immer nur in bilanzaktiven Strukturen fortsetzen. Wo diese passiv wurden, versiegte sie (erlosch wie Feuer, das keine »Nahrung« mehr findet).
- *Zweitens:* Diese bilanzaktiven Strukturen (die wir »Energone« nennen) mußten zur Fähigkeit gelangen, sich zu vermehren – sonst war eine Weiterentfaltung dieses Prozesses nicht möglich.
- *Drittens:* Bei solcher Vermehrung müssen alle Eigenschaften des Elternteiles auf die Nachkommen übergehen – sonst gehen die erreichten Fortschritte wieder verloren.
- *Viertens:* Jede Verbesserung – jede Höherentwicklung der Energone – hatte jedoch Veränderungen der Erbrezepte zur Voraussetzung.
- *Fünftens:* Aus diesem schier unlösbaren Funktionskonflikt gab es folgenden Ausweg: Die Teilung der Erbrezepte erfolgt mit höchster Präzision; die aber trotzdem gelegentlich auftretenden Abänderungen werden durch einen besonderen Vorgang kombiniert. Die Höherentwicklung bleibt also weiterhin auf Änderungen angewiesen; durch deren ständige Neukombination wird jedoch die Chance, daß es zu Verbesserungen kommt, wesentlich – wohl weit über das Tausendfache – erhöht. Das Tempo der Höherentwicklung wird so bedeutend gesteigert.

Zwischen der Funktion der Vermehrung und der der sexuellen Vereinigung muß also streng unterschieden werden. Sie treten wohl meist gekoppelt auf – notwendigerweise –, dienen aber »ganz entgegengesetzten Interessen«. Aufgabe der Fortpflanzung ist die *genaue Reduplikation* des bereits Erreichten. Aufgabe der sexuellen Verschmelzung – der »Kopulation« – ist eine *Abänderung* des bereits Erreichten.
Betrachten wir die Auswirkungen beider Funktionen genauer. Zuerst die der *Fortpflanzung*.

4

Schon bei den Einzellern sind auf das Konto dieser Funktion recht aufwendige und kostspielige Einrichtungen zu verbuchen. In erster Linie sind es Funktionsträger – ob wir sie heute bereits kennen oder nicht –, die die Zellteilung, also die Verdoppelung sämtlicher Organe, die Aufbaurezepte mit eingeschlossen, bewirken. Diese Einrichtungen dürften fast in jedem Fall komplexer sein als jene des Energie- und Stofferwerbs oder der Feindabwehr. Sie bedeuten für die Individuen eine ganz beträchtliche Belastung und machen noch zusätzlich Funktionsträger der Bindung, der Koordination, der Abstimmung und Erhaltung notwendig.
Bei den Vielzellern ist der gleiche Fortpflanzungsmechanismus beibehalten. Von geringfügigen Ausnahmen abgesehen, teilen sie sich nicht als Ganzes. Die Keimzelle baut hier durch eine Folge entsprechend gesteuerter Teilungen und Differenzierungen einen größeren Erwerbskörper auf, wobei jedoch einige Zellen undifferenziert und totipotent bleiben (»Keimbahn«). Das heißt, sie bewahren die gleichen Fähigkeiten wie die Keimzelle: die Fähigkeit zur Totalregeneration. Stirbt ihr Energon ab oder werden sie von diesem ausgestoßen, dann vermögen sie ein neues, ebensolches Energon aufzubauen.
Allerdings stellen sich diesem Vorgang beträchtliche Schwierigkeiten entgegen. Denn jedes sich erst bildende Energon ist noch nicht voll »einsatzfähig« und somit entsprechend wehrlos. Für räuberische Energone sind die Keimzellen und die aus ihnen hervorwachsenden Entwicklungsstadien eine willkommene Beute.

Wir gelangen hier zu einer interessanten Einsicht. Die Energone – als Träger der Lebensentwicklung – werden hier zu einem Hemmschuh für diesen Prozeß. Indem manche von ihnen fremde Keime fressen, fördern sie zwar die eigene Entwicklung – und damit den Lebensstrom –, anderseits aber stören sie dadurch die Fortpflanzung der betroffenen Energonarten *und hemmen dort den Lebensstrom*. Wir kommen auf diese und ähnliche Interessenkonflikte im nächsten Kapitel zurück.

Zwei Möglichkeiten, die Keime und ihren Bildungsvorgang zu schützen, gibt es: Entweder wird die Keimzelle, samt entsprechender Energie und Stoffmenge für den Aufbau, mit einem festen Panzer umhüllt und ihrem Schicksal überlassen. Das nennen wir dann bei Pflanzen einen »Samen«, bei den Tieren ein »Ei«. Aus dieser Umhüllung sprießt bei den Pflanzen – wenn der Samen in geeignete Umweltbedingungen kommt – das junge Pflänzchen hervor. Bei den Tieren vollzieht sich *darin* der Entwicklungsprozeß, und ist das neue Energon erwerbsfähig, dann »schlüpft« es, verläßt die schützende Hülle.

Die andere Möglichkeit ist die, daß das sich fortpflanzende Energon *unmittelbar* die Ernährung des Keimes durchführt und die Schutzfunktion übernimmt. In diesem Fall wächst der Nachkomme im eigenen Körper heran – ganz wie ein Organ. Besonders bei den Tieren, wo diese Vermehrungsart verbreitet ist, stellt das eine erhebliche Belastung für das sich vermehrende Energon dar. Erst wenn der Keim selbst-erwerbsfähig und selbst-verteidigungsfähig (also »lebensfähig«) geworden ist, wird er abgestoßen. Auch für diesen Vorgang der »Geburt« sind besondere Einrichtungen (vor allem eine entsprechende Öffnung und Koordinationsrezepte für innerkörperliche Vorgänge) nötig.

Bei den höheren Tieren finden wir eine weitere Fortpflanzungstechnik verbreitet. Auch bei ihnen reift das »Junge« innerhalb des Körpers heran, ist jedoch, wenn es abgestoßen wird, noch nicht voll erwerbs- und verteidigungsfähig. Seine Weiterentwicklung erfolgt vom elterlichen Körper getrennt, doch unter dessen Schutz und Versorgung. Das nennen wir dann »Brutpflege«. Für diese Fortpflanzungsart – die die meisten Vögel und Säugetiere praktizieren – sind neben allen sonstigen Fortpflanzungsmechanismen noch angeborene Verhaltensrezepte notwendig.

Eine Rationalisierung dieser so aufwendigen Prozesse finden wir nur bei wenigen Organismen, vor allem bei den staatenbildenden Insekten. Bei den Termiten, Ameisen und Bienen ist nicht mehr jedes Individuum mit der – *ihm individuell gar nicht dienenden* – Bürde der Fortpflanzung belastet. Die »Königin« übernimmt für alle dieses Geschäft. Es ist dies eine wirkungsvolle Funktionszusammenlegung. Im Rahmen des Energons »Insektenstaat« wird dieses spezialisierte Individuum zu einem Organ (Funktionsträger) der Fortpflanzung. Für die Bilanz der Gemeinschaft bedeutet das eine erhebliche Energieeinsparung.

Beim Menschen sehen wir nach wie vor die Individuen mit der Fortpflanzungsproblematik belastet. Hier vollzog sich dann aber der bedeutsame Übergang, daß die Funktion des Aufbaus weiterer, *zusätzlicher* Organe auf das vielzellige Zentralnervensystem überging. Bei den von uns gebildeten größeren Energonen, in denen wir selbst nur noch »Keimzelle« und steuerndes Zentrum sind, fällt das ungeheure Problem der immer länger werdenden Rezeptfäden und ihrer immer schwieriger werdenden Teilung weg. Die im Zentralnervensystem verankerten Rezepte können viel einfacher vervielfältigt werden: über Sprache und Schrift können sie direkt von einem Gehirn auf ein anderes übertragen werden. Schließlich können sie auch in Gestalt von künstlichen Organen – den Körper verlassen. Ihre Vervielfältigung wird dann zu einem geradezu banalen technischen Problem.

Sollen etwa die Aufbaurezepte für einen Betrieb vervielfältigt werden, dann genügt es, sämtliche Anweisungen und Zeichnungen – sämtliche »Pläne« also – zu photokopieren. Von jeder Gebrauchsanweisung, jedem fachlichen Buch können im Druckverfahren ebenso schnell wie billig beliebig viele »Kopien« angefertigt werden. *Erst aus dieser Perspektive wird klar, mit welcher Bürde der erste Teil der Evolution belastet war und um wieviel einfacher die gleiche Funktion nun bewältigt werden kann.*

Innerhalb der menschlichen Gemeinschaften wurde das fachliche Schrifttum – die Wissenschaft schlechthin – zu einem (heute bereits jedermann zugänglichen) Hilfsorgan der Rezeptbildung. Aus diesem ungeheuren Informationsreservoir schöpft der organisierte Mensch, durch die Gemeinschaftsorgane »Schulen« und »Universität« lernt er die Kunst des Rezeptbaus. Es liegt an ihm, sich zu ent-

scheiden, welche Erwerbsstrukturen er bildet – *welche Energonarten er fortpflanzt.*
Die Energone sind jetzt nicht mehr gezwungen, ihre Überschüsse in artgleiche Fortpflanzung zu investieren – sondern ein ganz anderer Mechanismus wird nunmehr zum Garanten dafür, daß die Energonvermehrung weiterläuft. Es ist das menschliche »Luxusstreben« – die Gesamtheit aller angeborenen und erworbenen Triebkräfte, die den Menschen zum Streben nach »Annehmlichkeit« im weitesten Sinne des Wortes drängen. Die dieses Verhalten auslösenden Einheiten – wir kommen später auf sie zurück – bewirken, daß der Mensch sich besonders emsig der Energonbildung befleißigt. Er bildet Berufskörper, baut Betriebe auf. Diese nicht verwachsenen Energone pflanzen sich fort – ohne daß ein Angehöriger der »Art« irgend etwas dazu tut. Ein neuer Schneiderbetrieb oder eine neue Versicherungsgesellschaft können entstehen, ohne daß ein anderer Schneiderbetrieb oder eine andere Versicherungsgesellschaft das geringste dazu beitragen. *Die Überschüsse können nunmehr dorthin fließen, wo sich den Energonen die besten Erwerbsmöglichkeiten bieten* – eine für die Energonentwicklung ungemein günstige Veränderung.
Darüber hinaus fördert das menschliche Luxusstreben die Energonentwicklung – und damit den Lebensstrom – noch in anderer Hinsicht. Der einzelne Mensch braucht die in seine Verfügungsmacht gelangenden Überschüsse überhaupt nicht mehr zum Energonaufbau zu verwenden – *und doch kommen sie diesem zugute.* Der Juwelier, der in Mallorca sein Geld ausgibt, trägt zum Florieren der dort etablierten Hotelenergone bei. Der Prokurist, der sein Gehalt für schöngeistige Literatur oder Dirnen verwendet, wird ebenfalls zur Erwerbsquelle für andere Energone. Sogar der Playboy, der das elterliche Vermögen in Rennautos verwandelt und diese zuschanden fährt, fördert die Energonentwicklung: alle Berufstätigen und Betriebe, die am Aufbau dieser seiner Spielzeuge beteiligt waren, haben ihm zu danken.
Der Überblick über diesen Entwicklungsweg gehört zu den schwierigsten und dem gewohnten Denken am meisten zuwiderlaufenden Überlegungen der Energontheorie. Auch er sei in knapper Form zusammengefaßt:

● *Erstens:* Bei den Einzellern ist das Erbrezept der für die Fortpflanzung wichtigste Funktionsträger. Dazu kommen noch weitere aufwendige Einrichtungen – vor allem solche, um diese Rezepte fehlerlos zu duplizieren.

- *Zweitens:* Bei den Vielzellern wird dieser Fortpflanzungsmechanismus beibehalten. Da die Rezeptfäden hier immer umfangreicher werden, wird ihre Teilung zu einem immer schwierigeren technischen Problem. Wenn sich bei jeder Zellteilung, die zur Bildung der menschlichen Körper führt, immer noch das gesamte für unseren Aufbau zuständige Rezept innerhalb der einzelnen Chromosomen teilen muß, dann ist das – technisch betrachtet – eine Ungeheuerlichkeit. *Es ist dies die vielleicht aufwendigste Vielgleisigkeit, in welche die Energonentwicklung überhaupt geriet.*
- *Drittens:* Durch Übernahme der Funktion des Aufbaues weiterer, zusätzlicher Organe durch das Zentralnervensystem wurde diese funktionelle Bürde abgestreift. Die nicht verwachsenen Energone, die der Mensch bildet, müssen sich nicht mehr artgleich fortpflanzen. In diesem zweiten Teil der Evolution können Überschüsse jeweils der Bildung solcher Energonarten zufließen, denen sich die besten Erwerbsmöglichkeiten bieten. Der »Keimzelle« Mensch steht es prinzipiell frei, welche Energonart sie aufbaut – und damit *fortpflanzt.*
- *Viertens:* Innerhalb der organisierten menschlichen Gemeinschaften wurde neben der mündlichen Überlieferung das Schrifttum zum Hilfsorgan der Energonfortpflanzung. Die Gemeinschaftsorgane »Schulen« und »Universitäten« wurden zu Behütern, Ordnern und Weitergebern der gewonnenen Erfahrungen – zu Behütern, Ordnern und Weitergebern von *Energon-Aufbaurezepten.*
- *Fünftens:* Zum wirksamsten Motor der Fortpflanzung wurde das menschliche Streben nach Annehmlichkeit (im weitesten Sinne des Wortes). Dieses fördert in doppelter Hinsicht die Bildung und das Wachstum von Energonen. Einerseits bestimmt es den Menschen dazu, Erwerbskörper zu schaffen – um sich Annehmlichkeiten leisten zu können. Anderseits bestimmt es ihn dazu, fremde Leistungen zu erwerben – wodurch er zur Erwerbsquelle für alle jene Energone wird, deren Dienste oder Leistungsergebnisse er kauft.

Nicht minder kompliziert war der Entwicklungsweg der zweiten Barriere-Problematik: der *Rezeptverschmelzung*. Diese Funktion war eine weitere Voraussetzung für die Evolution.

5

Der ursprünglichste Mechanismus der »Verbesserung« arbeitete sozusagen von selbst. Ohne besondere Funktionsträger, ohne eigenes Zutun. Aus Fehlleistungen – den Mutationen – wurde unter Umständen ein Vorteil. Die Mutationen werden manchmal von außen bewirkt (Hitzeeinwirkung, kosmische Strahlen usw.), oder sie ergeben sich als Fehler im Teilungsvorgang. Jedenfalls sind sie *richtungslos*. Sie vermindern meist die Erwerbs- und Konkurrenzkraft der betroffenen Energon-Nachkommen (ihre Leistungsfähigkeit), können diese aber auch steigern. Das ist dann gleichsam ein »Geschenk« des Schicksals, das einige der Nachkommen genießen – und denen eine weit größere Zahl von bilanzverschlechternden »Geschenken« an andere Energone, die dann meist gar nicht zur Fortpflanzung kommen, gegenübersteht.

Der zweite Mechanismus, *der die Höherentwicklung der Organismen förderte,* war dagegen ein ungemein kostspieliger. Es ist die Einrichtung »Zweigeschlechtlichkeit«. Schon bei den Einzellern kann man sehen, welche Belastung die sexuellen Vorgänge für die Individuen bedeuten.

Auf die einfachste Formel gebracht, heißt die zweite Forderung: Nicht nur müssen die Erbrezepte sich teilen können – sie müssen auch das Gegenteil können: mit dem Erbrezept eines anderen Individuums verschmelzen.[2] Man bedenke, was das bedeutet! Die endlosen Fadenmoleküle müssen derart an andere, ebensolange Fadenmoleküle herangebracht werden, daß jeder der tausend, hunderttausend oder Millionen Befehlsträger (Gene) mit genau dem analogen vom andern Faden verschmelzen kann. Wer einen Wollknäuel oder eine verwickelte Angelschnur entwirren soll, dem wird vielleicht die Schwierigkeit dieses technischen Problems bewußt. Schon bei dem so einfachen Bakterium Coli sind die Rezeptfäden

tausendmal länger als sein Durchmesser. Hier standen die Energone vor einer ganz außerordentlichen Schwierigkeit.
Besondere Einrichtungen (Funktionsträger) müssen zunächst einmal gewährleisten, daß Einzeller der gleichen Art einander überhaupt suchen, einander erkennen und in diesen Vereinigungsvorgang eintreten. Dann müssen die Rezeptfäden ihren entsprechenden Partner finden, und die Vereinigung der Zellen muß so verlaufen, daß dabei ihre Leistungsfähigkeit nicht erlischt, sondern vielmehr ein darauf folgender Teilungsvorgang erfolgen kann.
Bei den Vielzellern wurde diese Problematik noch größer. Die irgendwo in ihrem Körper eingebetteten Keimzellen mußten mit denen anderer Individuen verschmelzen. Das machte entsprechende Öffnungen und Einführungsorgane nötig. Im Wasser konnte es genügen, wenn die Partner die Geschlechtsprodukte gemeinsam ausstießen und zur Vereinigung brachten. So ist es bei vielen Fischarten. An Land war das jedoch nicht möglich, da die Keimzellen an der Luft austrocknen. Hier müssen die Geschlechtszellen ins Körperinnere des Partners eingeführt werden. Das gleiche gilt auch für solche Wassertiere, deren Nachkommen im elterlichen Körper heranwachsen.
Die uns so selbstverständliche Unterteilung in »männlich« und »weiblich« stellt eine Rationalisierung dieses Vorganges dar. *Eine* Sorte von Keimzellen übernimmt die Aufgabe, den Partner zu suchen: die »männlichen« Spermien. Die *andere* Sorte übernimmt die Aufgabe des nachfolgenden Energonaufbaus: die mit entsprechenden Energie- und Stoffreserven ausgerüsteten »weiblichen« Eizellen.
Bei den Einzellern ist diese Unterscheidung nicht immer gegeben, und unter den vielzelligen Pflanzen gibt es genug, die gleichzeitig männlich und weiblich sind. Bei den meisten höheren Tieren dagegen wurde diese Arbeitsteilung ausgeprägt und führte zu weiteren Differenzierungen. Das weibliche Tier ist auf das Hervorbringen der Nachkommen spezialisiert, das männliche auf die Suche nach dem Weibchen und auf den Schutz der »Familie«.
Die Geschlechtspartner müssen einander an besonderen Merkmalen erkennen. Die normalen, dem Nahrungskonkurrenten gegenüber *feindlichen* Tendenzen müssen zeitweise – zum Zweck des Paarungsvorganges – ins Gegenteil umschlagen. Entsprechende

Steuerungen (Verhaltensrezepte, Triebe) müssen sie zu einem äußerst innigen Kontakt drängen. Entsprechend positive Empfindungen müssen mit der erfolgreichen Ausführung des Paarungsvorganges einhergehen (oder negative mit der Nichtausführung) – sonst ist kein Grund dafür gegeben, daß er stattfindet.

Welch enormen Aufwand – von der Bilanz her betrachtet – diese Vorgänge bedeuten, zeigen alle Tierarten, die zum Paarungsgeschäft Wanderungen ausführen, sich in Bereiche erhöhter Gefahr begeben oder sich in Rivalenkämpfen und Begattungszeremonien erschöpfen.

Bei den festgewachsenen Landpflanzen wurde das Zueinandergelangen der Geschlechtspartner zum besonderen Problem. Hier wird – wie schon besprochen – Fremdenergie dienstbar gemacht. In erster Linie ist es der Wind. Manchen gelingt es, durch ihre besonders ausgebildeten Geschlechtsorgane, die »Blüten«, Insekten zum Transport der männlichen Geschlechtszellen zu den weiblichen hin zu veranlassen.

Vor noch größere Probleme stellt die Notwendigkeit der Vereinigung von Keimzellen sämtliche Schmarotzer. Wie schon ausgeführt, ist es diesen oft nur auf komplizierten Umwegen und über mehrfache Gestaltsveränderungen möglich, an ihre eigentliche Erwerbsquelle – in das Körperinnere ihrer Wirte – zu gelangen. Daß in diese Zyklen – zumindest gelegentlich – auch noch die Vereinigung mit Artgenossen einbezogen sein muß, macht die Sache nur noch komplizierter.

Über die ungeheure Vielfalt von Einrichtungen und Verhaltensweisen, die bei den einzelnen Tier- und Pflanzenarten die geschlechtliche Vereinigung sicherstellen, ist schon genug geschrieben worden. Zu wenig wurde jedoch auf die Funktion hingewiesen, die diesen ganzen Aufwand nötig macht. Es geht um nichts anderes als darum, die zufällig auftretenden Erbveränderungen zu vermengen und so die Chance für erwerbsfördernde Veränderungen zu steigern.

Dieser recht plumpe Mechanismus wird in seiner Wirksamkeit verbessert, wenn unter den Individuen einer Art die erwerbsfähigeren *bevorzugt* zur Paarung gelangen. Das ist die biologische Bedeutung von Rivalenkämpfen. Die aktiv diesen Vorgang suchenden Individuen (meist die »Männchen«) gelangen so, wenn sie stärker und fähiger sind, eher an den Partner (das »Weibchen«).

Bei den höheren Tieren finden wir als weitere Verbesserung das aktive Erkennen der höheren Qualitäten (Kraft und Integration) beim Partner. Nur durch besondere Eigenschaften wird dann die Paarungsbereitschaft ausgelöst. Auch das fördert und beschleunigt den so langsamen und schwerfälligen Vorgang der natürlichen Auslese.

Von der Energontheorie her ist die äußere Vielgestalt dieser Erscheinungen sekundär. Von primärer Bedeutung ist bloß, daß hier insgesamt ein ganz ungeheurer Aufwand, eine ganz eminente energetische Belastung vorliegt, die wir fast ausnahmslos bei jeder Organismenart finden.

Bei manchen Pflanzen und Tieren (besonders Parasiten) gibt es auch »ungeschlechtliche« Fortpflanzungsvorgänge (Knospung, Parthenogenese). Der Fortpflanzung geht dann keine Verschmelzung voraus. Aber auch bei diesen Arten sind, zumindest zeitweise, doch immer wieder sexuelle Vereinigungen eingeschoben. Das zwingt zu dem Schluß: Die Organismen konnten ohne den Vorgang der Kopulation nicht auskommen, konnten ohne ihn zu keiner Weiterentwicklung und Steigerung ihrer Konkurrenzfähigkeit gelangen.[3]

Genauer formuliert: Jene Arten, die über diese Funktion verfügten, waren ausnahmslos im Vorteil. Entstanden andere, ohne entsprechende Einrichtungen für den Paarungsvorgang zu besitzen, dann blieben sie – mit seltenen Ausnahmen – im evolutionären Konkurrenzkampf auf der Strecke.

Diese Überlegung gibt uns eine weitere Handhabe zur Beantwortung der Streitfrage, ob eine übersinnliche, die Organismen zu höherer Ordnung hinführende Kraft wirksam gewesen ist oder nicht.

6

Das Phänomen der Zweigeschlechtlichkeit liefert einen sogar zahlenmäßig erfaßbaren Beweis dafür, daß keine solche Kraft (»Entelechie«) unmittelbar in den Evolutionsvorgang eingriff. Meines Wissens ist darauf bisher noch nicht hingewiesen worden.

Hätte eine solche Kraft – wie die »Vitalisten« annehmen – die Evolution gesteuert, dann wäre dieser aufwendige und schwerfällige Mechanismus der Verbesserung überflüssig gewesen. Die Zweigeschlechtlichkeit hätte sich dann gar nicht zu entwickeln brauchen beziehungsweise wäre längst wieder zurückgebildet worden. Die lenkende Kraft hätte die Organismen weit direkter und eleganter zu Verbesserungen hingeführt.[4]

Man möge dieses Argument nicht leichtfertig beiseite schieben. In der gesamten Evolution zeigt sich auf das deutlichste, daß kostspielige Strukturen, die nicht benötigt werden, zur Rückbildung gelangen. Gingen Tiere zu einer Lebensweise über, die Sehorgane überflüssig machte, dann wurden diese rückgebildet. Gingen sie zu einer festsitzenden Lebensweise über, dann wurden die Fortbewegungsorgane rückgebildet. Gingen Pflanzen zu einer parasitären Lebensweise über, dann gelangten ihre Blätter zur Rückbildung. Gingen Wasserlebewesen zum Landleben über, dann bildeten sich alle für das Wasserleben dienlichen Funktionsträger zurück. Im Konkurrenzkampf können sich Energone mit funktionslosen Teilen, die sie belasten und die sie dennoch ernähren und pflegen müssen, nicht behaupten. Sie gelangen gegenüber anderen, die sich solcher Bürde entledigen, in Nachteil, werden von ihnen verdrängt. Also bleiben jene, denen die Rückbildung gelingt, schließlich übrig.

Es läßt sich meßbar ermitteln, welcher Prozentsatz an funktionslosen Teilen für Organismen noch tragbar ist, *also noch unter dem Niveau dessen liegt, was die Konkurrenzfähigkeit belastet.* Die Kosten der Zweigeschlechtlichkeit liegen sicher wesentlich darüber – denn es gibt Hunderte von nachweisbaren Fällen, in denen weit weniger aufwendige Strukturen zurückgebildet wurden.

Von dieser Tatsache her betrachtet, ist es praktisch ausgeschlossen, daß der so aufwendige Funktionskreis »Zweigeschlechtlichkeit«, der faktisch jede Tier- und Pflanzenart bilanzmäßig belastet, zur Ausbildung und zu so starker Entfaltung gelangt wäre, *hätte nicht eine zwingende Notwendigkeit ihn diktiert.* Alle heutigen Forschungsergebnisse weisen aber eindeutig darauf hin, daß dieser Vorgang den Organismen keinen anderen Vorteil bringt als eben den: bevorzugt zu Veränderungen, zu Neukombinationen und so – möglicherweise – zu Verbesserungen zu gelangen.

Es ist noch nicht das letzte Wort darüber gesprochen, ob dieser Mechanismus plus Mutationen und natürliche Auslese genügt hat, um die Höherentwicklung der Organismen zu garantieren. Die meisten Biologen sind heute dieser Ansicht, manches aber spricht auch dagegen – vor allem die verhältnismäßig »kurze« Dauer der Evolution (von nur knapp 4 Milliarden Jahren). Unmöglich ist es also nicht – meines Erachtens sogar wahrscheinlich –, daß noch ein weiterer Verbesserungen begünstigender Funktionszusammenhang entdeckt wird.

Aber auch ein solcher zusätzlicher Mechanismus muß – das kann schon jetzt gesagt sein – so beschaffen sein, daß er ohne die Einrichtung »Zweigeschlechtlichkeit« nicht auskommen kann. Der enorme Aufwand dieser Funktion bei sämtlichen Organismen spricht seine allzu deutliche Sprache.

7

Am Evolutionsentwicklungspunkt »Mensch« wurde diese Bürde abgestreift. Der Mensch – darauf kommen wir gleich zurück – ist zwar durch Sex und dessen Auswirkungen besonders betroffen, doch *die von ihm gebildeten Energone bedürfen dieser Vorgänge nicht mehr.* Wir sehen keinen Betrieb mit einem anderen in Entzücken und mit Orgasmus kopulieren. Und doch zeigen sämtliche vom Menschen geschaffene Erwerbskörper eine ganz erheblich schnellere Artveränderung und Höherentwicklung.

Auch die Funktion »Rezeptverbesserung« übernahm an diesem Evolutionspunkt die vielzellige Einheit Zentralnervensystem. Auf dem inneren Projektionsschirm »Phantasie« entwirft der Mensch neue Aufbau- und Verhaltensrezepte, vermag sie dort sogar auf ihre Eignung zu prüfen. Da die einzelnen Teile der von ihm selbst gebildeten Energone nicht mehr fest miteinander verwachsen sind, kann er sie wesentlich leichter verändern oder austauschen. Daraus ergibt sich – als weitere Folgeerscheinung – eine wesentlich größere Regulationsfähigkeit. Die bei den Tieren und Pflanzen noch weitgehende Übereinstimmung der Individuen einer »Art« geht nun verloren, ist nicht mehr notwendig und auch nicht fördernd. Ähnlich geartete Erwerbsformen diktieren nach wie vor ähnliche Strukturen, *doch das einzelne Energon wird mehr und mehr zu einer indi-*

viduellen *Erscheinung*. Das für *alle* notwendige innere Wertgerüst bleibt maßgebend – doch im äußeren Erscheinungsbild treten immer größere Verschiedenheiten auf.

In der weiteren Entwicklung trennte sich dann die Funktion »Rezeptverbesserung« von der einzelnen Keimzelle Mensch. In den Betrieben sehen wir größere und noch mehr spezialisierte Einheiten mit dieser Aufgabe betraut: die Forschungsabteilungen (einschließlich jener der Marktforschung). Zahlreiche Menschen verbinden hier ihre Fähigkeiten der Planbildung und werden dabei von einer immer größeren Zahl künstlich geschaffener Funktionsträger unterstützt: etwa von Statistiken und Computern. Mit den Funktionsträgern und Abläufen der Zweigeschlechtlichkeit haben *diese* Funktionsträger und Abläufe äußerlich nicht mehr das geringste gemein – und doch üben sie die gleiche Funktion aus.

Innerhalb der noch größeren Staatsgebilde setzte sich dieser Prozeß noch fort. Hier verlassen die Funktionsträger der »Rezeptverbesserung« auch die Körper der einzelnen Berufsstrukturen und Betriebe. In Gestalt einer vom Staat subventionierten Forschung wird diese Funktion von Gemeinschaftsorganen übernommen, deren Ergebnisse dann allgemein zugänglich sind. Schließlich lösen sich diese Gemeinschaftsorgane auch von den staatlichen Bindungen – vereinigen sich – so daß man heute die Forschung bereits *als »Technostruktur« des evolutionären Fortschritts bezeichnen kann*. Wie mit Spinnenarmen dehnt sie sich über den ganzen Globus aus *und wird zum zentralen Evolutionsorgan schlechthin*.

Nach unserem herkömmlichen Denken sind Sex und Forschung völlig verschiedene Phänomene: es erscheint grotesk, Liebesakt, Lippenstift und Ehe funktionell gleichzusetzen mit Seminaren, Lehrkanzeln und wissenschaftlichen Zeitschriften. Aber auch hier liegt der Fall vor, daß im Strom der evolutionären Entwicklung eine Funktion auf andere Funktionsträger übergegangen ist.

Trotz der äußeren Verschiedenheit gibt es auch hier – wie zu erwarten ist – strukturelle Parallelen.

Zuallererst die: Bei allen Organismen sehen wir die Verbesserungs- und Fortpflanzungsfunktion eng aneinandergekoppelt – notwendigerweise. Denn die Rezeptverschmelzung hat ja nur dann »Wert« für die Evolution, wenn ein Fortpflanzungsvorgang auf sie folgt. Bei den menschlichen Erwerbskörpern ist zwar die Gesamtsitua-

tion eine völlig andere, trotzdem gibt es auch hier eine ähnliche Koppelung. So sind etwa die Gemeinschaftsorgane »Universitäten« nicht nur Funktionsträger der Rezept*fortpflanzung,* sondern auch solche der Rezept*verbesserung.*
Noch aufschlußreicher ist eine zweite Parallele: Grundfunktion der Zweigeschlechtlichkeit ist die Vermengung verschiedener Rezepte. Zu ganz ähnlichen Vermengungen kommt es nun aber auch im zweiten Evolutionsteil – nur treten sie uns hier in ganz anderer Gestalt gegenüber.
Jede fachliche Debatte ist Rezeptverschmelzung. Rezepte werden – über die Sprache – von einem Energon auf ein anderes übertragen und dort mit den schon vorhandenen »vermengt« – genauer gesagt: gegen sie abgestimmt.
Liest ein Forscher ein wissenschaftliches Werk, dann vollzieht sich der gleiche Vorgang. Die schriftlich niedergelegten Informationen des Autors treten dann mit den im Gehirn des Lesenden befindlichen in Berührung. Auch jedes Studium führt so zur Informationsverschmelzung: zu neuen Kombinationen.
Bei wissenschaftlichen Kongressen – etwa bei einem Symposion –, aber ebenso auch bei jeder innerbetrieblichen oder staatlichen Beratung wird das Wissen *zahlreicher* Menschen miteinander vermengt. In diesem Fall – das ist ein Novum in der Evolution – sind *mehr als zwei Partner an einer solchen Informationsvermengung beteiligt.*
Manche Geschichtsphilosophen haben in der Verschmelzung von verschiedenen Völkern den Ausgangspunkt für Zyklen kultureller Entwicklung gesehen. Auch das ist eine Rezeptverschmelzung von Energonen. Auch so kam es zu neuen Kombinationen, zu neuen Entfaltungen – sowohl im Erwerbs- als auch im Luxussektor.

8

In der Übergangsphase der Energonentwicklung, am Entwicklungspunkt »Mensch«, verlor also die Sexualität ihre Bedeutung. Gleichzeitig aber – wie ein letztes Aufflammen – gelangte sie eben beim Menschen zu größerer Macht als bei irgendeinem anderen Organismus. Während die meisten Tiere ihr Paarungsgeschäft nur zu

bestimmten Perioden abwickeln – auch eine Form der Rationalisierung –, ist beim Menschen der zur Vereinigung drängende Trieb das ganze Jahr hindurch, ja fast das ganze Leben hindurch aktiv. Warum?
Man hielt das zunächst für eine Überfunktion (Hypertrophie), ähnlich jener bei den Haustieren. Indem wir diese gegen ihre natürlichen Feinde abschirmen, wirken wir der natürlichen Auslese entgegen. Das hat – wie man heute weiß – zur Folge, daß manche Triebe sich steigern (etwa der Freß- und der Sexualtrieb). Durch seinen technischen Fortschritt hat sich der Mensch nun ebenso gegen die natürlichen Feinde abgeschirmt – Lorenz sprach darum von einer »Selbst-Domestikation« des Menschen. Nach heutiger Auffassung ist jedoch das Hypertrophieren des Geschlechtstriebes nicht bloß eine negative Begleiterscheinung unserer Abschirmung gegen die natürliche Auslese, sondern hat eine sehr positive Bedeutung.
Bei der besonders langen »Brutpflege«, die das menschliche Kind zu seinem Heranreifen benötigt, war beim Urmenschen der elterliche Schutz besonders wichtig. Man vermutet, daß damals die gesteigerte Sexualität zu einem Mittel wurde, Mann und Frau fester aneinander zu binden. Trifft das zu, dann handelt es sich um eine Funktionserweiterung. Der ursprünglich nur der Erwerbsverbesserung dienende Mechanismus wurde sekundär auch noch zu einem Hilfsmittel der Brutpflege – also der Fortpflanzung.
Da uns dieser Trieb besonders starke Lust- und Glücksgefühle – also »Annehmlichkeit« im weitesten Sinne des Wortes – vermittelt, wurde er außerdem zu einem entscheidenden Impuls für das menschliche Vorwärtsstreben. Sehr viele der im Lauf der Geschichte gebildeten Erwerbskörper verdanken – direkt oder indirekt – dieser Triebkraft ihre Bildung, ihr Florieren.
Und noch in anderer Hinsicht hat »Sex« die menschlichen Erwerbskörper beeinflußt – obwohl er bei diesen funktionslos wurde.
Unser Schönheitsempfinden, das ebenfalls diesem Funktionskreis entstammt, leitet uns nicht nur bei der Partnerwahl, sondern wir bevorzugen auch solche künstlichen Organe, auf die der rezeptive Mechanismus in unserem Gehirn besonders anspricht: die wir als »schön« empfinden. Von der Energontheorie her ist das höchst natürlich. Denn alle diese künstlich von uns geschaffenen Einheiten *sind ja eben nichts anderes als Erweiterungen des menschlichen Kör-*

pers. Wenn wir somit auch an sie eine ähnliche Wertung anlegen wie an den Körper selbst, dann ist das eine durchaus organische Weiterentwicklung.

Im ersten Evolutionsteil war somit der plumpe Verbesserungsmechanismus »Zweigeschlechtlichkeit« am Werk. Im zweiten wurde er durch die Funktionsträger »Intelligenz« und »Forschung« ersetzt. Am Übergangspunkt – bei der Keimzelle Mensch – gelangte »Sex« aber noch zu einer besonderen Blüte. Selbst die völlig neutralen, geschlechtslosen Erwerbskörper, die wir schaffen, werden durch diesen Trieb beeinflußt. Nicht wenige von ihnen verdanken diesem Relikt ihre Existenz. Außerdem zwingt es ihrer Gestaltung einen Wertmaßstab auf, der nicht selten mit dem ökonomischen kollidiert.

Daß auch alle Funktionsträger der »Fortpflanzung« und der »Verbesserung« möglichst billig, möglichst präzise und möglichst schnell ihre Leistungen erbringen müssen, ist wohl klar. Fragen wir uns jedoch, wie diese Werte in die Gesamtformel der Konkurrenzfähigkeit eingebaut werden müssen – dann stoßen wir auf eine Schwierigkeit.

Anmerkungen

[1] Wenn ich hier nicht sage »Fehler zu kombinieren«, wie das der heutigen Ansicht der meisten Biologen entspräche, dann deshalb, weil immer noch offen ist, ob nicht doch – wie Lamarck und Darwin vermuteten – eine *Vererbung erworbener Eigenschaften* stattfindet. Der Wirkungszusammenhang sähe dann so aus: Die Erbänderungen würden dann nicht bloß als Folge auftretender Fehler, der Mutationen, erfolgen. Vielmehr würden individuelle Anpassungen (wie sie zumindest den höheren Lebewesen auf Grund ihrer Regulationsfähigkeit möglich sind) erblich werden. Die individuellen Veränderungen würden in diesem Fall während der Lebensdauer auf das Erbrezept zurückwirken, dieses *abändern*. Der Teilungsvorgang würde dann bereits an einem veränderten Erbrezept erfolgen.

[2] Am Anfang der Energonentwicklung mögen die Erbrezepte noch so einfach gewesen sein, daß die Verschmelzung *verschiedener* Typen möglich war. Im Lauf der Differenzierung kam es dann aber dahin, daß nur sehr ähnliche – artgleiche – sich vereinigen konnten.

[3] Bei einigen Rotatorien und Nematoden wurden bis heute keine Geschlechtsvorgänge nachgewiesen. Hier dürfte die Funktion sekundär zurückgebildet worden sein. Solche Arten können bei konstanten Lebensbedingungen weiterbestehen, doch vermindert sich an diesem Ast der Lebensentwicklung die Möglichkeit zur Höherentwicklung und phylogenetischen Anpassung.

[4] Auch hier geht es nicht um ein Argument gegen die Existenz einer höheren, allen Erscheinungen zugrunde liegenden Macht – also »Gottes«. Es geht bloß um einen

Beweis dafür, daß eine solche Macht – wie immer wir sie uns vorstellen mögen – nicht unmittelbar und gestaltend in den Evolutionsprozeß eingriff, sondern dieser Prozeß sich selbst überlassen blieb. Die Grundgesetze, denen er unterworfen ist – alle uns bekannten Gesetze der Energie und Materie –, werfen selbstredend auch wieder die Frage auf: Welches ist *ihr* Ursprung oder gar ihre Bedeutung? Wie kamen sie zustande? Welches Letzte, uns Unbekannte manifestiert sich in ihnen?

VI
Interessenkonflikte

Wer weiß denn, ob das Leben nicht ein Sterben ist, und Sterben Leben? Platon (427–348 v. Chr.)

Wenn wir aber nicht träumen, sondern forschen, so erscheint uns die Geschichte des Lebens nicht als eine Anhäufung von Zufällen, sondern großen Gesetzen unterstellt. Ludwig v. Bertalanffy (1949)

1

Die doppelte Barriere, gegen die der Lebensprozeß von allem Anfang an anrennen mußte, führte zu Wertkonflikten, die der ganzen Evolution den Stempel aufdrückten. Viele der großen menschlichen Probleme haben bereits dort und damals ihre Wurzel.
Meine bisherige Darstellung täuschte gleichsam vor, es gäbe für jedes Energon *einen* Konkurrenzwert, nach dessen meßbarer Formulierung wir suchten. Das geschah, um die an sich schwierige Darstellung nicht von Anfang an noch mehr zu komplizieren. Die Überschneidungen der einzelnen Wertebenen sind tatsächlich aber wesentlich komplizierter. Jedes Energon hat nicht bloß *einen* Konkurrenzwert – sondern zumindest deren *drei*. Bei den menschlichen Erwerbskörpern sind es noch mehr.
Betrachten wir die beiden Barrieren etwas genauer.
Abbildung 31 gibt ein Schema für die erste Barriere. Die beiden Energone A und B – so wird angenommen – sind gleichermaßen zum Energieerwerb befähigt und überhaupt nur in einem einzigen Merkmal verschieden. B hat die Fähigkeit sich fortzupflanzen, und zwar auf Grund des zusätzlichen Funktionsträgers x, A dagegen hat diese Fähigkeit nicht.
Diese beiden Energone stoßen nun gegen ein funktionelles Hindernis (eben die Barriere W), die es ihnen – als Individuen – unmöglich macht, weiter zu existieren. W mag für ungünstige Umweltbedin-

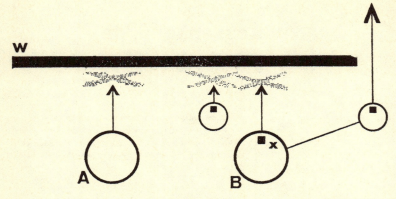

Abbildung 31: Schematische Darstellung des durch die Fähigkeit zur Fortpflanzung gegebenen Konkurrenzvorteiles

Die Energone A und B stoßen gegen ein evolutionäres Hindernis (W). A ist nicht zur Vervielfältigung seiner Struktur befähigt, B schon: auf Grund des zusätzlichen Funktionsträgers x. A geht früher oder später zugrunde, der Typ B hat die Chance, in einem seiner Nachkommen zu »überleben«. Weitere Erläuterung im Text.

gungen stehen: etwa schlechte Erwerbsbedingungen oder störende Naturgewalten. Oder es ist eine im Inneren auftretende Schwierigkeit: etwa die Begrenzung der Existenzdauer auf Grund von »Altern«. Mit »Barriere« ist also nicht unbedingt ein sichtbares, greifbares Hindernis gemeint, sondern ein Faktor, der am gegebenen Raum-Zeit-Punkt eine im Durchschnitt aktive Energiebilanz unmöglich macht.

Kein Zweifel: in diesem Fall ist Energon B im Vorteil. Zwar nicht als Individuum – denn es geht ja ebenfalls zugrunde –, jedoch als »Art«. Da es Nachkommen hervorbringt (in dem vorgeführten Schema nur zwei, aber es könnten beliebig viele sein), haben diese die Chance, an der Barriere vorbeizukommen. Sind ungünstige Lebensbedingungen das Hemmnis, dann mag es einem der Nachkommen an einem anderen Ort besser ergehen. Ist es das Altern, dann ist auch dieses besiegbar geworden, denn auch die Nachkommen haben wieder die Fähigkeit, sich fortzupflanzen. Die Fähigkeit, Nachkommen hervorzubringen, ist somit ein klarer Vorteil für die Lebensentwicklung. Dem Individuum nützt sie nicht – jedoch der Art.

Damit haben wir – vom Evolutionsstandpunkt – den Ursprung des »Art«begriffes definiert. Jedes Energon*individuum* ist eine zur Erzielung einer durchschnittlich aktiven Energiebilanz befähigte Struktur. Zur Energon*art* führte die zusätzliche Fähigkeit der »Fortpflanzung«.
An diesem Entwicklungspunkt treten bereits zwei verschiedene Wertungen in Erscheinung. Die zusätzliche Einheit – der Fortpflanzungsmechanismus in seiner Gesamtheit – ist für das Energonindividuum B (und für jeden seiner Nachkommen) durchaus wertlos. Ja sie ist sogar ein Ballast. Sie erhöht durchaus nicht die *individuelle* Konkurrenzfähigkeit – sondern vermindert diese sogar, indem sie zusätzliche Ausgaben schafft. Im individuellen Wettstreit – gäbe es die Barriere nicht – wäre Energon A sogar im Vorteil. Da es diese überflüssige Ausgabe nicht hat, ist seine Bilanz besser.
Alle Tiere und Pflanzen, die mit Einrichtungen zur Fortpflanzung ausgerüstet sind, tragen eine Art von Bürde, die ihnen nicht dient, sondern ihren Konkurrenzwert sogar verschlechtert. Ihrer »Art« dagegen dient dieser Aufwand, erhöht deren Konkurrenzfähigkeit. Wollen wir also den Konkurrenzwert eines Energons ermitteln, dann muß zuallererst Klarheit darüber sein, welcher der beiden gemeint ist. Für den des Individuums sind die Kosten der Fortpflanzung ein reiner Passivposten[1], für den der Art sind sie es nicht. Entsprechende Aktivposten (Vorteile) wiegen ihn dort auf. Auch hinsichtlich der Werte Präzision und Schnelligkeit der Fortpflanzung ist die Situation in beiden Fällen anders. Andere Korrelationen treten auf.
Die verschiedenen Interessen von Individuum und Art (oder »Gattung«) haben schon manchen Denker beschäftigt – etwa Schopenhauer.[2] In der Biologie wurden sie ebenfalls berücksichtigt – so unterschied etwa W. Zimmermann zwischen »Individualwert« und »Gruppenwert«.[3] Es ergäbe sich in jedem Fall ein anderer »Nutzwert«, eine andere »Zweckmäßigkeit«. Für die natürliche Auslese sind so gleichsam verschiedene Angriffsflächen gegeben. In diesem Sinne unterscheidet Zimmermann zwischen »Individualauslese« und »Gruppenauslese«.
Was jedoch bis heute übersehen wurde, ist dies: Es gibt noch einen weiteren, *dritten* Maßstab. Dieser wurde bisher stets in den zweiten mit einbezogen.

Abbildung 32 gibt ein Schema für die zweite »Barriere«. Der zur Fortpflanzung befähigte Energontyp B stößt diesmal gegen ein Hindernis, das weder ihm noch irgendeinem seiner Nachkommen ein Weiterexistieren ermöglicht. Das tritt etwa ein, wenn die Erwerbsquellen total versiegen oder widrige Umwelteinflüsse (Störungen, Räuber, Konkurrenten) so mächtig werden, daß dieser Strukturtyp grundsätzlich nicht mehr zu einer aktiven Energiebilanz gelangen kann. Sämtliche Individuen dieser Art sind dann verurteilt, zugrunde zu gehen – die Art *stirbt aus*.

Energon C ist in allem völlig gleich, hat jedoch auf Grund der zusätzlichen Einheit y die Fähigkeit, nicht nur artgleiche Individuen hervorzubringen, sondern auch andersartige. Im Schema sind es zwei (D und E), wobei auch D zu keiner aktiven Energiebilanz kommt, E dagegen schon. E »umgeht« – »überwindet« – somit auch diese Barriere. Auf Grund seiner etwas andersartigen Struktur wird es von ihr nicht mehr »gehemmt«, nicht mehr betroffen. Dieser

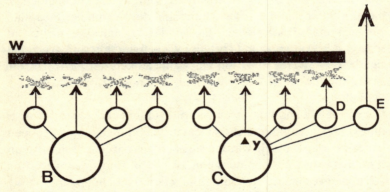

Abbildung 32: Schematische Darstellung des durch artungleiche Fortpflanzung gegebenen Konkurrenzvorteils

Energon B und C stoßen gegen ein evolutionäres Hindernis (W). B hat bloß die Fähigkeit artgleicher Fortpflanzung; dieser Typ geht in allen seinen Nachkommen zugrunde. C dagegen bringt auf Grund des zusätzlichen Funktionsträgers y neben artgleichen auch artungleiche Nachkommen hervor (D, E). Es hat die Chance, in einem dieser Nachkommen zu »überleben« – die evolutionäre Entwicklung weiterzutragen. Weitere Erläuterung im Text.

neue Energontyp mag befähigt sein, andere Energie- oder Stoffquellen zu erschließen, oder er ist gegen Naturgewalten besser gewappnet. Während somit B und C samt allen ihren artgleichen Nachkommen »Schlüssel« sind, die kein »Schloß« mehr aufzuschließen vermögen, ist E ein andersartiger »Schlüssel«, dem das Aufsperren anderer »Schlösser« gelingt.

Weniger theoretisch: eine neue *Art* ist so entstanden. Sie ist lebensfähig, während jene, aus der sie hervorging, untergeht.

Die so entscheidend wichtige Fähigkeit, neben artgleichen auch art*ungleiche* Nachkommen zu produzieren (im Schema durch den Mechanismus y symbolisiert), beruht bei den Organismen – wie im letzten Kapitel besprochen – weitgehend auf der Funktion »Rezeptverschmelzung« (Kopulation, Zweigeschlechtlichkeit). Alle Tier- und Pflanzenarten, die über die hierfür erforderlichen Einrichtungen verfügen, waren somit anderen, die solche nicht hatten, überlegen.

Fragen wir auch hier wieder nach dem Konkurrenzwert.

Daß das *Individuum* C dem *Individuum* B nicht überlegen ist, liegt auf der Hand. Beide gehen zugrunde. C mag sogar schneller zugrunde gehen – dann nämlich, wenn die zusätzliche Einheit y ihm laufende Mehrausgaben (etwa durch Behinderung oder notwendige Instandhaltung) verursacht. Aber auch die *Art* C ist der *Art* B nicht überlegen. Keine kann sich in einem Individuum behaupten, beide »sterben aus«. Ja die Art C stirbt sogar schneller aus – dann, wenn die zusätzliche Einheit y ihre Individuen bilanzmäßig belastet. Auf einem *dritten* Wertungsniveau ist jedoch Energon C dem Energon B überlegen. Es setzt sich, wenn schon nicht in artgleichen, so doch in artungleichen Nachkommen fort.

Der Lebensstrom, der in B und C an ein unüberwindliches Hindernis gelangt, »fließt« in E weiter, setzt sich in diesem Strukturtyp fort.

Wie soll nun dieses dritte, »höchste« Bewertungsniveau genannt werden – in Abgrenzung gegen die Begriffe »Individuum« und »Art«? Ich nenne es »Lebensstrom«. Das ist keine ideale Bezeichnung, doch finde ich keine bessere. Es geht hier um die »Interessen« der Lebensentwicklung schlechthin. Man könnte somit auch von einem »Evolutionswert« sprechen. Doch Evolution ist ein *Vorgang*, während ein »Wert« – ebenso wie bei Individuum und Art – an eine räumliche Struktur geknüpft sein sollte. Das Wort »Lebensstrom«

wird dieser Forderung gerecht. Was diesen fördert, hat dann »Lebensstromwert«, ist »lebensstromfördernd«. Das klingt vielleicht umständlich, hat aber den Vorzug, unmißverständlich zu sein.⁴ Sämtliche Einrichtungen und Vorgänge der Zweigeschlechtlichkeit sind – in dieser Terminologie – bloß lebensstromfördernd. Dem Individuum dienen sie nicht: für seine Bilanz sind sie eine Belastung. Ebensowenig dienen sie der Art. Ob es Pflanzen oder Tierarten sind: die Art wird durch diese Einrichtungen nicht gefördert. Diese führen ja zur Art*änderung*. Das heißt: sie führen dahin, daß der Lebensstrom sich dann in anderen Strukturen – *anderen Arten* – fortsetzt. Solche Energone sind gleichsam »Abtrünnige«, die in ein anderes »Lager« überwechseln.

Aus dieser Perspektive wird erst richtig klar, wie falsch es ist, Fortpflanzung und Zweigeschlechtlichkeit als etwas Einheitliches, Zusammengehörendes zu betrachten. Fortpflanzung dient der Artbildung und dem Artbestehen. Die Vorgänge der Zweigeschlechtlichkeit dagegen dienen der Artveränderung – und somit der Artüberwindung, ja der Art*vernichtung*.

Wie jede dieser drei Wertungen – für Individuum, Art und Lebensstrom – sich in den Energonen manifestiert, zeigen anschaulich die Blütenpflanzen.

Was dem Individuum dient, ist hier bloß die Blattstruktur, samt Wurzeln, Stämmen und Ästen. Jene Bildungen, die uns die Pflanzen so besonders liebenswert machen: ihre Blüten und Früchte, sind – vom Pflanzenindividuum her betrachtet – eine Bürde. Es sind Ausgaben, die ihm bilanzmäßig nicht dienen.

In Abwandlung des Goetheschen Wortes könnte man sagen: Drei Seelen wohnen, ach, in der Pflanzen Brust. Blätter, Wurzeln, Stämme, Äste dienen dem *Individuum*. Die Früchte sind Organe der Fortpflanzung – sie dienen nur der *Art*. Und die Blüten sind Organe der Zweigeschlechtlichkeit, also der Verbesserung – sie dienen weder dem Individuum noch der Art, nur dem *Lebensstrom*.

Bei den Tieren ist es genauso: Alles was rein der Vermehrung dient – ist Organ der Art. Was dem sexuellen Vorgang der Rezeptverschmelzung dient, ist Organ des Lebensstromes.

Notwendigerweise mußten die sexuellen Einrichtungen eng an die der Fortpflanzung geknüpft sein. Sie mußten die Keimzelle beeinflussen und waren zwecklos, wenn nicht ein Fortpflanzungsvorgang auf die Kopulation folgte. *Deshalb* sind sie so eng miteinander verbunden. Funktionell sind sie jedoch »meilenweit« voneinander entfernt! Die Unterschiede im Konkurrenzwert bei Individuum, Art und Lebensstrom führten – in der Evolution – zu manchem *Interessenkonflikt.*

3

Ein solcher Konflikt wurde schon erwähnt. Geringere Aufbaukosten sind für die Energon*art* immer ein Vorteil, für das Energon*individuum* dagegen nicht. Es muß sie ja nicht aufbringen. Sie wurden von anderen Energonen (den Eltern) aufgebracht, ihm gleichsam zum Geschenk gemacht (Teil 1, S. 125).
Ein Tier- oder Pflanzenindividuum ist im Konkurrenzkampf nicht besser dran, wenn es bloß halb soviel Aufbauenergie in Anspruch genommen hat als ein sonst gleichwertiger Konkurrent. Kein Tier und keine Pflanze können sich ein Schildchen anheften: Ich habe mehr gekostet, ich bin darum mehr wert. Im individuellen Kampf gegen die Widersacher kommt es ausschließlich auf die Leistungsfähigkeit und Resistenz an – was die jeweilige Struktur gekostet hat, beeinflußt das Ergebnis der Auseinandersetzung nicht.
Für die *Art* sind dagegen geringere Herstellungskosten ein klarer Vorteil. Vermag eine Art A mit dem gleichen Energieaufwand doppelt soviel Nachkommen zu erzeugen als eine konkurrierende Art B, dann ist sie – wenn die Nachkommen völlig gleichwertig ausfallen – sicher im Vorteil. Aus den gleichen Überschüssen können dann doppelt so viele Nachkommen produziert werden. Die Chance, daß einige davon geeignete Lebensbedingungen finden und sich durchsetzen können, wird dann doppelt so groß.
Erst bei den menschlichen Erwerbskörpern ändert sich das. Hier kommt es vor, daß geringere Aufbaukosten auch für das Individuum ein Konkurrenzvorteil sind – dann nämlich, wenn der Aufbau des Energons durch Kredite finanziert ist, die es zurückzahlen muß. Je weniger ein Energon durch solche Rückzahlungen belastet ist, desto besser. Es kann dann früher zu Überschüssen kommen und Reserven bilden.

Ein anderer, ebenfalls schon erwähnter Interessenkonflikt zeigt noch besser, wie die Wertungen sich unter Umständen verschieben. Sämtliche Tiere und Pflanzen sind – über angeborene Rezepte – gezwungen, bei entsprechenden Überschüssen artgleiche Nachkommen hervorzubringen. Praktisch heißt das: *sie sind gezwungen, sich selbst Konkurrenten zu schaffen* – denn kein anderes Energon ist so haargenau auf die gleiche Erwerbsart ausgerichtet wie eben der Artgenosse.

Der Lebensstrom zwang den Energonen diese Einrichtung auf. Er konnte sich in ihnen nur fortsetzen und weiterentwickeln, wenn sie über Fortpflanzungseinrichtungen verfügten. Daß zunächst nur artgleiche (oder zumindest sehr ähnliche) Nachkommen erzeugt werden konnten, ergab sich als konstruktive Beschränkung: eine andere Möglichkeit bestand zunächst nicht. Bei der Kompliziertheit der Erbrezepte war die Teilung an sich das große Problem – ganz unmöglich aber konnte sie so erfolgen, daß etwa aus der Keimzelle eines Maikäfers eine Tanne hervorwuchs oder aus der eines Nilpferds ein Regenwurm. Im ersten Teil der Evolution kollidierten somit die Interessen des Individuums mit denen des Lebensstromes und der Art. Für das Individuum waren die Fortpflanzungsmechanismen eine unnütze Belastung. Für Art und Lebensstrom waren sie dagegen nicht nur ein Vorteil, sondern einfach notwendig.

Im zweiten Teil der Evolution kam dann die bedeutsame Verschiebung, daß die vom Menschen geschaffenen Energone nicht mehr gezwungen sind, ihre Überschüsse zur Bildung artgleicher Energone zu verwenden. Da nicht mehr das genetische Rezept, sondern das Zentralnervensystem für ihre Vermehrung zuständig ist, kann jetzt jedes Energon – im Prinzip – jedes andere hervorbringen. Wem aber dient das?

Dem Individuum dient es zweifellos: es ist jetzt von der so sinnwidrigen Pflicht befreit, sich selbst Konkurrenten zu schaffen. Der Art dagegen dient es nicht: ihr Bestand ist jetzt weit weniger sichergestellt. Sind für einen Energontyp die Erwerbsmöglichkeiten nicht optimal, dann besteht – von der Art gesehen – weit eher die Gefahr, daß dieser Typ durch andere verdrängt wird.[5] Dagegen ergibt sich für den Lebensstrom ein außerordentlicher Gewinn: die Überschüsse gelangen *nun ganz automatisch dorthin, wo sich der Lebensentwicklung die besten Erwerbsmöglichkeiten bieten.* Es wird nun weit seltener »Substanz« dort vergeudet, wo sie dem Lebensstrom nicht wirklich dient.

In diese verschiedenen Wertungen, die sich mit ein und derselben Struktur verbinden, muß man sich erst hineindenken. Ein anderes Beispiel für einen solchen Interessenkonflikt ist das Problem der *Lebensdauer.*

Für jeden Organismus bedeutet ein möglichst langes Leben zweifellos einen individuellen Vorteil. Ganz besonders gilt das für alle Tiere, die durch Erfahrungen lernen können. Mit zunehmendem Alter wächst dann – sofern nicht sonstiger Verfall eintritt – ihre Konkurrenzfähigkeit. Ebenso ist auch für die Art eine möglichst lange Lebensspanne von Vorteil. Dann kann nämlich das Artvolumen bei einer geringeren Zahl von Nachkommen erhalten bleiben.

Für den Lebensstrom dagegen ist lange Lebensdauer ein Nachteil. Denn jedes lange sich behauptende Energon nimmt Nachrückenden den möglichen Erwerbsplatz weg. Das aber bedeutet: die Chance, zu Veränderungen – und so auch zu Verbesserungen – zu gelangen, wird dadurch geringer. Lange individuelle Lebensdauer *hemmte* also – zumindest im ersten Teil der Evolution – die Höherentwicklung und Machtsteigerung.[6]

Schon diese ersten Beispiele für Interessenkonflikte rücken die Energone in ein neues Licht. Ihre körperliche Gestalt ist wohl eine Einheit. *Aber diese wurde in der Evolution durchaus nicht »einheitlich« geformt.* Zu den überall ähnlichen Steuerungen durch die Außen- und Innenfronten kamen noch verschiedene Wertungen, die ebenfalls Ansprüche stellten, Wertungen, die einander oft diametral entgegengesetzt waren.

4

Ein ganz allgemeiner Vorgang ist der, daß ein Tier ein anderes Tier – oder eine Pflanze – auffrißt. Für den gefressenen Organismus ist das bestimmt ein Nachteil. Ebenso auch für die Art, zu der er gehört, da diese einen ihrer Vertreter verliert. Für den Lebensstrom ergibt sich dagegen nur ein beschränkter Nachteil. Beim Fressen

und Verdauen geht ein Teil der Energie in Form von Wärme verloren – der Rest jedoch bleibt dem Lebensstrom erhalten. Er verlagert sich bloß von einer ihn weitertragenden Struktur auf eine andere.
Ja auf diese Weise kann der Lebensstrom sogar zu einem Gewinn kommen. Ist etwa der gefressene Organismus ein solcher, der nicht erwerbsfähig (oder konkurrenzfähig) ist und sich darum nicht fortpflanzen kann, dann ist er für den Lebensstrom wertlos. Er zehrt bloß die noch verfügbaren Energiemengen auf. Wird er von einem erfolgreichen, sich fortpflanzenden Energon gefressen, dann gewinnt der Lebensstrom einen Teil seines Wertes zurück. Und als weiterer Vorteil kommt hinzu, daß durch gegenseitiges Vernichten die durchschnittlichen Lebensspannen heruntergedrückt und so die Möglichkeit zu Verbesserungen gesteigert wird.
Bei den menschlichen Erwerbskörpern gewann dieser Zusammenhang eine noch größere Bedeutung. Nehmen wir an, dem Energon A wird von Energon B ein nicht verwachsener Funktionsträger entwendet – etwa eine Schaufel, ein Geldstück oder irgendeine sonstige funktionelle Einheit. In diesem Fall tritt für den Lebensstrom überhaupt kein Wertverlust ein – sofern diese Einheit dem Energon B ebenso dient, wie sie Energon A diente. Ein Funktionsträger, eine Machteinheit verlagert sich dann bloß von einem Energon auf das andere. Auch hier kann der Vorgang für den Lebensstrom sogar einen Gewinn bringen. War bei A der Funktionsträger funktionslos (stand etwa die Schaufel ungenützt im Schuppen), dann war sein Wert für den Lebensstrom sehr gering. Wird er nun bei B eingesetzt, dann kommt es – vom Lebensstrom her gesehen – zu einer Machtsteigerung.
Hier deutet sich bereits an, wie manche in totalitären Staaten geläufigen Betrachtungsweisen gleichsam Sprachrohr der Lebensstrominteressen sind. Besitz und Eigentum, die der eine nicht benötigt, während sie bei einem anderen die Erwerbstätigkeit steigern würden, erhält aus dieser Sicht eine negative Bewertung, wird gleichsam zur Verfehlung an der Gemeinschaft, zum strafwürdigen Tatbestand.
In den totalitären Staaten – etwa in den kommunistischen – wird postuliert, daß jeder arbeiten muß, um gleichsam ein Anrecht auf sein Dasein zu erwerben. Von der Energontheorie gesehen heißt

das: Der Mensch wird zu seiner Funktion als »Keimzelle« genötigt. Er *muß* Berufskörper aufbauen oder im Rahmen von Erwerbsorganisationen mitwirken – er muß »arbeiten«. Das erinnert an den im ersten Evolutionsteil auf alle Tiere und Pflanzen genetisch ausgeübten »Zwang«, ihre Erwerbsstruktur zu vergrößern und zu vermehren (anstatt die Überschüsse derart zu verjuxen, daß sie für die Energonentwicklung völlig vergeudet sind).

Aber auch in allen marktwirtschaftlichen Staaten, in denen Wirtschaftspolitik betrieben wird (und das sind praktisch sämtliche der »westlichen Welt«), treten Lebensstrominteressen deutlich in Erscheinung. Für die Gesamtwirtschaft ist ein möglichst reger »Umsatz« vorteilhaft – und wird durch entsprechende Maßnahmen angeregt. Das Geld im Sparstrumpf dient dem Wirtschaftsfluß ebensowenig wie die ungenützte Schaufel im Schuppen. Wohl kann in dieser Staatsform der unproduktive Besitz nicht verdammt und der einzelne nicht gewaltsam zur Arbeit angehalten werden. Hier ist der Weg, das gleiche zu erreichen, ein anderer. In jeder möglichen Weise werden Kaufwünsche geschürt. Diese sorgen dann dafür, daß der einzelne nach Überschüssen strebt, daß die Sparstrümpfe sich leeren und Funktionsträger nicht ungenützt bleiben.

Die in der westlichen Welt zur chronischen Krankheit werdende »Hast« hat hier ihre letzte Wurzel. *Sie entspricht nicht eigentlich den Interessen des einzelnen, sondern einem ganz anderen, übergeordneten Interesse, das seit Beginn der Evolution diese als lenkendes Agens begleitet.*

5

Sehr empfindliche Interessenkonflikte treten auf, wenn Energone zu einem funktionellen Bestandteil anderer Energone werden. Dieser Vorgang ist heute jedermann bekannt: er tritt ein, wenn ein freier Berufstätiger eine »Anstellung« annimmt – in der Sprache der Energontheorie: wenn ein Berufstätiger zum Funktionsträger eines Betriebes oder eines anderen Berufstätigen wird.

Auch zu diesem Vorgang gibt es Vorstufen im Tier- und Pflanzenbereich: zum Beispiel sind die schon erwähnten »Verdauungshelfer«, die im Darm von Insekten oder Säugetieren leben, dort die Verdauungstätigkeit fördern und so eine Drüsenfunktion ersetzen (Teil 1, S. 45), solche Vorläufer.

Abbildung 33 zeigt dieses Verhältnis schematisch. A ist ein Insekt (etwa eine Termite), F ein Verdauungsfehler (etwa ein Flagellat). Sowohl A als auch F sind Energone, doch indem F innerhalb von A (innerhalb von dessen Leistungsgefüge also) eine Funktion ausübt, wird es zu dessen Organ, zu dessen Funktionsträger. Für beide Teile ergeben sich aus dem Verhältnis Vorteile. Der Verdauungshelfer wird im Magen der Termite mit Nahrung versorgt – er braucht sich um diese nicht zu bemühen; ein erheblicher Vorteil für seine Bilanz. Die Termite wieder erspart sich den Aufbau entsprechender Drüsen (die dieses Energon vielleicht gar nicht in der Lage gewesen wäre hervorzubringen). Auch ihre Bilanz wird demnach entlastet.

Ein ähnliches Verhältnis zeigt auf Abbildung 33 Energon B: es ist dem Energon A durchaus gleich (in unserem Beispiel also wieder eine Termite), hat jedoch in seinem Darm den Verdauungshelfer

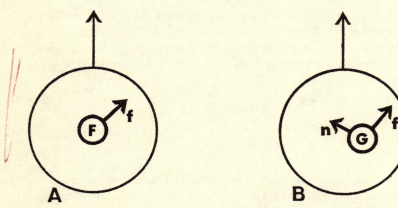

Abbildung 33: Die Situation von Energonen, die im Leistungskörper anderer Energone tätig sind, im Hinblick auf ihre Konkurrenzwerte

F und G üben in den Energonen A und B eine bestimmte benötigte Funktion aus (f). Da G noch eine schädigende Nebenwirkung (n) ausübt, schädigt es seinen »Wirt« (Brotgeber, Betrieb) und damit indirekt auch wieder sich selbst. Näheres im Text.

G, der sich von F dadurch unterscheidet, daß er neben den guten Diensten auch eine schädigende Nebenwirkung (n) ausübt, beispielsweise Stoffe abscheidet, die die Darmwände angreifen.
Treten nun die Energone A und B in einen Konkurrenzkampf, dann hat A, das von seinen Verdauungshelfern keine Schädigungen erfährt, einen Vorteil. Ist dieser groß genug, dann wird B zurückgedrängt. Das aber bedeutet, daß sich das Energon G *durch seine Nebenwirkung selber schadet.* Indem es seinen »Wirt« (seinen »Brotgeber«) schädigt, untergräbt es die eigene Existenz. Stirbt die Art B infolge dieses Bilanznachteiles aus, dann verliert die Art G ihre Erwerbsquelle. Ist es ihre einzige – dann stirbt sie ebenfalls aus.
Errechnen wir somit den Konkurrenzwert für F und G, dann müssen wir die positiven und negativen Wirkungen, die sie auf ihre »Wirte« (A und B) ausüben, ebenfalls berücksichtigen. Je besser sie diesen dienen – desto mehr fördern sie die eigene Erwerbsquelle. Je mehr sie diesen schaden – desto mehr untergraben sie diese. Das gilt jedoch – als allgemeine Regel – nur für die *Art.* Die Rückwirkungen zeigen sich oft erst so lange danach, daß sie sich auf das Individuum selbst nicht auswirken.
Bei den menschlichen Erwerbskörpern ist vieles ganz anders, trotzdem tritt das gleiche Prinzip auch hier in Erscheinung. Jeder Angestellte wird im Rahmen seines Betriebes zu dessen Funktionsträger, zu dessen Organ. Er übt innerhalb dieses größeren Energons eine benötigte Funktion aus und wird dafür bezahlt. Der Betrieb ist seine Erwerbsquelle. Je besser er seine Funktion erbringt, desto besser für den Betrieb. Schädigt er diesen – dann schädigt er die eigene Erwerbsquelle. Aber die Rückwirkungen müssen ihn nicht unbedingt treffen. Arbeitet er in die eigene Tasche, dann braucht der Schaden (falls er nicht ertappt wird) nicht auf ihn rückzuwirken. Die »Art« wird dagegen betroffen. Das läßt sich besser bei Maschinen zeigen als bei Menschen. Fällt etwa eine Maschine häufig aus, dann ist das eine negative Nebenwirkung, die den Betrieb schädigt. Die Folge ist: es spricht sich herum. Dieser Maschinentyp wird dann bei anderen Betrieben nicht mehr angeschafft. In der Sprache der Energontheorie: Energone mit diesem Funktionsträger entstehen nicht mehr, »pflanzen sich nicht fort«, »sterben aus«.
Nicht anders ist es, wenn der Funktionsträger ein Mensch ist – genauer: ein Berufstätiger, also ein Energon. Eignet sich dieser Typ

von Berufstätigem – etwa auf Grund seiner Ausbildungsart – nicht für die benötigte Funktion, treten negative Nebenwirkungen auf, dann spricht sich das herum. Die Betriebe meiden ihn. Solche mit diesem unpassenden Berufstyp werden dann seltener. Sie »pflanzen sich nicht mehr fort«, »sie sterben aus«.

Bei den Organismen gibt es viele Parasitenarten, die im Körper anderer Organismen leben. Sie üben auf ihre »Wirte« (in der Regel) nur schädigende Wirkungen aus. Auch hier kommt es zu Rückwirkungen, die meist nicht das Individuum, aber die Art treffen.

So kastrieren beispielsweise manche Parasiten den eigenen Wirt. Das hat dann zur Folge, daß die Wirte sich nicht fortpflanzen können. Also untergraben diese Parasiten ihre eigene Erwerbsquelle. Für das Individuum ist die Auswirkung belanglos – sie setzt erst lange nach seinem Tod ein. Aber für die Art ist sie von Nachteil. In späteren Generationen stehen dann die Individuen dieser Art einer immer spärlicheren Erwerbsquelle gegenüber.

Sogar das hat im Wirtschaftsleben gewisse Parallelen – etwa in den unerlaubten Erwerbsarten. Nehmen wir an, ein spektakulärer Banküberfall wird ausgeübt, und den Banditen gelingt ein großer Coup. Dann wird die individuelle Bilanz dieser Berufstätigen – auch das sind ja Energone – sehr verbessert, gleichzeitig aber untergraben sie für Artgenossen die »Existenzbasis«. Durch ihren Erfolg werden die Abwehrkräfte der Gesellschaft mobilisiert, in den Banken werden bessere Schutzeinrichtungen installiert. Also wird für andere Bankräuber das »Geschäft« verschlechtert, der »Markt« gestört. Diese Erwerbsquelle wird nun schwieriger zugänglich.

Ganz allgemein kann man sagen: Lebt ein Energon in einem anderen (Verdauungshelfer, Parasit, Angestellter, Räuber innerhalb eines Staatswesens) und ist dieses seine Erwerbsquelle, dann üben fördernde oder schädigende Wirkungen, die es auf dieses größere Energon ausübt, fördernde oder schädigende Rückwirkungen aus – *meist nicht auf das Individuum, jedoch auf die Art.*

In den demokratischen Staaten stehen heute fast überall zwei Hauptparteien einander gegenüber: die eine tritt für die Interessen der Arbeitnehmer, die andere für die Arbeitgeber ein. Beide Teile sind sich darüber im klaren, daß jeder den anderen braucht. Für den Arbeitnehmer ist der Arbeitgeber die Erwerbsquelle – für den Arbeitgeber ist der Arbeitnehmer ein notwendiger Funktionsträger.

Worüber jedoch gestritten wird – unaufhörlich, bis auf den heutigen Tag –, das ist das »gerechte Abstimmungsverhältnis«. Wieviel Nutzen muß der Arbeitgeber dem Arbeitnehmer zubilligen? Oder andersherum: Wieviel Energie darf der Arbeitnehmer dem Arbeitgeber entziehen?
Stimmt die Energontheorie, dann werden eines Tages Computer bei der Schlichtung dieses Streitpunktes mithelfen können. Es geht hier letztlich um nichts anderes als um die Abstimmung von Konkurrenzwerten, die in gegenseitiger Abhängigkeit stehen. Läßt sich das Optimum für diese Abstimmung rechnerisch ermitteln (ein Wert, der auch von mancherlei Umweltfaktoren beeinflußt wird), dann bedeutet das den geringsten Leistungsverlust für beide Teile. Ein neutral »gerechtes« Leistungsäquivalent ist dann ermittelt.
Auch in den Staatskörpern können Einzelinteressen das Gemeinschaftsinteresse fördern oder diesem zuwiderlaufen – hier jedoch ist die Rückwirkung (es sei denn über gesetzliche Maßnahmen) noch langsamer, noch unübersichtlicher. Der Steuerhinterzieher schädigt durch seinen Akt den Staat, wird jedoch – falls er nicht ertappt wird – kaum durch eine Rückwirkung betroffen. Die unzähligen politischen, zivilrechtlichen und strafrechtlichen Interessenskonflikte zwischen den Staaten und den ihnen untergeordneten Funktionsträgern werden nie von Computern *entschieden* werden können. Aber für die große grundsätzliche Abstimmung können sie auch in diesem Bereich Richtdaten liefern.
In der Evolution führte der hierarchische Stufenbau der Energone immer wieder zu der gleichen Problematik. Jede Unterordnung unter ein größeres Ganzes führt zur Notwendigkeit, Abstimmungen zwischen solchen Energonen zu erreichen, deren Beziehung zueinander darin besteht, daß die einen Teile der anderen sind. Beide gewinnen dadurch Vorteile – und müssen Nachteile in Kauf nehmen. Das äußere Bild mag bei den Vielzellern, bei den Staatsquallen oder den Insektenstaaten (die aus zahlreichen Vielzellern bestehen), bei den Betrieben, Konzernen, Staaten und Staatenbünden sehr verschieden aussehen: letzten Endes liegt aber überall die gleiche Situation, die gleiche Problematik, die gleiche Notwendigkeit entsprechender Abstimmung zwischen verschiedenen Energonen vor.
Auf jeder dieser Integrationsstufen gibt es mannigfache Korrelatio-

nen zu den Konkurrenzwerten der jeweils unter- oder übergeordneten Partner. Die Divergenzen zwischen Individuum und Art treten im zweiten Evolutionsteil zurück. Zu besonders erbitterten Interessenkonflikten kommt es hier zwischen den Berufstätigen und den Betrieben sowie zwischen Berufstätigen und Betrieben einerseits und dem ihnen übergeordneten »Staat« anderseits. Die Staatsinteressen gleichen sich – sowohl in den totalitären als auch in den liberalen Staaten – sehr weitgehend den Lebensstrominteressen an.[7]

Zu diesen recht komplexen Wechselwirkungen kommen noch die »Luxusinteressen« des Menschen (genauer: der Keimzelle Mensch). Auch sie strahlen in den Erwerbssektor ein. Auch sie spielen im Rahmen der Konkurrenzwerte (»Überlebenswerte«) eine Rolle.

Für den einzelnen Berufskörper oder Betrieb kann es wohl kaum von unmittelbarem Vorteil sein, wenn die ihn aufbauenden Menschen die Überschüsse zur Steigerung ihrer individuellen Annehmlichkeit verwenden. Anderseits fällt hier die erzwungene Notwendigkeit, diese Überschüsse in artgleiche Vermehrung investieren zu müssen, weg – das an sich ist bereits für sie ein Vorteil. Außerdem fließen die für »Luxus« ausgegebenen Überschüsse anderen Energonen zu und fördern so – im Wirtschaftskreislauf – auch das eigene Interesse. Vom Staatsinteresse und vom Gesamtlebensstrominteresse her betrachtet sind die Luxustendenzen der Keimzelle Mensch – wie bereits ausgeführt – von entscheidender Bedeutung und förderlich. Sie mögen den Nachteil haben, daß bei zu starker Ausprägung die Abwehrkraft des Staates gegen seine Feinde vermindert und er *auf diese Weise* gefährdet wird. Im übrigen aber wird so die Arbeits- und Fortschrittswilligkeit der Keimzelle Mensch gehoben. Das Streben nach allem, was »Glück« und Annehmlichkeit schafft, wurde in der Tat zum stärksten Impuls für die Energonbildung – *zur stärksten aller die Evolution vorantreibenden Kräfte.*

6

Von der Energontheorie her ist der Lebensstrom die eigentliche »Wirklichkeit«, während die Energonindividuen und -arten sowie alle ihre Ineinanderschachtelungen nur eben Bestandteile und Träger dieses Prozesses sind.[8] Auch der Mensch – so vielseitig auch seine Entfaltung geworden ist – ist nur Bestandteil. Auch wir tragen diesen Prozeß, der längst über uns hinweggeflossen ist, weiter.[9] Dieser Lebensstrom ist jedoch nichts Persönliches, kein zielhafter oder gar bewußter »Wille«.[10] Er ist ein Phänomen, ein durchaus kausales Geschehen, das wie eine Lawine an Macht gewinnt. Was ihn fördert, ihn weiterträgt – bleibt bestehen. Was ihn nicht fördert, ihn nicht weiterträgt – vergeht. Nur in diesem Sinne kann man sagen: das oder jenes lag in seinem »Interesse«, steigerte seinen »Wert«. Seine Träger, die Energone, stehen untereinander im Konkurrenzkampf. Für sie sind die Konkurrenzwerte entscheidend: was konkurrenzfähiger ist, trägt den Lebensstrom weiter. Beim Lebensstrom selbst aber – da er alle Energone umfaßt – gibt es keine »Konkurrenz«, keinen »Konkurrenzwert«. Hier kann man nur von einem »Machtwert« sprechen. Je nach der gegebenen Umwelt kann die weiterrollende Lawine in ihrer Gesamtheit mehr oder weniger »leistungsfähig« sein, mehr oder weniger hohen »Machtwert« haben.

Wie ein obskurer Hintermann und Drahtzieher beeinflußt der Lebensstrom praktisch jedes Energon – sehr oft entgegen dessen Individualinteresse. Anderseits freilich ist er der stärkste Helfer aller Energone, die breite Basis, auf der sie alle aufbauen.

Wer hat zum Beispiel für die gesamten angeborenen Aufbau- und Verhaltensrezepte der Organismen »bezahlt«? Sie scheinen in der Bilanz keines Energonindividuums auf, auch nicht in Bilanzen der Energonarten. Jedes Energon erhält sie als Gratisgeschenk mit auf den Weg. Aber irgendwer muß sie bezahlt haben. Es waren die Vorfahren: jeder von ihnen wirkte neubildend oder weitergebend mit.

Auch die Kosten jedes Rezepts sind – im Prinzip – errechenbar. Sie ergeben sich aus der Zahl von Generationen, die zu ihrer Entwicklung notwendig waren; aus der Gesamtzahl von Energonen, über welche die einzelnen Verbesserungsschritte zustande kamen; aus den Kosten der »Gesamt-Biomasse«, die gebildet werden mußte, bis sie erreicht wurden. Aus dieser Perspektive wird aus dem unheimlichen Tyrannen »Lebensstrom« ein geduldiger Spender, ein Emporheber.

In der zweiten Phase der Evolution verringerten sich die »Entwicklungskosten« für die Rezeptbildungen ganz außerordentlich. Verbesserungen, die im genetischen Rezept vielleicht erst über eine Million von Energonen erreichbar waren, konnten jetzt von einem einzigen Zentralnervensystem in Jahren, Tagen, ja in Sekunden geschaffen werden – bei einem relativ minimalen Energieaufwand. Der Weg der Übertragung von einem Gehirn auf andere erfolgte nun in tausendfachen Verzweigungen. Im Riesengemeinschaftsorgan »Wissenschaft« werden sie heute gesammelt, geordnet und der Gesamtheit aller menschlichen Energone verfügbar gemacht.

Auch in diesem zweiten Evolutionsteil wirkt der Lebensstrom einerseits als Spender, anderseits als Tyrann. Die Spendertätigkeit wollen wir – undankbar, wie der Mensch nun einmal ist – im weiteren beiseite lassen. Im letzten Teil unserer Untersuchung soll uns jetzt noch eingehender der verborgene Diktator beschäftigen, der unser Tun bis in intimste Bereiche hin steuert. Wie Hampelmänner zieht er die Menschen an unsichtbaren Fäden. Indem er uns in bestimmte Richtungen lenkt, dienen wir nicht unserem – sondern *seinem* Interesse.

Anmerkungen

[1] Es ist denkbar, daß ein Individuum durch allzu starkes Anwachsen seine eigene Erwerbskraft vermindert. In diesem Fall wäre auch für das Individuum das Abstoßen einer entsprechenden Portion von Vorteil. Aber für diesen Zweck sind keine differenzierten Fortpflanzungsmechanismen nötig – und von diesen ist hier die Rede.
[2] »Zur Philosophie und Wissenschaft der Natur«, in »Parerga und Paralipomena: kleine philosophische Schriften«, 2. Bd., Berlin 1851.
[3] W. Zimmermann, »Methoden der Phylogenetik«, in G. Heberer, »Die Evolution der Organismen«, Stuttgart 1967, S. 137f.
[4] Die Bezeichnung »Lebensstrom« hat einen etwas metaphysischen Beigeschmack. Ich verstehe darunter jedoch nichts anderes als die Gesamtheit der »funktionalisierten« Materie in den Dimensionen Raum und Zeit: die Gesamtheit der Träger des kausal ablaufenden energetischen Geschehens »Leben«.
[5] Ein Beispiel mag das vielleicht noch deutlicher illustrieren: War es im ersten Evolutionsteil so, daß Veilchen auf jeden Fall weitere Veilchen produzierten, so könnten im zweiten etwa Juweliere, wenn die Konjunktur für sie schlecht, für Hotels dagegen gut ist, ohne weiteres ihr Geschäft auflassen und Hotels gründen. Die Energonart Juweliergeschäft erleidet dann Einbußen.
[6] Daß dieses Prinzip auch bei den Erwerbskörpern der Wirtschaft eine Rolle spielt, zeigte sich etwa nach dem letzten Krieg. Durch die Zerstörung so vieler Betriebe kam es zu einem weit moderneren Neuaufbau. Wären die Betriebe nicht zerstört

worden, dann hätten die alten Strukturen – die alten Betriebs»arten« – sich länger behauptet. Verbesserungen und Fortschritt hätten nur langsamer erfolgen können. Sogar die in den französischen Besatzungsgebieten praktizierte Demontage war mit ein Grund für das deutsche Wirtschaftswunder: In Frankreich hatte man dann die alten, in Deutschland moderne Maschinen.

[7] Darauf kommen wir im zweiten Abschnitt, Kapitel VII eingehend zurück.

[8] Johann Gottfried Herder schrieb: »Bei dem Menschen stand die Reihe still; wir kennen kein Geschöpf über ihm, das vielartiger und künstlicher organisiert sei; er scheint das höchste, wozu eine Endorganisation gebildet werden konnte.« (»Ideen zur Philosophie der Geschichte der Menschheit«, 1784–91). Dies formuliert anschaulich die durch die ganze Geschichte hindurch bis heute herrschende entgegengesetzte Überzeugung.

[9] Goethe und viele andere Denker sahen die Lebewesen als »Selbstzweck«: Vom Lebensstrom her gesehen, sind sie es nicht. Nur dieser ist »Selbstzweck«.

[10] Schopenhauer und Nietzsche sahen beide in einem »Willen« das eigentliche Zentrum der organischen Erscheinungen. Der Lebensstrom in seiner Gesamtheit ist in der Tat ein »Wille«: *jedoch kein bewußter, zielhafter, wirklich »wollender« – sondern eben ein Prozeß, der sich nur über weitgehend determinierte Strukturen (die Energone) fortsetzen kann und in seinem Weiterlaufen immer komplexere Wechselwirkungen schafft.*

Zweiter Abschnitt

LEBENSSTROM UND MENSCH

I
Konkurrenz und Erwerbsraum

> Was mit dieser Welt gemeint,
> Scheint mir keine Frage,
> Alle sind wir hier vereint
> Froh beim Festgelage.
> Setzt Euch her und schaut Euch um,
> Voll sind alle Tische,
> Keiner ist von uns so dumm,
> Daß er nichts erwische.
>
> Wilhelm Busch (1832–1908)
>
> Und endlich schwieg der Kampf, da es an Kämpfern fehlte.
>
> Pierre Corneille (1637)

1

Hier sei ein kurzer Rückblick gestattet.

Im ersten Teil betrachteten wir die beiden Hauptfronten, denen alle Energone – ausnahmslos – gegenüberstehen: die Energie- und Stoffquellen. An diese müssen sie herankommen, diese müssen sie erschließen können, das ist die *conditio sine qua non*. Der Energieerwerb steht dabei an erster Stelle. Ohne Energie gibt es keinerlei Aktivität. Stoffgewinnung ist ebenfalls nötig, aber nicht immer und ständig.

Im zweiten Teil besprachen wir weitere Umwelterscheinungen, mit denen sich die Energone auseinandersetzen müssen. In erster Linie sind es behindernde, feindliche, in zweiter Linie günstige, fördernde. Alle diese Umwelt»faktoren« – Energiequellen, Stoffquellen, Störungen und Räuber, Förderungen und Symbionten – steuern die evolutionäre Bildung der Energone. *Sie* sind für einen wesentlichen Teil ihrer Funktionsträger und für einen wesentlichen Teil ihrer Bewegungsvorgänge maßgebend. *Sie* diktieren, wie diese raum-zeitlichen Strukturen beschaffen sein müssen.

Im dritten Teil wandten wir uns den inneren Fronten zu, gegen die jedes Energon ebenfalls anzukämpfen hat. Alle Funktionsträger müssen aneinander gebunden sein. Funktionen müssen vielfach miteinander koordiniert sein. Kein Funktionsträger soll den anderen behindern, sondern sogar nach Möglichkeit fördern, und jeder

Teil muß auf das Ganze hin abgestimmt sein. Sodann muß bei sämtlichen Funktionsträgern die Funktionsbereitschaft erhalten bleiben. Und schließlich müssen die Energone sich auch noch fortpflanzen und verändern (verbessern) können. Auch diese inneren »Faktoren« üben steuernde Wirkungen aus, sind aber nicht so sinnfällig wie die äußeren. Sie lassen sich nicht »den Sinnen nach«, sondern »nur dem Geiste nach« erkennen.

Die so gebildeten Denkkategorien sind weitgehend andere, als man sie bisher zur generellen Einteilung der Erscheinungen gebraucht hat. Sie sind von der Funktion her definiert und lassen sich begrifflich recht sauber abgrenzen. Ihre Bedeutung liegt darin, daß sie (und *nur* sie, so behaupte ich) jenes unsichtbare Wertgerüst erkennen lassen, das allen Energonen – so verschieden sie auch aussehen mögen – die für sie notwendige raum-zeitliche Struktur vorschreibt. In jeder dieser Kategorien – die sich mit inneren und äußeren »Fronten« vergleichen lassen – ist grundsätzlich meßbar, welche Aufwendungen durch die betreffenden »Faktoren« (»Faktorengruppen«) nötig werden, also von ihnen verursacht werden. Ob solche Messungen mit den heutigen Mitteln praktisch durchführbar sind, ist dabei nicht erheblich, besonders bei den Organismen stellen sich dem bedeutende Schwierigkeiten entgegen. Wichtig ist zunächst bloß, zu ermitteln, wo und was überhaupt gemessen werden muß, um an die Konkurrenzkraft der Energone rechnerisch heranzukommen. Und die wichtigste Behauptung der Energontheorie lautet: Solche Messungen können bei jedem Energon nach dem gleichen Schema erfolgen. Die gleichen Bewertungsmaßstäbe können an sie alle – ob es nun Organismen oder von Menschen aufgebaute Erwerbskörper sind – angelegt werden.

Eine Hauptkategorie – und eine besonders wichtige – fehlt allerdings noch. Es ist die Front gegenüber den »Konkurrenten«. Ich habe sie bisher übergangen, weil die hier stattfindenden Wechselwirkungen am schwierigsten zu überblicken sind und weil sie sich weder den äußeren noch den inneren Fronten eindeutig zuordnen läßt.

An sich sind die Konkurrenten reale Bestandteile der Umwelt und gehören in diesem Sinne zur Außenfront. Nicht selten ist auch die Auseinandersetzung mit dieser Faktorengruppe eine ebenso unmittelbare wie mit den Störungen und mit den Räubern. Die Hauptaus-

einandersetzung erfolgt jedoch anderswo – es ist gleichsam ein Kampf der Energone gegen ihre eigene Struktur. Im Konkurrenzkampf erweisen sich fast immer jene überlegen, die billiger, präziser und schneller arbeiten. Das trifft nun praktisch jeden einzelnen Funktionsträger. Die Hauptwaffe gegen die Konkurrenten sind also Verbesserungen an der eigenen Struktur – die vielfach nicht erforderlich wären, gäbe es keine Konkurrenz.
Daraus erhellt bereits die doppelte Wirksamkeit der Konkurrenz. Einerseits erzwingt diese – steuert also – die Ausbildung direkter Abwehr- und Angriffsmaßnahmen. Anderseits erzwingt sie – steuert – Vorgänge an der »inneren Front«.
Das klingt komplizierter, als es ist. Jedem Geschäftsmann sind diese Zusammenhänge aus der Praxis bestens bekannt. Gibt es keine Konkurrenz – was bei Monopolisten immerhin vorkommt –, dann genügt es, wenn das Energon erwerbsfähig ist. Sobald jedoch Konkurrenz in Erscheinung tritt, verändert sich die Situation grundlegend. Jetzt, um weiter bestehen zu können, muß der Betriebsleiter – oder der ihn beratende »Brain-Trust« – die Gesamtstruktur neu überprüfen. Was kann noch besser gemacht werden? Wie kann die Erwerbsstruktur noch reibungsloser, noch besser integriert, noch stärker motiviert arbeiten? Das ist die indirekte, *von innen her* kommende steuernde Wirkung, von der ich hier spreche.
Unser gewohntes Denken lehnt sich gegen das Wort »steuern« auf. Wir sind gewohnt zu denken: Es ist der Betriebsleiter, es sind Menschen, die steuern. Das stimmt jedoch nicht wirklich. Der Mensch ist in diesem Fall bloß das Werkzeug einer Steuerung – seine Intelligenz leistet nur eben dies: die Forderungen dieser Steuerung zu erkennen, sie möglichst schon im voraus zu ermitteln. Wohin diese aber führt, wird nur im Ausnahmefall von ihm diktiert. Die Erwerbsart, die äußeren und inneren Einflüsse und die Konkurrenz legen dies fest. Der Mensch kann bloß diesem Diktat mehr oder minder gut folgen.
Die Konkurrenten lassen sich von den Räubern begrifflich sehr klar abgrenzen. Sie sind eine weit schlimmere Bedrohung als diese. Das läßt sich leicht zeigen.

2

Für den Räuber ist stets das von ihm attackierte Energon die Energie- oder Stoffquelle. Dezimiert er diese allzusehr, dann schneidet er sich ins eigene Fleisch. Er sägt dann am eigenen Lebensnerv. Beim Individuum tritt das nicht so deutlich in Erscheinung, stets jedoch bei der Art. Sind etwa Gazellen die einzige Nahrung von Löwen und rotten diese die Gazellen aus – dann müssen sie schließlich selbst verhungern. Beim Erwerb durch Tausch besteht die gleiche Wechselwirkung. Nimmt eine Berufs- oder Betriebsart stark überhand, dann absorbiert sie allzusehr den Bedarf, von dem sie lebt – und schließlich ist nicht mehr genug Bedarf da.

Hier wie dort kommt es dann zum gleichen Vorgang: Sowohl die räuberischen als auch die tauschenden Energone »pendeln« sich mit ihrer Erwerbsquelle »ein«. Nehmen die Löwen überhand, dezimieren sie die Gazellenbestände allzusehr, dann hat das – in späteren Generationen – ein Verhungern entsprechend vieler Löwen zur Folge. Die Zahl der Löwen sinkt dann – und die Gazellen können sich wieder besser vermehren.

Bei den Wirtschaftskörpern ist es nicht anders. Entstehen allzu viele Seifenfabriken, Putzereien oder Kinos in einem Gebiet, dann gehen früher oder später einige zugrunde. Daraufhin wächst dann wieder der Nachfragedruck (sofern sich an der Nachfrage nichts Grundsätzliches geändert hat), und es kann zu einem neuerlichen Anschwellen des Angebotes kommen.

Der vorausblickende Mensch versucht diesen Entwicklungen zuvorzukommen – aber die Praxis zeigt, daß ihm dies häufig nicht gelingt. Auf Grund der »Marktintransparenz« sind Angebot und Nachfrage nicht klar zu durchschauen. Dennoch »pendeln« auch hier die anbietenden Energone und die nachfragenden Erwerbsquellen sich gegeneinander ein.

Völlig anders ist das Verhältnis des *Konkurrenten* zu seinem »Opfer«. In diesem Fall ist das betroffene Energon nicht die Erwerbsquelle, *sondern es hat die gleiche Erwerbsquelle.* Der Kampf spielt sich hier nicht selten so ab, daß die konkurrierenden Energone einander gar nicht sehen. Es geht um die gleiche Beute, den gleichen zu befriedigenden Bedarf, um den gleichen »Futtertopf«.

Gelingt es einem Energon, seine Konkurrenten völlig zu verdrängen, reißt es also die Erwerbsquelle ganz an sich, dann entsteht ihm daraus nicht der geringste Nachteil. Es ist für ihn bloß vorteilhaft. Deshalb ist jeder Konkurrent so mörderisch gefährlich. Der Räuber – so könnte man sagen – ist »seines Opfers halber Freund«. Denn dieses Opfer ist ja seine eigene Erwerbsquelle. Der Konkurrent ist dagegen ein völlig rücksichtsloser Widersacher. Er nimmt am Zugrundegehen seines Opfers meist gar nicht teil. Der überwundene Widersacher verendet irgendwo. Und dem Sieger geht es dann um so besser.

Über die indirekte, *innere* Wirksamkeit des Konkurrenten haben wir bereits ausführlich gesprochen. Wenn jeder Funktionsträger eines Energons nicht nur die erforderliche Funktion erbringen muß, sondern dies auch noch möglichst billig, möglichst präzise und möglichst schnell besorgen soll, dann liegt das weitgehend an dem von der Konkurrenz ausgeübten Druck. Indem wir uns um die meßbare Erfassung der *Konkurrenz*fähigkeit bemühten, beschäftigten wir uns bereits mit dieser indirekten, gleichsam von innen her kommenden Wirksamkeit. Es bleibt jetzt noch die direkte, unmittelbare Abwehr der Konkurrenten zu besprechen.

Ehe wir das tun, müssen wir noch einige allgemeine Betrachtungen vorausschicken.

3

Zunächst muß festgestellt werden, daß manche Energonarten ihrem Erwerb innerhalb eines bestimmten »Territoriums« nachgehen, während das bei anderen nicht der Fall ist.

Die meisten Pflanzen sind streng an einen Ort gefesselt. Die Tiere sind zwar beweglich, doch gibt es unter ihnen viele Arten, die in einem bestimmten Gebiet seßhaft sind. Bei den menschlichen Erwerbsformen ist bei jedem Bauern – aber auch bei jedem Friseur und jedem Handelsvertreter – die gleiche Situation gegeben. Sie wirken in einem mehr oder minder scharf abgegrenzten Raum. Dagegen werden die in der Luft schwebenden Bakterien und das im Wasser treibende Plankton durch Fremdenergie einmal hierhin, dann dorthin getragen. Treffen sie auf Nahrung, dann gedeihen sie, treffen sie auf keine, dann gehen sie zugrunde.[1] Ihr Erwerbsraum ist an sich winzig klein: diese Energone tragen ihn gleichsam mit sich. Nur was sie unmittelbar berühren, gelangt in ihren Machtbereich. Bei beweglichen Tieren, die nomadenhaft leben, ist dieser sie unmittelbar umgebende Erwerbsraum bereits größer. Wo die Wanderheuschrecken passende Nahrung erkennen, fallen sie ein. Beim nomadenhaft lebenden Urmenschen war es ebenso. Wo er passende Jagdgründe fand, dort jagte er; erschöpften sich diese, zog er weiter. Recht ähnlich ist es heute bei den großen Produktionsbetrieben. Sie sitzen zwar am Ort fest, sind aber trotzdem Nomaden. Ihre Erwerbsorgane – ihre Produkte – kreisen rings um die Welt. Wo sie auf passenden Bedarf treffen, etablieren sie sich – und schaffen dem Betrieb so zusätzlichen Erwerbsraum.

Der Begriff »Erwerbsraum«, wie ich ihn verwende, ist somit von der Leistung, vom Erfolg her definiert. Er ist gleichsam ein Ausschnitt aus der Gesamterwerbsquelle, die das jeweilige Energon aufzuschließen vermag. Es ist ein statistischer Begriff, der sich nicht ohne weiteres mit dem Bleistift auf einer Karte aufzeichnen läßt. Gibt es beispielsweise in einem bestimmten Areal für Löwen 100000 Beutetiere, dann überschneiden sich die Erwerbsräume der einzelnen Löwen mannigfach. Statistisch aber ergibt sich ein ganz konkreter Wert. Werden etwa pro Jahr im Durchschnitt 6000 Beutetiere gefressen und fallen auf einen bestimmten Löwen davon 60 Stück, dann beträgt sein Erwerbsraum 1 Prozent des gesamten Areals.

Diese Art der »Revierbestimmung« – die sich wesentlich von der in der Biologie üblichen unterscheidet – ist universell anwendbar. Gibt es in einer Stadt 20 Zahnärzte, dann ist für diese der Gesamtbedarf an Zahnbehandlungen die Erwerbsquelle. Mit dem Bleistift auf einem Stadtplan lassen sich die »Territorien« der einzelnen nicht genau abgrenzen. Es ist ohne weiteres möglich, daß ein Patient einen am entgegengesetzten Stadtende ordinierenden Zahnarzt aufsucht. Statistisch aber geben uns die Bilanzen genau Aufschluß über den Revierteil jedes einzelnen (»Marktanteil«). Reißt ein Zahnarzt 10 Prozent des Gesamtumsatzes an sich, dann beträgt sein Erwerbsraum 10 Prozent des gesamten Erwerbsareals.

Sowohl im Erwerbsgebiet der Löwen wie auch in jenem der Zahnärzte mag es bessere und schlechtere Erwerbsplätze geben. An gewissen Stellen halten sich die Beutetiere bevorzugt auf (etwa bei der Tränke), in gewissen Stadtteilen leben reichere Patienten, die für Zahnbehandlung mehr ausgeben können. Wer hier seinen Machtanspruch ausdehnen kann, ist im Vorteil. Besonders um den Besitz dieser strategischen Punkte setzt der Konkurrenzkampf ein.[2]

Es sind somit zwei verschiedene Gesichtspunkte zu unterscheiden. Erstens die Bewegungsfähigkeit und Beutesuchfähigkeit eines Energons und zweitens seine Fähigkeit, sich gegen Konkurrenten durchzusetzen. Wesentlich dabei ist – und damit kommen wir zum entscheidenden Punkt –, daß es sich in jedem Fall um *Leistungen*, also um Energieeinsatz handelt.

So betrachtet ist das Erwerbsterritorium nicht als konkretes Areal, sondern als Machtanspruch definiert. Es läßt sich für jedes Gebiet und für jede Energonart in einem konkreten Energiewert ausdrücken: jener Energiemenge, die aufgewandt werden muß, um es zu beherrschen. Besteht keinerlei Konkurrenz – was selten vorkommt –, dann steht, je nachdem wie »reich« die Erwerbsquelle in dem betreffenden Gebiet ist, einer durchschnittlich eigenen Anstrengung ein durchschnittliches Ergebnis gegenüber. Gibt es dagegen Konkurrenten, dann bestimmt die Konkurrenzkraft den Quellenanteil: den Erwerbsraum. Der beliebtere Zahnarzt oder die Produktionsfirma mit dem erfolgreicheren Erwerbsorgan (Verkaufsprodukt) reißt dann den größeren Marktanteil – den größeren Erwerbsraum – an sich.

Der Erwerbsraum ist somit stets das Ergebnis einer Anstrengung. In jedem Konkurrenzgebiet muß er erstens erkämpft und zweitens behauptet werden.

Hier ist einzufügen, daß es neben den Erwerbsterritorien noch andere Territorien gibt, für deren Erringung und Behauptung die Energone ebenfalls Energie aufwenden. Bei den Tieren trifft das vor allem den zur Paarung und Fortpflanzung (besonders bei Brutpflege) nötigen Raum. Dieser mag mit dem Erwerbsraum zusammenfallen, dann ist keine zusätzliche Leistung nötig. Denken wir aber etwa an den Lachs, der zum Ablaichen in den Flüssen aufwärts wandert, dann sehen wir ein Energon, das sich zu Fortpflanzungs- und Paarungszwecken mit beträchtlichem Energieaufwand einen zusätzlichen Wirkungsraum schafft. Der Lachs gewinnt dort keine Nahrung, hat vielmehr beträchtliche Hindernisse zu überwinden und nimmt zusätzliche Gefahren auf sich. Wie im letzten Kapitel besprochen, sind das Anstrengungen, die nicht dem Individuum, sondern nur der Art und dem Lebensstrom dienen.

Beim Menschen kommt als Besonderheit der Luxusraum hinzu, der unter Umständen um ein Vielfaches größer (auch wieder energetisch betrachtet) werden kann als der Erwerbsraum. Auch er muß erobert – erworben – werden. Auch seine Verteidigung macht in der Regel Staatsschutz, also laufende Energieausgaben in Form von Steuerzahlungen nötig.

Die Energontheorie führt zu einer etwas anderen, wie mir scheint genaueren, Definition der Begriffe Grundbesitz beziehungsweise Grundeigentum. Was der Besitzer oder Eigentümer in diesem Fall hat, ist nicht eigentlich der Boden selbst, sondern das vorübergehende oder ständige Verfügungsrecht – also ein Machtanspruch.

Abbildung 34: Steigerung des menschlichen Energie- und Stofferwerbs auf Grund besonderer Intelligenzleistungen

a) Mit Hilfe von *künstlichen* Organen erweitert der Urmensch den Machtbereich seines genetischen Körpers und wird als Räuber den Tieren und Pflanzen immer mehr überlegen.
b) *Ackerbau* bedeutet eine immense Steigerung der möglichen Beute je Areal. Zur Nahrung nicht geeignete Pflanzen werden vernichtet, geeignete werden künstlich angebaut. Tiere werden gezwungen, künstliche Organe (Pflug, Wagen) *direkt* zu betreiben. Diese Energie muß der Mensch nicht mehr über seinen Magen aufnehmen und über seine Muskeln einsetzen – ein Vorgang, dem enge Grenzen gesetzt sind. Die vom Menschen gebildeten »Berufskörper« umfassen jetzt auch Funktionsträger (etwa einen Ochsen), deren Energie direkt andere Funktionsträger (Pflug) betreibt.
c) Zu einer weiteren immensen Machtsteigerung führt der menschliche *Leistungstausch*. Durch Erbringung einer eigenen Leistung oder der Abgabe ihres Ergebnisses kann der Mensch die Leistungen anderer oder deren Ergebnis für sich gewinnen.
d) Durch die Entdeckung der *Elektrizität* gelingt es dem Menschen, Naturkräfte (etwa die Energie eines Wasserfalles oder der Kohle) schnell und über weite Strecken zu leiten. Ein Betrieb kann so einen hundert Kilometer entfernten Wasserfall zum direkten Antrieb eigener Funktionsträger zwingen. Ein ebenfalls schneller und sehr verlustfreier Energieträger ist das vom Menschen geschaffene »Geld«: eine Universalanweisung auf menschliche Leistung innerhalb einer Gemeinschaft. Sowohl Elektrizität als auch Geld sind leicht in verschiedene Energieformen verwandelbar: die Elektrizität in Maschinenkraft, Licht, Wärme usw.; das Geld in jede erdenkliche spezialisierte menschliche Arbeit oder deren Produkt.

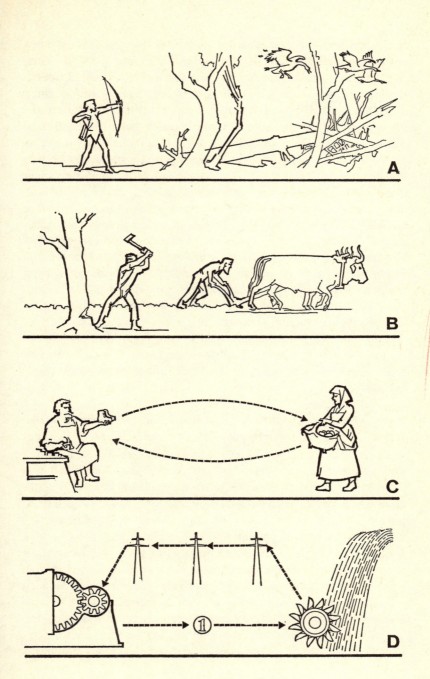

Erwerben wir von einem anderen ein Grundstück, dann verdrängen wir diesen aus dem betreffenden Bereich. Wir vernichten dort seinen Machtanspruch. Das kann – wie in alter Zeit – gewaltsam geschehen. Oder – im organisierten Staatswesen – durch einen Tauschakt, durch Übergabe einer entsprechenden Geldsumme. Hier wird wieder die enge Verwandtschaft zwischen Raub und Tausch deutlich. Denn Geld ist ja, wie wir gesehen haben, nichts anderes als eine Anweisung auf menschliche Leistung, auf Fremdenergie (vgl. Teil 1, S. 243). Ob – wie beim Landraub – Energie zur *gewaltsamen* Verdrängung eingesetzt wird oder – wie beim Grundstückkauf – ein entsprechendes Energieäquivalent *freiwillig* an den Verkäufer abgetreten wird, scheint in der Bilanz gar nicht auf. In jedem Fall wird »Territorium« unter Energieaufwand erobert.

Bei den Tieren ist es so, daß sie erworbene Territorien dann laufend gegen Konkurrenten, die sie zu verdrängen suchen, verteidigen müssen. Innerhalb von organisierten Menschengemeinschaften, die Grunderwerb gestatten, übernimmt dagegen der Staat die Sicherung dieses Machtanspruches. In einem Grundbuch wird dieser formal festgelegt, der Besitzer wird so zum Eigentümer. Indem er Zäune errichtet, hält er Eindringlinge fern. Den eigentlichen Machtanspruch sichert jedoch der Staat, indem er im Ernstfall gegen Okkupanten vorgeht. Für diesen Schutz zahlt der Bürger Steuern und Gebühren.

Auch im Gewerbe und in der Industrie können manche Erwerbsräume durch Kauf erworben werden, und vielfach werden sie dann auch durch den Staat geschützt. Bei allen Konzessionen, Patenten und Urheberrechten verhindert der Staat das Aufkommen von Konkurrenten innerhalb eines bestimmten räumlichen und zeitlichen Abschnittes. Auch das sind mögliche Sicherungen gegen Konkurrenz. In sehr vielen Erwerbsgruppen besteht jedoch heute Gewerbefreiheit. Das sich bildende Energon muß allenfalls – über den Weg von »Prüfungen« – eine Grundqualifikation nachweisen (als Schutzmaßnahme für die Gemeinschaft), dann jedoch ist es auf sich gestellt und muß im freien Wettbewerb sich einen Erwerbsraum zu erkämpfen suchen. Fast immer werden die betreffenden Erwerbsquellen bereits von anderen erschlossen. Die menschlichen Erwerbskörper müssen sich in diese feindliche Gemeinschaft hineinkämpfen – nicht anders als jede Jungpflanze und jedes Jungtier.

Bestimmte Territorien hält der Staat für alle seine Bürger frei, sowohl für Erwerbs- als auch für Luxuszwecke. In erster Linie sind das sämtliche öffentlichen Straßen und sonstigen Verkehrswege. Sie durchziehen wie ein Spinnennetz die mannigfach einander überschneidenden Erwerbsräume. Auf ihnen kann sich jeder frei bewegen – sei es zum Erwerb oder zu seinem Vergnügen. Dazu kommen noch Parks, allgemein zugängliche Ländereien und ähnliches.
Die menschlichen Erwerbsräume gründen sich also heute sowohl auf Privat- wie auch auf Gemeinschaftsrechte. Charakteristisch für die menschliche Entwicklung ist die Ertragssteigerung durch *Intensivierung*.

4

Die Landpflanzen sehen wir in einem doppelten Konkurrenzkampf: Über dem Boden erheben sie ihre assimilierenden Flächen möglichst hoch empor, nehmen anderen so das Licht weg. Unter dem Boden herrscht eine nicht minder erbitterte Auseinandersetzung zwischen den Wurzeln um Wasser und Nährstoffe. Manche Pflanzen scheiden aus den Wurzeln Stoffe ab, die das Aufkommen von Konkurrenten verhindern.
Tiere sehen wir nicht selten ihre Konkurrenten ähnlich bekämpfen wie die Räuber: am Futterplatz, an der Tränke. Sie können in diesem Kampf meist dieselben »Waffen« verwenden, nur sind andere Verhaltensrezepte nötig. Denn der Konkurrent sieht anders aus und benimmt sich anders. Überlegene Größe spielt in dieser Auseinandersetzung eine nicht geringe Rolle. Der große Hund boxt den kleineren an der Futterstelle beiseite, der große Elefant den kleineren bei der Tränke.
Der menschlichen Intelligenz war es jedoch vorbehalten, zur furchtbarsten Waffe in diesem Kampf um Energie und Stoffe zu werden. Nie und nirgends in der Evolution hat sich ein so mörderisches Abschlachten von Konkurrenten abgespielt als seit dem Zeitpunkt, da im menschlichen Zentralnervensystem diese besondere Fähigkeit des Kombinierens und Schließens erwachte.
Der erste Vorgang, den dieser Funktionsträger ersann, ist das »Roden«, und er hat in unserer Gefühlswelt eine positive Tönung. Die

für uns wertlose oder wertarme Natur wird unserem Willen untertan gemacht, ihre Tätigkeit wird von uns organisiert. Was für uns als Rohenergie wertlos ist, wird gewaltsam beseitigt, was uns als »Nahrung« dient, wird künstlich angepflanzt und gefördert. Praktisch bedeutet das eine Vernichtung von Konkurrenten ohnegleichen. Sie werden mit Stumpf und Stiel ausgerottet – der eigene Erwerbsraum wird um ein Tausendfaches *intensiviert*.
Das gleiche Areal kann so ungleich mehr an Ertrag liefern. Der Mensch verbessert so seinen Erwerbsraum, indem er ihn völlig konkurrenzfrei macht.
Eine weitere Maßnahme besteht darin, alle jene Konkurrenten abzuwehren, die am Ergebnis dieser rücksichtslosen Tätigkeit ebenfalls profitieren könnten. Zäune werden gezogen, Vogelscheuchen aufgestellt, Parasiten mit Giftstoffen auszurotten versucht.
Die künstlich gepflanzten Energone, die später gegessen werden sollen, werden von uns in jeder nur denkbaren Weise gehegt und gefördert. Allen störenden Einflüssen wird nach bester Kraft entgegengewirkt. Der Boden wird künstlich bewässert, künstlich gedüngt. Unsere Dichter besingen Saat und Ernte, sehen in der Fruchtbarkeit des Bodens ein Gegenstück zur Fruchtbarkeit der menschlichen Frau. Die Vernichtung der sich den menschlichen Interessen entgegenstellenden Konkurrenz wird so zur Selbstverständlichkeit, zur guten Tat. Der Mensch sieht sich als Zentrum und Zweck einer auf ihn bezogenen Schöpfung.
Eine weitere Intelligenzleistung bestand darin, die Erträge durch »Fruchtwechsel« zu steigern. Das einseitige Bebauen führt zu einer Erschöpfung des Bodens – zu einer Desintensivierung des Erwerbsraumes. Durch die Zwei- oder Dreifelderwirtschaft wird dem begegnet. Nach Weizen werden etwa Hülsenfrüchte angebaut. Oder das Feld wird eine Saison lang sich selbst überlassen – »brachliegen gelassen«. Durch diese Manipulationen kommt es zu weiteren Steigerungen des Gesamtertrages.
Damit nicht genug: der Mensch züchtet. Er betreibt den gleichen Vorgang wie die natürliche Auslese, bloß im Hinblick auf eigenen Vorteil. Aus Rindern werden möglichst ergiebige Fleisch- und Milchlieferanten gemacht. Die gute Kuh liefert 3000 Liter Milch im Jahr, die Holsteinkuh bis zu 10000 Liter. Das Ziel der Züchtung ist somit ein Tier, das sein Futter besonders rationell verarbeitet. Auch

so wird der Erwerbsraum intensiviert, die aus ihm herausgepreßte Menge an Rohenergie gesteigert. Weitere Steigerungen des »Ertrages« werden durch Verbesserung oder Hinzugewinnung von künstlichen Organen erzielt: durch Wegverbesserung, Mechanisierung, Kollektivierung. Die optimalen Betriebsgrößen werden errechnet. Je nach der Entfernung zum Absatzort werden leichtere oder schwerere Früchte angebaut. Butter braucht – dem Gewicht nach – hundertmal mehr Boden als Heu, Wolle ungefähr tausendmal mehr als Kartoffeln. Eine wichtige Möglichkeit zur weiteren Intensivierung ist schließlich die Abfallverwertung. Manches kann wieder zur Düngung dienen, manches, durch entsprechende Weiterverarbeitung, zusätzliche »Nutzprodukte« liefern.

Es ist bemerkenswert, daß nur an diesem einen Punkt der Evolution, an diesem Übergang von den Organismen zu den menschlichen Erwerbskörpern, eine so rigorose Konkurrentenvernichtung stattfindet. Unter den menschlichen Erwerbskörpern gibt es dann wieder einen Konkurrenzkampf, der sehr an jenen unter den Organismen erinnert.

5

Für einen Bäcker oder ein Unternehmen der Seifenfabrikation ist es völlig ausgeschlossen, allen menschlichen Bedarf, der nicht auf Semmeln oder Seifen ausgerichtet ist, zu »roden«, also zu beseitigen. Nur in den extrem totalitären Staaten, wo der Staat selbst zum Monopolisten in der Herstellung der meisten Produkte wird, gibt es Vorgänge, die dem ähneln. Auch dort werden Bedürfnisse, die nicht auf das vom Staat Gelieferte gerichtet sind, durch Propaganda und Gewalt nach Möglichkeit ausgetilgt. Dagegen wird alles was der Staat anzubieten und zu verteilen beschlossen hat, als das »Beste« und »Wünschenswerteste« verherrlicht.

In der marktwirtschaftlichen Welt werden den Konkurrenten gegenüber ähnliche Methoden angewandt wie im Reich der Tiere und Pflanzen, nur sind sie, auf Grund der menschlichen Intelligenz, noch erheblich verfeinert. Auch hier werden Konkurrenten nach

besten Kräften geschädigt (durch Einwirken auf Kreditgeber, Zwischenhändler, Abnehmer, durch Sperre von Transportmitteln, Exklusivverträge, Treuerabatte, Preisunterbindungen usw.). Auch hier spielt die physische Größe und Macht eine nicht unerhebliche Rolle. Das »absatzwirtschaftliche Instrumentarium« umfaßt jedoch außerdem noch Kampfmittel, die bei den Organismen keinerlei Parallelen haben – etwa Ratenzahlungen, Rabatte, Skonto, Zusatzgeschenke. Und dazu kommt noch als Besonderheit die *militante* Werbung.[3]
Man kann sie am besten mit der Düngung des Bodens und der Züchtung besonders ertragreicher Nutzorganismen vergleichen. So wie durch diese Maßnahmen der Ertrag je Areal gesteigert wird, so wird durch diese Art von Werbung der Bedarf – und damit die spezifische Erwerbsquelle – je Areal gesteigert. Ja es können mit dieser Technik neue, noch überhaupt nicht vorhandene Wünsche künstlich geschaffen werden, somit also neue, noch gar nicht vorhandene Erwerbsquellen. So wie die landwirtschaftlichen Erwerbskörper den Boden möglichst »nutzbar« machen, so machen andere menschliche Erwerbskörper den Mitmenschen nach bestem Vermögen »nutzbar«. Mit jedem ihnen zur Verfügung stehenden Mittel versuchen sie Wünsche dort zu wecken, wo noch keine existieren. Auch dieser Vorgang, genauso wie die Vernichtung der tierischen und pflanzlichen Konkurrenz, wird mit positiven Gefühlswerten untermauert. Kein werbender Produzent spricht von seinem Profit, sondern immer bloß von den Diensten, die er anbietet, von dem Fortschritt, den er fördert. Der Kampf gegen den Konkurrenten wird so auch hier zu einem Fanal echten Menschentums.[4]

6

Alle diese Bemühungen, Konkurrenten aus dem Felde zu schlagen – ob es bei Pflanzen die Absonderung besonderer Stoffe aus den Wurzeln ist oder bei einem Betrieb der Waschmittelerzeugung ein Werbefeldzug oder bei einem Industrieunternehmen ein Patent –, stellen eine Anstrengung dar, kosten also Energie.
Auch hier steigert es in jedem Fall den Konkurrenzwert, wenn diese

Leistungen möglichst billig erzielt werden. Auch hier spielt es fast immer eine Rolle, daß sie präzise funktionieren. Auch hier ist es oft wichtig, daß sie möglichst schnell wirken. Und schließlich ist auch hier die Situation in der Aufbauperiode eine grundsätzlich andere als in den Erwerbsphasen, und in diesen ist sie wieder anders als in Ruhephasen oder Stilliegephasen. Somit gelangen wir auch hier zu zwölf Werten, die bei einer Ermittlung der Konkurrenzfähigkeit mit in die Berechnung eingehen müssen.
Das gilt für Individuum und Art. Ist das Energon Teil eines größeren Energons, ergeben sich Wertkonflikte, und vom Lebensstrom her betrachtet, sehen diese Bewertungen auch wieder anders aus.

7

Bei den menschlichen Energonen traten diese Konflikte besonders in Erscheinung, als die ersten wandernden Verbände seßhaft wurden. Die Streitfrage war: Wem gehört nun der Erwerbsraum und der daraus gezogene Nutzen? Gehört er dem Individuum, das ihn bearbeitet, oder dem Verband – also dem übergeordneten Energon –, dem dieses Individuum angehört?
Dieses Problem ist bis heute nicht entschieden. Ein Blick nach Ost und West genügt, um das zu sehen.
Im allgemeinen dürfte in der Geschichte die Entwicklung meist vom Gemeinschaftseigentum zum Sondereigentum (Privateigentum) verlaufen sein. Der Grund dafür ist leicht zu erkennen. Der jeweilige Erwerbsraum und Besitz (Acker, Gehöfte usw.) war meist weniger von Tieren als vielmehr von anderen Menschengruppen bedroht. Den Schutz gegen diese konnte nur die Gemeinschaft bieten. Darum lag es nahe, daß die Gemeinschaft (Sippe, Verband, Volk) sich als Besitzer des Erwerbsraumes betrachtete und dem einzelnen Abschnitte davon zur Bearbeitung und Nutzung zuteilte. So ist es auch heute noch bei vielen primitiven Stämmen (etwa bei Negern und Malaien). Oder es wird dem einzelnen die Nutzung des Gebietes, das er selbst rodet, übertragen (so ist es bei den meisten Indianerstämmen). Bei den Germanen entstand das erste »Sondereigen-

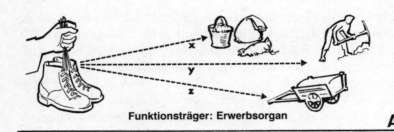

Funktionsträger: Erwerbsorgan **A**

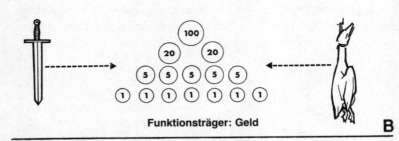

Funktionsträger: Geld **B**

ANGEBOT NACHFRAGE

Funktionsträger: Markt **C**

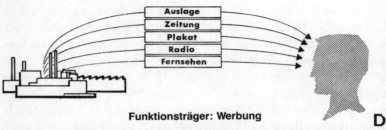

Funktionsträger: Werbung **D**

Abbildung 35: Hilfseinrichtungen für den Energieerwerb durch Tausch

A Funktionsträger *Erwerbsorgan* (»Tauschmittel«). Für ein solches, etwa Schuhe, können erworben werden: erstens Nahrungsmittel, also verdaubare organische Moleküle (x); zweitens menschliche Arbeitskraft (y): der Arbeitende wird dann während der Zeit seiner Tätigkeit zu einem künstlichen Organ des Energons, das das Tauschmittel anbietet (Leistungsmiete); drittens das Produkt menschlicher Arbeitskraft (z): in diesem Fall wird ein künstliches Organ gegen ein anderes vertauscht.
B Funktionsträger *Geld*. Wollte etwa ein Schwertschmied eine Gans, dann konnte er über Naturaltausch schwer an eine solche gelangen, weil der Bauer vielleicht kein Schwert brauchte und vor allem weil das Schwert einen zu hohen Gegenwert (Leistungswert) darstellte. Der Universalvermittler Geld machte jede Leistung teilbar und auch in jede andere vertauschbar. Er eröffnete weiters die Möglichkeit einer allmählichen Speicherung von Tauschwerten (»Sparen«).
C Funktionsträger *Markt*. Dieser erleichtert das Aufeinandertreffen von Angebot (Erwerbsorgan) und Nachfrage (Energieüberschüsse plus Bedürfnis). Der beiderseitige Suchvorgang wird so durch ein Gemeinschaftsorgan (Markt) rationalisiert.
D Funktionsträger *Werbung*. Durch ihn wird ebenfalls der Suchvorgang erleichtert, außerdem gestattet er, künstlich Nachfrage zu schaffen. Wünsche werden dort geweckt, wo keine oder andere sind. Entwicklungshilfe macht diese Beeinflussung perfekt. Denn es kann nur Nachfrager sein, wer über entsprechende Überschüsse verfügt. Es müssen also nicht nur im anderen Menschen Wünsche erzeugt werden, sondern es muß auch darüber hinaus gefördert werden, daß er zu Überschüssen gelangt. Er muß ermutigt werden, Berufskörper und Erwerbsorganisationen zu bilden.

tum« an der Hofstätte. Die Ackerflur war noch zur Zeit des Tacitus Gemeinschaftseigentum: wer die Felder vorübergehend benützen durfte, wurde jeweils verlost. Erst nach der Völkerwanderung entstand Sondereigentum auch an Ackerland. Hingegen hatten die Römer einen sehr individualistischen Eigentumsbegriff: bei ihnen reichte die Macht des Eigentümers *usque ad coelum et infernos* – bis zum Himmel und zum Erdinneren. Das sind einfach Definitionen, die auf Grund menschlicher Konventionen anerkannt werden. Sie bieten für Staat und Individuum entsprechende Vor- und Nachteile.
Daß Privateigentum an Boden und Früchten ein starker Anreiz und Ansporn zur Arbeit ist, zeigt sich deutlich in den kommunistischen Ländern, wo der Arbeitsanreiz vielfach fehlt, weil Eigentum äußerst beschränkt oder völlig verboten ist. So wurden etwa im kommunistischen Polen von Privatbauern je Hektar 621 Zloty erzielt,

von Kollektivwirtschaften 517 Zloty und von den Staatsgütern 394 Zloty.[5] Das bedeutet ein Absinken um mehr als 37 Prozent. In anderen Gebieten dürfte dieser Unterschied noch größer sein.

Von der Evolution her betrachtet – jenseits von Gut und Böse – ist geschütztes Privateigentum zweifellos ein fördernder Faktor. Die »Naturrechtler« hatten durchaus unrecht, wenn sie aus den Frühverhältnissen menschlicher Entwicklung das Gemeinschaftseigentum als das *natürliche*, wünschenswerte abzuleiten glaubten.[6] Ursprünglich ist, daß Leistung sich durchsetzt und sich entfaltet. Darauf beruht die gesamte Evolution.

Bei in Herden lebenden Organismen traten Gemeinschaftsinteressen hinzu. Bei extrem instinktgesteuerten Tieren – wie etwa bei den staatenbildenden Insekten – können diese ganz an die Stelle der Individualinteressen treten. Dem intelligenten Menschen die Früchte seiner Tätigkeit zu entziehen bedeutet jedoch, dem Lebensstrom seinen stärksten und ursprünglichsten Impuls zu nehmen.

Die weit kritischere Frage – und um diese geht es auch im wesentlichen – ist jene der *Vererbbarkeit* des Eigentums. Das ist ein Vorgang, der von der Evolution her schwer zu bewerten ist – einfach deshalb, weil er im Organismenreich kaum Vorstufen hat.

Erst bei den menschlichen Erwerbskörpern kam es dahin, daß die einzelnen Funktionsträger mit dem Tod des sie beschaffenden und kombinierenden Menschen durchaus nicht zugrunde gingen. Ein anderer Mensch kann die leergewordene Stelle besetzen – und das Energon lebt weiter.

Es ist sehr natürlich, daß der Mensch es am liebsten sieht, wenn die eigenen Kinder die herrenlos gewordenen Erwerbsstrukturen übernehmen, daß er ihnen – als Teilen seiner selbst – gern die bereits gehorteten und noch zu erreichenden Überschüsse zuführen möchte. Der nicht so begünstigte Einzelmensch muß darin jedoch ein Unrecht sehen – besonders wenn er daran glaubt, daß der Mensch von Gott persönlich eingesetzt ist und allen deshalb die gleiche Ausgangsposition eingeräumt werden sollte.

Durch den Vorgang der Vererbung von Besitz und Eigentum gelangten Familien, Sippen und Clans zu bedeutenden Machtpositionen, die über Generationen hinweg immer mehr gefestigt und ausgebaut wurden. Diese Erwerbskomplexe stellen insofern eine Besonderheit dar, als sie sich oft in wechselnden Erwerbsformen entfalten und diese mannigfach kombinieren. Mit den einfachen Energonen sind sie kaum noch zu vergleichen – sie führen vielmehr das Grundprinzip des Lebensstromes in verkleinerter Ausgabe vor Augen.

Menschen, die keinem solchen Clan angehören, stehen dann anderen gegenüber, denen solche Machtpotentiale völlig mühelos und gleichsam »unverdient« in den Schoß gefallen sind. Während der eine auf den Leistungen seiner Vorfahren mühelos weitergetragen wird, hat der andere nichts, ja die Aufstiegswege werden ihm sogar durch diese Clans versperrt.

Eine vergleichbare Situation entsteht, wenn ein Jungbaum in einem Hochwald zu sprossen beginnt. Der Konkurrenzkampf ist hier ziemlich aussichtslos. Die Baumriesen – von zahllosen Zellgenerationen geschaffen – haben bereits eine Position, die kaum mehr angefochten werden kann. Auf die Menschheit übertragen, führt das zu der Frage: Sollen nun die Baumriesen gewaltsam abgesägt werden? Soll der Staat veranlassen, daß jeder neue Jungbaum die gleiche Ausgangsposition hat?

Es gibt hier genug Argumente für und wider. Im Laufe der Geschichte haben sich viele Extreme von selbst aufgehoben oder abgeschliffen.

8

Die autokratischen Herrscher der Vergangenheit machten sehr häufig den gesamten Erwerbsraum des von ihnen geleiteten Verbandes (Stammes, Volkes) zu ihrem persönlichen Privatbesitz. Da sie die militanten Einheiten, auf die sich die Macht der Gemeinschaft stützte, befehligten, war das nicht sonderlich schwer. Alle Untertanen standen dann in direkter Abhängigkeit: denn ohne Boden gab es keine Nahrung. Seine höchsten und wichtigsten Mitarbeiter (auf die er besonders angewiesen war) bezahlte der Herrscher sehr einfach durch Verleihung von Grundbesitz. Den übrigen konnte er die Nutzung von Land als »Lehen« vergeben und gelangte so höchst mühelos zu einer ständig fließenden »Grundrente«.

Auf diese Weise entstand Großgrundbesitz in gigantischem Ausmaß. Es ist jedoch durchaus falsch, zu glauben, daß solche Anhäufung von Erwerbsraum in wenigen Händen stets und nur durch Gewalt zustande kam.

Nicht selten – etwa in der Zeit der Völkerwanderung – suchten freie Bauern den Schutz eines Herrschers oder der – damals starken – kirchlichen Macht. Die Könige ihrerseits suchten für die Bestellung ihres Landes nach Siedlern und boten diesen vorteilhafte Bedingungen. Jeder vom Menschen gebildete Erwerbskörper hat seinen grimmigsten Feind in anderen menschlichen Erwerbskörpern. Für jede Entfaltung solcher Energone – und das gilt schon seit Beginn der menschlichen Entwicklung – war Schutz stets das Hauptproblem. Einen solchen Schutz kann aber immer nur eine übergeordnete Organisation bieten. Worauf es also ankommt, das ist ein den beiderseitigen Leistungen angemessenes Teilungsverhältnis. Die Beschlagnahme des gesamten Erwerbsraumes durch den Leiter dieser Organisation stellt bestimmt eine zu hohe Bezahlung für seine Schutzleistung dar. Diese übersteigerte Machtentfaltung durch Einzelpersonen, Familien und Sippen, die die Macht immer an ihre Blutsverwandten weitergaben und das Aufkommen aller übrigen verhinderten, hatte denn auch Gegenbewegungen zur Folge. Die Herrscherhäuser wurden gestürzt, der Großgrundbesitz aufgeteilt.

Dann trat die industrielle Macht an die Stelle der auf Grundbesitz basierenden, und auch hier kam es zur Bildung ähnlicher, durch Vererbung weitergegebener Machtpositionen. Auch diese wurden über das vernünftige Maß ausgenützt. Die kommunistische Bewegung war die Folge. Sie krankt bis heute an einem Denkfehler ihres Begründers Karl Marx. Er glaubte, die Beseitigung dieser übersteigerten Machtpositionen wäre nur durch Beseitigung der Eigentumsrechte an den »Produktionsmitteln« zu erreichen. Damit machte er den Staat zum wirtschaftlichen Monopolisten und beraubte ihn einer seiner wichtigsten Kräfte: der Unternehmer. Daß eine vernünftige Abstimmung von Einzel- und Staatsinteressen auch auf weniger drastische Weise erzielt werden kann, wurde inzwischen bewiesen.

Wieder anders stellen sich diese Interessenkonflikte von der »höchsten Instanz« – dem Lebensstrom – her betrachtet dar.

In dieser höchsten Instanz sehe ich – es sei wiederholt – keinerlei Anzeichen für das Walten eines bewußten Willens. Es ist ein Prozeß, am ehesten noch mit dem Feuer zu vergleichen. Was der Ausbreitung des Feuers dient, ist für das Feuer »gut« und »dienlich«. Was das Feuer eindämmt und erstickt, ist für das Feuer »schlecht« und »unzweckmäßig«. Betrachten wir die Evolution vom Lebensstrom her, dann ist die Unterscheidung zwischen »förderlich« und »unförderlich« ebenso einfach. Sie läßt sich an dem Gesamtumsatz des Lebensprozesses messen. Am »Bruttolebensprodukt«, wenn wir die Sprache des Wirtschafters verwenden. Was zu einer Steigerung der ingesamt »vitalisierten Materie« führt, sämtliche vom Menschen geschaffenen Strukturen eingeschlossen, ist »förderlich«, was zu Verminderung führt, ist »unförderlich«.

Wie kalt und nüchtern diese Wertung ist, geht aus folgendem Beispiel hervor. Vom Lebensstrom her gesehen ist es wesentlich, daß die Gesamtheit der Tiere zur Gesamtheit der Pflanzen in einem bestimmten Verhältnis steht; welche Arten dabei im Spiel sind, ist unerheblich.

Wie schon angeführt, könnten die Pflanzen ohne Tiere nicht leben: sie würden in Sauerstoff ersticken. Die Tiere könnten ohne Pflanzen nicht leben: sie würden in Kohlendioxyd ersticken. So betrachtet, kann man die Gesamtheit der Pflanzen als notwendiges »Organ« der Tierentwicklung ansehen, oder die Gesamtheit der Tiere als notwendiges »Organ« der Pflanzenentwicklung.

Im Interesse des Lebensstromes lag es, den Erwerbsraum zu vergrößern. Deshalb lag die Entstehung von Neubildungen, die in noch unbesiedelte Gebiete vorzudringen vermochten, in seinem »Interesse«. Das Vordringen auf das Festland war die größte »Schlacht« in diesem Feldzug. Wie Feuer breitete sich der Lebensprozeß über immer weitere Teile unseres Planeten aus. Er manifestierte sich stets und ausschließlich in Energonen.

Im weiteren lag es dann im Interesse des Lebensstromes, die eroberten Erwerbsräume mehr und mehr zu intensivieren: also den Lebensumsatz je Areal zu steigern. Die Aufspaltung in das Pflanzen- und Tierreich (»Autotrophe« und »Heterotrophe«) kam diesem Interesse sehr entgegen. Für die Pflanzen ist die maximale Entfaltung je Quadratmeter Boden beschränkt. Durch Höhenwuchs können sie die Lebenssubstanz noch steigern – aber das hat seine Grenzen. Tatsache ist: sie könnten weit mehr produzieren, mehr umsetzen – aber sie haben einfach nicht den nötigen Raum. Die Tiere sind hier gleichsam ein Ausweg aus dieser Sackgasse. Sie fressen die Pflanzen (die ihrerseits mühelos nachwachsen) und sind selbst nicht auf Sonnenbestrahlung angewiesen. So betrachtet, sind sie *Ableger der Pflanzen,* die an Stellen gedeihen können, wo es der Pflanze selbst nicht möglich ist. Die Gesamtlebenssubstanz je Areal wird so gesteigert – *der Erwerbsraum wird intensiviert.*

Das Energon Mensch eröffnete dann den Weg zu weiteren Vergrößerungen und Intensivierungen. Es schuf sich künstliche Organe – das heißt praktisch: es bezog immer mehr anorganisches Material in das Lebensgefüge mit ein,»vitalisierte« es, machte es zu Bestandteilen des Lebensstromes. Baut ein Mensch aus Steinen ein Haus, dann werden diese zu Funktionsträgern: zu Bestandteilen des Lebensprozesses. Bauen wir aus Eisen eine Maschine, dann wird Metall zu einem Teil des Lebensstromes. Grundsätzlich neu ist dieser Vorgang nicht: auch die »lebende« Substanz besteht letztlich aus anorganischem Material. Aber erst in der zweiten Evolutionsphase werden große anorganische Komplexe zu hochwirksamen Lebensbestandteilen.

Sodann gelingt es dem Menschen – beziehungsweise den von ihm gebildeten Energonen – in steigendem Maß, Fremdenergie in das Lebensgeschehen einzuschleusen, es diesem ebenfalls dienstbar zu machen. Kohle und Erdöl sind organischen Ursprungs – die darin enthaltene freisetzbare Energie war eine »unverhoffte Erbschaft«, wie Ostwald sagte. Aber Wind, Wasserkraft und Atomenergie sind völlig anorganische Energieformen. Alle diese Kräfte werden nun zum direkten Betreiben von künstlichen Funktionsträgern eingespannt, erhöhen das Machtpotential in den Erwerbsräumen.

Durch künstliche Beheizung treibt der Mensch den Lebensstrom in polare Gebiete vor, durch künstliche Bewässerung in Wüstengebiete. Mit besonderen Funktionsträgern verläßt er bereits den Planeten Erde. Höchst menschlich gesprochen könnte man sagen: Auf all das sieht der Lebensstrom wohlwollend herab. *All das dient ihm.*
Auch auf Kriege sieht er wohlwollend herab. Sie fördern die Neuerung, vernichten stagnierende Erwerbskörper.

Auch auf die Hast des technischen Zeitalters sieht er wohlwollend herab. Wo immer eine Steigerung des Nationalprodukts erfolgt, darf er das ganz automatisch als Steigerung des Bruttolebensproduktes verbuchen.

Ungern sieht er dagegen Menschen, die sich in sich selbst kehren, in sich selbst ihre Werte und ihren Lebenszweck suchen, die sich nicht treiben lassen, deren Bedürfnisse nicht beeinflußbar sind. Ein besonders ekelerregendes Energon für den Lebensstrom war Diogenes in seiner Tonne.

Solche Individuen sind Ausbrecher aus dem großen Strom. Sie steigern nicht seinen Umsatz.

Damit sind wir an einen Punkt gekommen, wo es sich nicht länger vermeiden läßt, von den *Motiven* des menschlichen Handelns zu sprechen. In Band 4 gehe ich ausführlicher auf dieses Thema ein – obwohl ich dort die Grundgedanken der Energontheorie bloß andeute. Im größeren Rahmen der Energontheorie wird das menschliche Verhalten bloß zu einem Phänomen unter vielen.

Anmerkungen

[1] Daß die erste Alternative genügend oft gegeben ist, beweist die Existenz dieser Arten. Wäre es nicht so, gäbe es sie nicht.

[2] In der Wirtschaft nennt man »Betriebsdichte« die Zahl von möglichen Nachfragern je Areal, die für einen Betrieb als Abnehmer seiner Leistungen oder Produkte in Frage kommen. Großwarenhäuser zum Beispiel bedürfen einer Stadt von mindestens 500 000 Einwohnern. Für Selbstbedienungsläden von 200 Quadratmeter Geschäftsgröße ist ein »Einzugsbereich« bis zu 200 Meter im Umkreis maßgebend.

[3] Gemeint ist hier nicht die Werbung in ihrer Funktion als Orientierungsmittel für interessierte Käufer, sondern in ihrer weiteren Funktion der Schaffung von Nachfrage.

[4] Ein wichtiges Gegenargument ist dieses: Durch Werbung wird Massenbedarf geweckt – dadurch kann aus einem ursprünglichen Luxusgut ein wesentlich billigeres, also dem alltäglichen Bedarf zugängliches werden. Das stimmt zweifellos. Ebenso stimmt, daß viele Menschen Beeinflussung brauchen, weil sie selbst gar nicht wissen, was sie in diesem Leben wollen. Trotzdem bleibt aufrecht: Es handelt sich hier um eine Kampfmaßnahme, nicht anders als bei räuberischem Erwerb.

[5] Diese Zahlen stammen vom VIII. Plenum des polnischen Zentralkomitees (1956), in dem Gomulka anprangerte, daß die Staatsgüter und Kolchosen zuwenig gut funktionierten. H. Gross in »Gegenwartsprobleme der Agrarökonomie«, hg. von A. Zottmann, Hamburg 1958, S. 131.

[6] So schrieb etwa Gerhard Uhlhorn, daß gemeinsamer Besitz die ursprüngliche, natürliche Ordnung sei, Privateigentum dagegen eine *Folge der Sünde*. (»Die christliche Liebestätigkeit in der alten Kirche«, 1882.)

II
Motivation

Der Mensch ist allerdings ein Säugetier, denn er saugt sehr viel Flüssigkeit in sich; das Männchen Wein und Bier, das Weibchen Kaffee. Der Mensch ist aber auch ein Fisch, denn er tut oft Unglaubliches mit kaltem Blute und hat auch Schuppen, die ihm zwar plötzlich, aber gewöhnlich zu spät von den Augen fallen.

Johann Nestroy,
»Die schlimmen Buben in der Schule« (1847)

Jetzt drängt sich mir oft die Frage auf, war das wirklich zu verhindern, was ich getan habe? Können wir tatsächlich alles selbst bestimmen, was wir tun?

Heinrich Pommerenke (1960),
vierfacher Frauenmörder

1

Der Mensch ist die Keimzelle der machtvollsten Energone, die sich auf unserem Planeten entfaltet haben. Gleichzeitig sind seine Wünsche, Bedürfnisse und Begierden die Existenzgrundlage für alle diese von ihm geschaffenen Energone. Er baut Fabriken auf: ihr Markt – ihre Erwerbsquelle – ist der menschliche Bedarf an diesen oder jenen Produkten. Er baut weltweite Handelsorganisationen auf; ihre Erwerbsquelle – ihr Markt – ist ein bestehender Bedarf an Gütervermittlung. Er baut Staatsgebilde von ungeheuren Machtpotentialen auf: die Existenzgrundlage für diese Strukturen ist ein bestehender Bedarf an solchen Organisationen – sei es als Hilfswerkzeug der Gesellschaft, sei es als Mittel für einzelne, um zu Machtstellungen zu gelangen.

Zwei Tendenzen, die in gegenseitiger Abhängigkeit stehen, ja einander zur Voraussetzung machen, liegen dieser gesamten Entwicklung zugrunde. Erstens sind es die den Menschen vorantreibenden Impulse, solche Erwerbskörper aufzubauen – um sich und die Familie ernähren zu können und sich Annehmlichkeiten zu schaffen. Zweitens macht dieser Energonaufbau und diese Suche nach Annehmlichkeiten die Leistungen anderer notwendig: ist also Erwerbsquelle für andere Energone.

Es ergibt sich hier eine entfernte Parallele zur gegenseitigen Abhängigkeit zwischen den Tieren und Pflanzen. So wie diese im ersten Evolutionsteil einander im großen gesehen zur Voraussetzung machen, kam es im zweiten zu der nicht minder entscheidenden Abhängigkeit zwischen Anbietern und Nachfragern. Ohne entsprechende Bedürfnisse war eine Entfaltung der über Tausch erwerbenden Berufstätigen und Betriebe nicht möglich – und ohne diese Energone nicht eine Befriedigung dieser Bedürfnisse.

Der Schlüssel zum Verständnis der zweiten Evolutionshälfte liegt somit in der Struktur Mensch: in den uns bewegenden Impulsen. Für diese aber sind die menschlichen Erwerbskörper gleichsam ein Spiegel. Wollen wir wissen, wie die menschlichen Wünsche beschaffen sind, dann brauchen wir bloß zu betrachten, was dem Menschen angeboten wird. Es wird zwar nicht selten auch angeboten, was nicht gewünscht, nicht benötigt wird, aber solche Energone gehen zwangsläufig bald zugrunde oder passen sich besser dem tatsächlichen Bedarf an. Im großen und ganzen spiegelt sich im Angebot die Nachfrage. Sämtliche menschlichen Erwerbskörper, die über Tausch erwerben, sind irgendwelchen bestehenden menschlichen Wünschen angepaßt *wie ein Schlüssel dem Schloß*. Wollen wir somit die Schlüssel verstehen, müssen wir die Schlösser betrachten, die menschlichen Wünsche: *die Motive menschlichen Handelns, menschlicher Entscheidungen.*

Von der Energontheorie her ist klar, wie bei dieser Untersuchung vorgegangen werden muß. Wir suchen nach der Ursache für Aktionen und Reaktionen – also für die Erklärung von Verhaltensweisen. Sind diese das Ergebnis von Erziehung und individueller Erfahrung, dann sind sie schwer zu erfassen, da diese Einflüsse und Erfahrungen sehr verschiedener Art sein mögen. Beruht dagegen ein Verhalten auf angeborenen Rezepten, dann sind Vergleiche mit den Tieren – besonders den Wirbeltieren – möglich, dann kann deren Verhalten uns mancherlei über das Zustandekommen der »Motive« unserer Handlungen und Energonbildung lehren.

Von entscheidender Bedeutung ist somit: Inwiefern ist das menschliche Verhalten noch durch angeborene Steuerungsstrukturen beeinflußt – und in diesem Sinne festgelegt, also *unfrei*? Und inwiefern sind wir für unser Verhalten individuell zuständig – inwiefern ist dieses *frei*?

Aus der Sicht der Evolution ist diese Fragestellung naheliegend. Trotzdem gibt es noch viele, die, in alten Denkschablonen verharrend, nicht einmal bereit sind, diese Art von Fragestellung anzuerkennen.

2

Die Erforschung der menschlichen Tätigkeiten – des menschlichen *Verhaltens* im weitesten Sinne – war bis vor kurzer Zeit im ausschließlichen Zuständigkeitsbereich von Wissenschaften, die mit der Naturforschung kaum eine nennenswerte Berührung hatten. Die Kultur-, Kunst-, Wirtschafts-, Staats- und Rechtswissenschaften, aber auch weitgehend die Soziologie, Psychologie und Philosophie machten den Menschen zum *Ausgangspunkt* ihrer Betrachtungen. Da unser Leben sich von jenem der Pflanzen und Tiere so kraß unterscheidet, war das naheliegend und erschien selbstverständlich. Dazu kamen noch einflußreiche religiöse Lehren, nach denen der Mensch von überirdischen Mächten persönlich eingesetzt, ja das Zentrum einer so gewollten »Schöpfung« ist.
All das führte dahin, daß man ausgehend vom menschlichen »Ich« das menschliche »Ich« zu ergründen versuchte – daß man mit Hilfe des Geistes eben diesen Geist zu verstehen sich bemühte. Naturwissenschaftlich betrachtet bedeutet das den Versuch unseres Zentralnervensystems, sich in Innenbetrachtung selbst bewerten und erforschen zu lassen. Von der Energontheorie her bedeutet es den Versuch, ein Werkzeug gegen sich selbst einzusetzen.
Manche Philosophen gingen so weit, in unserm »Ich«, unserm Denken und Fühlen, die eigentliche und einzige Realität zu sehen – und in unserer Umwelt etwas nicht wirklich Beweisbares.[1] Und verschiedene Glaubenslehren – vor allem der Buddhismus und das Christentum – erklären, dieses »Ich« (Bewußtsein, Denken, »Seele«) verbinde uns direkt mit der Ursache der Welt, sei somit ein von der übrigen Natur getrenntes Phänomen.
Von solchen Ausgangspunkten entwickelten sich allmählich die den Menschen betreffenden Begriffs- und Bewertungssysteme, aus dieser Sicht wurden Denkkategorien geschaffen und mit Wortbezeichnungen versehen. Die übrigen Lebewesen wurden nach anderen Maßstäben gemessen, die dort erkannten Zusammenhänge fanden

kaum Eingang in die Bewertung der den Menschen betreffenden Problematik.
Selbst die Abstammungslehre änderte nichts Grundsätzliches an dieser Einstellung, die sich wie jede einmal etablierte Betrachtungsweise hartnäckig erhält. Manche akzeptierten, daß wir aus dem Tierreich abstammen, andere akzeptierten es nicht, man interessierte sich nicht wirklich dafür. Selbst wenn es so ist, so sagte man sich, wird die Beurteilung des Menschen dadurch nicht wirklich betroffen. Ein Blick auf Mensch und Tier genügte, um eine weltenweite Kluft zu zeigen – eben im *Verhalten*. Körperlich bestanden große Übereinstimmungen, aber unser eigentliches Leben und dessen Motive waren einfach völlig anders. Gewiß, es waren ähnliche Triebe wirksam, doch das betraf gleichsam nur die Schale des Phänomens »Mensch«. Im Geistigen, Seelischen, über das Materielle weit Hinausgehenden sah man das Zentrum der uns betreffenden Probleme. So ist es noch heute – und so wird es noch längere Zeit bleiben. Zu einer andersartigen Beurteilung sind viele – grundsätzlich – gar nicht bereit. Und zwar deshalb, weil sie glauben, daß eine solche Betrachtungsweise uns in Abgründe des Materialismus stürzen müßte, daß alle unsere Kulturschöpfungen das bisherige Begriffsfundament zur Voraussetzung haben. *Right or wrong*, glauben sie die Fahne des »eigentlichen und echten Menschentums« hochhalten zu müssen.
Die Abstammungslehre – an der heute nicht mehr gezweifelt werden kann – zwingt indes zu einer anderen Betrachtungsweise. Gehen wir vom Menschen aus, dann machen wir das allerkomplizierteste und komplexeste Phänomen zum Ausgangspunkt. Und da wir selbst Menschen sind, ist dieser Ausgangspunkt alles eher als objektiv.[2] In diesem Sinne haben sich auch schon verschiedene Philosophen die Frage gestellt, ob denn das Werkzeug unserer Erkenntnis, unser Geist, wirklich geeignet ist, in direkter Betrachtung sich selbst zu erforschen. Weit objektiver sind wir dagegen den Pflanzen und den Tieren gegenüber.
Wenn sämtliche Organismen Teile einer einzigen großen Entwicklung sind, dann eröffnet sich eine ganz andere Möglichkeit, die Phänomene unseres Verhaltens zu erforschen – *und zwar auf einem großen Umweg*. Dieser Forschungsweg beginnt am extrem entgegengesetzten Punkt: bei den niedersten uns bekannten Organismen. Er

beginnt bei den einfachsten Lebenserscheinungen, bei den einfachsten Formen von »Verhalten«, und führt dann Stück um Stück den weiteren Entwicklungsweg empor.

In vergleichender Betrachtung wird dann deutlich, wie bei den Organismen zweckmäßige Abläufe zustande kommen und auf welche Wurzeln die schwerer durchschaubaren Phänomene im Verhalten der höheren Tiere zurückgehen. Von hier erst führt dieser Umweg schließlich zum Menschen. Diese Betrachtungsweise setzt nicht die *Besonderheit* des Menschen an den Anfang, sondern versucht zunächst das *Unbesondere* zu studieren, das sich als Weiterentwicklung des tierischen Verhaltens erklärt. Unser Gehirn erforscht sich dann nicht direkt selbst, sondern auf dem Umweg über seine historische Entwicklung. Wie diese verlaufen ist, läßt sich an Hand der heute lebenden Organismenarten recht gut rekonstruieren.[3] Die angeborenen Elemente werden so zuerst herausgesondert – und das im menschlichen Verhalten wirklich Neue und Typische wird so ermittelt. Diese Art der Forschung ist objektiv.

3

Die vergleichende Untersuchung tierischen Verhaltens erhielt durch Konrad Lorenz, Niko Timbergen und Erich von Holst ihre entscheidenden Impulse. Ihnen und ihren Schülern ist es in den letzten Jahrzehnten gelungen, die wichtigsten Phänomene im Instinktverhalten der höheren Tiere auf die Wirksamkeit weniger, überall sehr ähnlich arbeitender »Mechanismen« im Zentralnervensystem zurückzuführen. Einige wurden hier schon erwähnt, dazu kommen noch weitere. Nachfolgend ein kurzer Überblick:

- *Erstens:* »Angeborene Bewegungssteuerung« ist weit verbreitet. Wenn etwa ein Schmetterling aus der Puppe schlüpft, braucht er nicht erst fliegen zu lernen. Die dazu erforderlichen, recht komplizierten Befehle des Gehirns an die beteiligten Muskeln sind bereits koordiniert. Das dafür notwendige Koordinationsrezept wird vom Erbgut her ebenso aufgebaut wie das Gehirn, der Kopf, der ganze vielzellige Körper. Man spricht deshalb von »Erbkoordination«.
- *Zweitens:* Ebenso verbreitet ist »angeborenes Erkennen«. Sämtlichen höheren Tieren ist es möglich, aus der Vielheit auf sie ein-

flutender Sinneseindrücke ganz bestimmte Kombinationen herauszusondern – sie zu *erkennen*. Man spricht in diesem Fall von »Schlüsselreizen« oder, wenn es sich um ein Signal zwischen zwei Tieren handelt, um einen »Auslöser«. Beispiel: Das Stichlingsmännchen erkennt andere Stichlingsmännchen an nichts anderem als am roten Bauch. Auf eine Wachswurst, die unten rot bemalt ist, reagiert das Tier ebenso. Dreht man die Wurst um, so daß der Strich oben ist, dann reagiert der Stichling nicht. Die Gehirnzellen erbringen hier also eine datenverarbeitende Leistung. In der Regel ist solch angeborenes Erkennen einer Umweltsituation dann mit einem bestimmten Bewegungsvorgang gekoppelt. Beim Stichlingsmännchen löst der Schlüsselreiz »länglicher Körper, unten rot« Kampfverhalten aus.

● *Drittens:* Zwischen diese beiden angeborenen Leistungen eingeschaltet – und davon haben wir noch nicht gesprochen – liegen die »Triebe«. Viele Forscher teilten mit dem russischen Biologen Pawlow die Ansicht, daß sich jedes angeborene tierische Verhalten (Instinkt) zur Gänze auf Reflexe zurückführen ließe. Sie dachten: Das Tier spricht auf bestimmte Reize (»Reizsituation«) an – und reagiert daraufhin in ganz bestimmter Weise. So einfach ist es aber nicht. Zwischen dem motorischen und dem sensorischen Rezept ist noch ein drittes eingeschaltet: der Trieb. Er äußert sich – wieder stark vereinfacht – etwa so: Stößt das Tier längere Zeit nicht auf eine bestimmte Reizkombination, die es angeborenermaßen erkennt (etwa auf ein Beutetier oder einen Geschlechtspartner), dann wird es unruhig und beginnt aktiv nach dieser zu suchen. Es sucht dann etwa nach »Beute« oder dem »Geschlechtspartner« – genauer: nach den entsprechenden Schlüsselreizen oder Auslösern. Stößt das Tier nun auf solche, dann rollt sein Triebverhalten (Fressen, Paarung) ab. Stößt es immer noch nicht auf sie, dann kommt es vor, daß »die Erregung in andere Kanäle überspringt«. Das Tier führt dann seine Erbkoordination gleichsam in die »leere Luft« aus – oder eine andere, gar nicht zu diesem Instinktverhalten gehörende Erbkoordination rollt ab. Das Tier »reagiert so seinen Trieb ab«.

Diese Triebe sind veränderlich und führen gleichsam ein Eigenleben. Sind sie aktiv, dann sucht das Tier nur noch nach dem Schlüsselreiz, auf den sein Triebverhalten hinzielt. Ist der Trieb abreagiert, dann achtet es auf solche Schlüsselreize nicht mehr – und andere Triebe beherrschen sein Verhalten.

● *Viertens:* Manche angeborenen Verhaltensrezepte sind bei Geburt des Tieres noch nicht fertig entwickelt, sie reifen erst später heran, ähnlich wie manche Organe. Es sieht dann so aus, als hätte das Tier das betreffende Verhalten erst gelernt – in Wahrheit ist es ihm jedoch angeboren, reift bloß später heran. So glaubte man, daß Tauben das Fliegen erst lernen müßten; denn junge Tauben können noch nicht fliegen. Ein Experiment bewies jedoch das Gegenteil. Man zog junge Tauben mit gefesselten Flügeln auf, so daß sie diese nie verwenden konnten. Als sie erwachsen waren, löste man die Fesseln – und siehe da, sie konnten fliegen. Die Taube lernt also diese Fähigkeit nicht, sondern der vom Erbrezept bewirkte Aufbau der erforderlichen Steuerungsstruktur ist bei Schlüpfen dieses Vogels noch nicht fertig.

● *Fünftens:* Manche angeborenen Verhaltensrezepte sind nicht vollständig: ein bestimmter Sinneseindruck in einem bestimmten Zeitpunkt ihrer Entwicklung vollendet sie erst. Das ist etwa so, als wäre ein Kochrezept an sich vollständig, nur fehlten darin einige Daten, die noch eingesetzt werden müssen. So ist beispielsweise dem Entenküken die »Nachfolgereaktion« angeboren, wem das Tier jedoch nachfolgt, entscheiden die Sinneseindrücke in der 13. bis 16. Stunde nach dem Schlüpfen. Normalerweise sieht das Küken die Mutter – und folgt nunmehr der Mutter nach. Merkmale der Mutter werden dann also zum Schlüsselreiz, der dieses Verhalten auslöst. Zeigt man dagegen dem Küken – im Experiment – statt dessen einen roten Luftballon, dann folgte es weiterhin nur noch roten Luftballons. Die Mutter vermag dann keine Nachfolgereaktionen mehr auslösen.

Man nennt das »Prägung«. Einem an sich angeborenen Verhalten wird so noch ein fehlender Bestandteil hinzugefügt, *aufgeprägt*. Auf diese Weise wird bei manchen Tieren der Geschlechtspartner festgelegt. Zeigt man jungen Hähnen in ihrer »sensiblen Periode« statt anderen Hühnern nur Enten, dann balzen sie später, wenn sie geschlechtsreif werden, nur noch Entendamen an. Hühner sind dann für sie uninteressant.

● *Sechstens:* Viele Tiere können angeborene Verhaltensrezepte durch Lernen verfeinern oder überhaupt völlig neue Verhaltensrezepte aufbauen.

Der jungen Kröte ist angeboren, jeden sich bewegenden kleinen Gegenstand anzuspringen. Wird sie von einem Insekt gestochen, dann »assoziiert« sich dieser Sinneseindruck mit dem angeborenen Rezept. Künftig springt die Kröte ähnlich aussehende, sich bewegende kleine Körper nicht mehr an. Das ist also eine Verbesserung, eine Verfeinerung eines Schlüsselreizes. Dieser wird so mehr »differenziert«.
Lernt der Hund »Pfötchen geben«, dann ist das ein bereits zur Gänze *erworbenes,* also durch Lernen aufgebautes neues Verhaltensrezept. Es ist nicht vom Erbrezept her beeinflußt. Der Hund bildet die erforderliche Koordination unter Anleitung des Menschen, aber durchaus individuell (»Erwerbskoordination«). Das ist bereits eine niedere Intelligenzleistung.
● *Siebentens:* Auch solches Lernen ist nicht völlig »frei«. Es kann dem Tier auch angeboren sein, *was es bevorzugt lernen soll.* Darauf kam man erst durch eingehende Experimente.
So wird bei Buchfinken der arttypische Gesang im vierten bis sechsten Monat geprägt. Verhindert man in dieser Zeit, daß der junge Buchfink andere Buchfinken singen hört, und spielt man ihm statt dessen den Gesang anderer Vogelarten vor, dann singt er ein Jahr später, wenn seine Singfähigkeit einsetzt, wie diese anderen Arten. Spielt man ihm dagegen in dieser Zeit mehrere verschiedene Vogelgesänge vor *und darunter auch den Gesang von Buchfinken,* dann entscheidet er sich für diesen. Ein bedeutungsvoller Zusammenhang: Dem Organismus ist also angeboren, in welcher »Richtung« er sein Lernen bevorzugt entfaltet.

Lorenz wies schon sehr früh darauf hin, daß solche am Tier gewonnenen Erkenntnisse auch zum besseren Verständnis menschlichen Verhaltens herangezogen werden sollten. Er nannte dies »die wichtigste Aufgabe seines Forschungszweiges« und gab auch selbst zahlreiche Hinweise.[4] Trotzdem wagte man sich nur zögernd in das von den Geisteswissenschaften streng eingezäunte Gebiet »Mensch«. Zahlreiche Schriftsteller haben inzwischen die offensichtlichen Parallelen zwischen tierischem und menschlichem Verhalten zum Gegenstand »amüsanter« oder »provokativer« Schilderungen gemacht, die der noch jungen Forschungsrichtung nicht eben nützen konnten. Dort wird manches, was zunächst bloß Vermutung oder

gewagte Hypothese ist, als gesichertes Forschungsergebnis dargestellt.
Bewiesen ist einstweilen nur wenig, fast gar nichts. Die Schwierigkeit liegt im Experiment. Bei Tieren läßt sich feststellen, was angeboren und was erworben ist: die beiden Experimente mit den gefesselten Taubenjungen und mit den Buchfinken sind dafür Beispiele. Beim Menschen sind jedoch analoge Experimente – die sich über Jahre erstrecken müßten und meist die völlige Isolierung eines Kindes nötig machen würde – völlig ausgeschlossen. Anderseits sind manche Übereinstimmungen auch ohne Experimente recht deutlich zu sehen.
Ein wichtiges Argument kommt noch hinzu. Die vergleichenden Untersuchungen an Tieren haben gezeigt, daß die angeborenen Verhaltensrezepte recht »konservativ« sind. Im Laufe der Evolution haben sie sich, wenn sie überflüssig wurden, nur relativ langsam rückgebildet. Es gibt sogar Beispiele dafür, daß Organe sich rückgebildet haben, während die ihre Steuerung bewirkenden Nervenstrukturen immer noch funktionsfähig, ja aktiv sind. Das Tier führt dann Bewegungen aus, die sinnlos anmuten – und erst dann ihre Erklärung finden, wenn man nachweist, daß einmal ein zu ihrer Ausführung notwendiges Organ vorhanden war.[5] Das aber spricht deutlich dagegen, daß es beim Übergang vom Menschenaffen zum Urmenschen zu extremen Rückbildungen bei den Steuermechanismen gekommen ist. Diese Entwicklung nahm – wie wir heute wissen – nicht viel mehr als zwei Millionen Jahre in Anspruch: eine von der Evolution her gesehen eher geringe Zeitspanne.

4

Selbst bei großer Vorsicht und Zurückhaltung dürften folgende Behauptungen vertretbar sein:
Erbkoordinationen liegen beim Menschen nur noch wenige vor. Dem Säugling ist die Saugbewegung angeboren, ebenso Husten, Niesen, Weinen, Lächeln. Auch sonstige Grundelemente der menschlichen Mimik dürften weitgehend angeboren sein. Bei den höheren »Lerntieren« (Affen, Hunden, katzenartigen Raubtieren

usw.) liegen ebenfalls nur noch verhältnismäßig wenige Erbkoordinationen vor. Die vorteilhafte Fähigkeit des Lernens hatte eine Rückbildung der starr erbmäßig festgelegten Motorik zur Voraussetzung.

Angeborenes Erkennen dürfte das menschliche Verhalten in vielfacher Hinsicht beeinflussen. So löst bei uns geschwürige Haut eine Ekelreaktion aus. Biologisch ist das recht zweckmäßig, weil geschwürige Haut ein Zeichen für Krankheit ist. Diese zu erkennen und durch Abstandhalten Ansteckung zu vermeiden ist ein Vorteil. Interessant ist nun aber, daß wir diese Reaktion auch auf Tiere mit ähnlich aussehender Haut übertragen – so ekelt uns auch vor Kröten, deren Haut durchaus gesund ist.[6]

Lorenz hat festgestellt, daß bei unseren Haustieren die angeborenen Verhaltenssteuerungen weitgehend an Präzision verloren haben. Das heißt praktisch, daß ihre angeborenen Mechanismen des Erkennens auf viel mehr Reize ansprechen als bei den wild lebenden Vorfahren. Diese Mechanismen verloren an »Selektivität« – nach Lorenz eine Folgeerscheinung der Domestikation. Das gleiche Phänomen scheint auch beim Menschen eingetreten zu sein. Wir schirmen uns gegen die natürlichen Gefahren ab, setzen uns – etwa durch die Heilkunst – gegen die Wirkung der natürlichen Auslese zur Wehr. Der Mechanismus, der an sich bloß auf kranke Menschenhaut ansprechen soll, hat an Präzision verloren. Er spricht nun auch auf ähnliche Sinneseindrücke an – etwa auf die Krötenhaut.

Diese »Verlagerung« einer Reaktion ist recht unbedeutend, andere sind es jedoch nicht. So dürfte das menschliche Schönheitsempfinden in einem angeborenen Erkennen des harmonisch gebildeten und kraftvollen Andersgeschlechtlichen seine wichtigste Wurzel haben. Unter verschiedenen möglichen Partnern wählen wir bevorzugt den, »der uns am besten gefällt«, eine von der Vernunft aus nicht zu steuernden Reaktion. Biologisch war sie von Bedeutung, weil sich so das Harmonischeste und Kräftigste – also Gesündeste – bevorzugt fortpflanzt. Auch dieses angeborene Rezept des Erkennens verlor aber offenbar an Präzision und spricht heute auf ganz andere Objekte an, sofern sie den Schlüsselreizen unseres Schönheitsempfindens entfernt ähnlich sind. Was wir als »schön« empfinden, wäre somit nicht schön *an sich* – sondern bloß so geartet, daß es eben in uns diese angeborene Wertreaktion auslöst.[7]

Auch hier wird somit unser »freier Wille« in Frage gestellt. Nicht *wir* suchen dann nach dem Schönen – sondern das Schöne gewinnt Macht über uns. Viel spricht dafür, daß es im ethischen Bereich ähnlich ist. Die Reaktion der Empörung, wenn wir sehen, daß ein Kind mißhandelt wird, ist uns angeboren – ist »unbelehrbar«, wie Lorenz sagt. Eine solche Szene kann man sich im Film dutzendmal ansehen, und man spricht doch immer wieder auf sie an.[8]
Eine Verhaltensweise, die man in der Philosophie und in den Religionen meist als Besonderheit des Menschen ansah, wird also auf einen recht »mechanischen« Vorgang zurückgeführt. Rudelbildende Tiere zeigen die gleiche angeborene Reaktion – nur meist stärker. Nach Lorenz fällt sie unter jene Instinkte, die sich beim Menschen infolge seiner »Selbstdomestikation« schon früh rückgebildet haben. Somit ist diese Handlungsweise nicht ein edler Zug unseres freien Willens – oder Regung eines nur im Menschen befindlichen »Gewissens« –, sondern die angeborene Reaktion unseres Zentralnervensystems auf einen Schlüsselreiz. Wir reagieren mit dem Gefühl der Empörung – ob wir wollen oder nicht.[9]
Bei den Affen spielt die soziale Verteidigungsreaktion eine wichtige Rolle. Trifft eine Horde auf eine andere, dann geraten die Tiere in aggressive Stimmung und Kampfbereitschaft. Nach unserem herkömmlichen Denken und Bewerten erscheint es abwegig und geschmacklos, unsere Gefühle »nationaler Begeisterung« mit dieser Reaktion der Affen ernsthaft in Verbindung zu bringen. Sehr viel spricht jedoch dafür, daß hier wie dort der gleiche Nervenmechanismus am Werk ist. Die nationale Begeisterung – die meist Kriegen vorangeht – ist ein Phänomen, das sich kaum aus »vernünftigen« Denkprozessen erklären läßt.
Das gleiche gilt, ganz allgemein, für die mitreißende Wirkung, die Massen auf den einzelnen ausüben: von Sitten und Moden über Plünderungen bis zu Feiern, Karneval und so weiter. Hier werden Schichten im »Unterbewußtsein« angesprochen, über die sich der Betroffene nicht klar Rechenschaft geben kann. Eine »Stimmung« wird in ihm erzeugt. Durch die Handlungsweise anderer wird er zu eigener Handlungsweise gedrängt.
Das sind nur wenige Beispiele. Unser Verhalten dürfte noch weit mehr, als wir uns eingestehen wollen, durch angeborene Reaktionen auf bestimmte Schlüsselreize gesteuert sein.

5

Was die *Triebe* betrifft, so ist die Übereinstimmung noch deutlicher. Hunger, Durst, Geschlechtstrieb – aber auch Imponierdrang, Aggression und Angst äußern sich bei uns ebenso wie beim Tier. Durch unsere bewußten Denkprozesse, durch unser Ichbewußtsein kommen diese Triebe mit anderen Formen der Entschlußbildung in Kollision. Außerdem haben sie an »Präzision« verloren; sie machen uns unruhig, ohne uns immer klar zu zeigen, wohin sie uns drängen. Aus präzise arbeitenden Mechanismen beim Tier wurde beim Menschen mancher »dunkle Drang«, wie Goethe es nannte. Findet dieser keine adäquate Reizsituation, in der er sich abreagieren kann, dann springt auch er in »andere Bahnen über«. Darauf wies bereits Freud beim Geschlechtstrieb hin, der sich, wenn er keinen normalen Auslaß findet, auch in ganz anderer Tätigkeit – etwa künstlerischer – »sublimieren« kann.
Vor große Problematik stellt den Menschen der ihm ebenfalls angeborene und stark ausgeprägte Aggressionstrieb.[10] Bei unseren in Gruppen lebenden Vorfahren war er von hohem biologischem Wert. Durch Kämpfe innerhalb der Art verteilten sich die Artgenossen sehr gleichmäßig über den vorhandenen Erwerbsraum – ein Artvorteil. Im weiteren wurden durch solche Kämpfe die Stärksten ermittelt und so eine Rangordnung gebildet. Für die Ermittlung der Fähigsten zur Führung des Rudels war das wichtig. Beim Paarungsvorgang gelangten die stärksten, fähigsten Männchen bevorzugt an die Weibchen, konnten sich also bevorzugt fortpflanzen. In der zivilisierten menschlichen Gemeinschaft kann dieser Trieb, der nach wie vor ganz unkontrollierbar in Erscheinung tritt, sich nicht mehr entsprechend ausleben. Gereizte Stimmung und Ärger ohne eigentlichen Grund, mancher Streit und Scheidungsprozeß sind die Folge. Fußballkämpfe, Rennen, Kriminalfilme sind dann vielfach eine »Ersatzsituation« zur Abreaktion dieser »Impulse«.

6

Besondere Wichtigkeit erlangte für den Menschen der *Neugiertrieb*. Aus dem Gesichtswinkel der Geisteswissenschaften, die vom

Ich aus das Ich zu erforschen suchten, konnte man kaum darauf verfallen, in der menschlichen Neugier größere Besonderheit zu erblicken als in unseren ästhetischen und ethischen Wertungen.

Dieser Trieb ist für alle Lerntiere charakteristisch. Ihnen ist nur ein Teil der notwendigen Verhaltensrezepte angeboren, die übrigen erwerben sie in persönlicher Auseinandersetzung mit der Umwelt – während der Jugendzeit. Der Neugiertrieb – auch Spieltrieb genannt – drängt sie in dieser Periode zu einem aktiven Erkunden und Sicherproben. Jede junge Katze und jedes Menschenkind führt uns die Wirksamkeit dieses Instinktes deutlich vor Augen. Das »Spielen« ist nichts anderes als ein rastloses Sammeln von Erfahrungen, ein zielhaftes Erproben jeder nur erdenklichen Bewegung.

Beim Tier klingt dieser Trieb mit der Geschlechtsreife ab. Das Tier hat dann alle Fähigkeiten erworben, die es braucht. Beim Menschen – und hier liegt der bedeutsame Unterschied – ist es nicht so. Wir bleiben bis ins hohe Alter hinein am »Neuen« interessiert. Der Mensch bleibt »weltoffen«, wie Gehlen es nannte.[11]

Der Neugiertrieb war eine wichtige Voraussetzung für die Entfaltung des Menschen – für die Entfaltung der vom Menschen gebildeten Energone. Diese »Keimzelle« bewahrt ihre spielerische Bereitschaft, sich an Neuem zu versuchen – neue Verhaltens- und Aufbaurezepte zu bilden. Während jedes Tier an einen bestimmten Lebensraum gefesselt bleibt, erobert und schafft sich der Mensch neue Lebensräume. Indem er seinem Körper künstliche Organe anfügt, indem er sich mit anderen zu mannigfachen organisierten Komplexen zusammenschließt, bildet er immer neue, immer mächtigere Energone. Nun steigert sich die geistige Kraft des Menschen bis ins Alter; um so wichtiger ist es, daß uns die Bereitschaft, der Drang, diese Kräfte für immer neue Versuche einzusetzen, erhalten bleibt.

Der Neugiertrieb hat den ganzen zweiten Teil der Evolution maßgebend vorangetrieben. Die einzelnen Fortschritte waren wohl Intelligenzleistungen. Aber hinter diesen stand der uns angeborene Drang, eben diese Intelligenz zu aktivieren und zu entfalten, sie zur Erprobung neuer Möglichkeiten zu veranlassen. Selbst das lustvolle Spiel mit Gedanken und Vorstellungen, das »Pläne schmieden« und »Luftschlösser bauen«, dürfte von dieser Triebkraft »angeheizt« sein.

Besonders deutlich manifestiert sich diese Kraft in der Forschung, im Entdeckertum, in der Abenteuerlust. Im Alltagsleben zeigt sie sich darin, daß Menschen überall stehenbleiben, wo es etwas »Ungewöhnliches« zu sehen gibt; daß Sportleute sich in neuen Aufgaben erproben; daß wir weit mehr lesen und plaudern, als eigentlich für uns nötig ist; daß Theater, Kino und Fernsehen uns magisch anziehen; kurz, daß uns die Auseinandersetzung mit dem Neuen bis ins hohe Alter hinein positive Gefühle beschert.

7

Damit sind wir an einem wichtigen Punkt angelangt. Bei den Tieren können wir bloß vermuten, daß ihnen jede Trieberfüllung angenehme Gefühle vermittelt – bei uns selbst wissen wir es.
Befriedigen wir unseren Hunger, unseren Durst, unseren Geschlechtstrieb, unseren Trieb nach Sicherheit, unseren Geltungsdrang, unseren Aggressionstrieb, dann bereitet uns das Genuß. Diese positiven Gefühle – ursprünglich eine notwendige Beigabe – machte der bewußt denkende Mensch zum Zentrum seines Interesses. Wir essen längst nicht mehr bloß, um uns Energie und Stoffe zuzuführen, sondern bereiten unsere Speisen so zu, daß sie uns »gut schmecken«, also erhöhten Genuß vermitteln. Das gleiche gilt für Getränke. Der Atemvorgang wird zur Lustgewinnung durch Rauchen benützt. Die Geschlechtsbeziehung – um ihrer selbst willen – und die Schönheitssuche – um ihrer selbst willen – sind zum Zentrum unserer Kultur geworden. Die Freuden, die der Brutpflegetrieb vermitteln kann, sind das Zentrum der familiären Freuden im Heim. Die Befriedigung, etwas zu gelten, zu imponieren, sich körperlich, geistig, machtmäßig, kulturell über andere zu erheben, ihnen zu gefallen, sie zu beeindrucken, ist eine der Zentralkräfte für das menschliche Vorwärtsstreben.
Die Lust-Unlust-Erzeugung, der wir unser so reiches »Gefühlsleben« verdanken, ist der die Evolution eigentlich vorantreibende Mechanismus – und muß sich demgemäß schon sehr früh entwickelt haben. Auch sie ist eine Funktion, auch sie muß an entsprechende Funktionsträger geknüpft sein. Wie diese im einzelnen beschaffen

sind, wissen wir noch nicht. Bei den vielzelligen Tieren ist diese Fähigkeit im Zentralnervensystem verankert. Die meisten angeborenen Verhaltensweisen werden durch Begleiterscheinungen, die das Tier anstrebt, »belohnt«, ihre Nichterfüllung durch solche, die es zu vermeiden sucht, »bestraft«. Selbst bei den Pflanzen mag es ähnliche – nur eben nicht beobachtbare – »Korrelate« geben.
Der ichbewußte Mensch strebt die ihm »Lust« bringenden Empfindungen um ihrer selbst willen an, ja er züchtet sie. Die »Triebinventare« sind nicht bei jedem gleich. Bei dem einen ist dieser, beim anderen jener Trieb stärker entwickelt, schenkt ihm, bei Erfüllung, mehr Befriedigung, Genuß, Glück, Lust – oder wie wir es sonst nennen. Alle diese für den Menschen erreichbaren positiven Empfindungen sind letztlich die ihn zur Energonbildung antreibende Kraft. Ließen sie sich – etwa durch eine Droge – beseitigen, dann würde das himmelsstürmende Gerüst unseres Fortschritts wie ein Kartenhaus in sich zusammenfallen.
Und zwar nicht nur, weil der eigentliche Impuls zur Anstrengung verlorenginge, sondern auch deshalb, weil für alle tauschenden Energone (und das sind ja die meisten) eben diese Lust-Unlust-Unterscheidung die Existenzbasis darstellt. Ohne Bedarf gibt es keinen Absatz – und ohne die Lust-Unlust-Mechanismen keinen Bedarf.
Schon in der ersten Phase der Evolution war somit diese Beigabe zu den Trieben eine entscheidende Funktion. Im zweiten Evolutionsteil wurde sie dann – *in doppelter Hinsicht* – zur Voraussetzung für die weitere Entfaltung.

8

Aus angeborenen Verhaltensweisen stammt aber nur ein Teil der menschlichen Impulse. Nicht minder viele stammen aus *erworbenen,* über Erziehung, Tradition und eigene Erfahrung in uns einfließendem Verhalten. Was wir »Gewohnheit« nennen, ist ein den Trieben äußerst ähnliches Phänomen. Grob gesprochen kann man die Gewohnheiten »erworbene Triebe« nennen.[12]
Sind Gewohnheiten erst gebildet – das weiß wohl jeder aus eigener

Erfahrung –, dann üben sie auf uns einen Zwang aus. Hat man sich an bestimmte Lebensformen gewöhnt, dann drängen diese zur Wiederholung, bringen Unbehagen, ja Schmerz, wenn wir ihnen entsagen müssen. Haben wir uns an gutes Essen, Alkohol oder Zigaretten gewöhnt, dann ist unser Wille längst nicht mehr frei, wenn wir immer wieder nach den Empfindungen, die sie uns vermitteln, streben.

Auch hier tritt wieder die eminente Bedeutung der menschlichen »Phantasie« in Erscheinung. Auch in unserem Geist können wir »Gewohnheiten« bilden: Pläne, Wunschvorstellungen, die sich in uns verankern, festfressen und die uns, wenn sie nicht fortgesetzt werden können, äußerste Unlustgefühle vermitteln. Das ist bei allen »Illusionen« der Fall, wenn man sie aufgeben muß.

Der menschliche Neugiertrieb ist gleichsam Antagonist zu den Gewohnheiten. Während uns diese in eingefahrene Verhaltenswege zwingen, eifert er uns dazu an, sie allenfalls wieder zu verlassen. Auch dieses Wechselspiel war eine wichtige Voraussetzung für die Entfaltung der vom Menschen gebildeten Energone. Einerseits war es wichtig, daß das einmal Erreichte beibehalten und gefestigt wurde: das ist die konservative Tendenz. Anderseits aber war es nicht minder wichtig, daß zumindest einige auch wieder aus dem Bestehenden ausbrachen, die selbstgeschmiedeten Fesseln abstreiften, sich in Neuland vorwagten.

Ganz ebenso wie die Triebe vermitteln auch die Gewohnheiten Lustgefühle und Unlustgefühle: erstere, wenn wir ihnen entsprechen, letztere, wenn wir daran gehindert werden. Mehr noch als die Gewohnheitsbildung des einzelnen fallen jedoch »Gewohnheiten« der Gemeinschaften ins Gewicht. Wir nennen sie: Sitte, Brauchtum, Tradition, Kultur. Diese Gemeinschaftsgewohnheiten halten sich über Generationen, ja über Jahrhunderte. Auch etablierte Lehren gehören dazu: etwa Religionen und Weltanschauungen. Sie beeinflussen – als festgefahrene Lebensregeln – die Handlungen des einzelnen, machen ihn unfrei. Anderseits ersparen sie ihm eigene Entschlußbildung und schenken ihm Gefühle der Sicherheit, des Geborgenseins, der Befriedigung, des Vergnügens.

An bestimmten Tagen werden bestimmte Feste gefeiert. Die Hauptpunkte im menschlichen Leben: Erfolg, Ehe, Geburt, Vergnügen, Tod, werden weitgehend in den Geleisen von Gemeinschaftsgewohnheiten abgewickelt. Sie sind ebenfalls starr, drängen den einzelnen in bestimmte Richtungen. Auch sie, ebenso wie die Triebe, »belohnen« und »bestrafen«. Auch sie machen unseren Willen *unfrei*.

9

Das Phänomen der »Prägung« dürfte beim Menschen ebenfalls eine wichtige Rolle spielen. Schon Freud wies es nach. Er stellte fest, daß in der frühen Kindheit »sensible Perioden« dafür verantwortlich sind, daß äußere Einflüsse Prägekraft erhalten und die Verhaltensstruktur des Menschen für sein weiteres Leben in wichtigen Punkten festlegen.
So braucht das Menschenkind zwischen dem ersten und dritten Jahr einen erwachsenen Partner, an den es sich gefühlsmäßig – »seelisch« – anschließen kann. Normalerweise ist es die Mutter, doch können es auch ebensogut andere Personen sein. Ist dem Kind diese »Reizsituation« versagt – etwa bei hospitalisierten Kindern, wenn die Schwestern häufig wechseln –, dann wirkt sich das auf das ganze Leben schädigend aus. Die Bildung des »Urvertrauens« wird unterbunden, die Kinder – sofern sie nicht überhaupt sterben – zeigen sich im weiteren Leben »kontaktgestört«.[13]
Zwischen dem dritten und fünften Lebensjahr – Freud nannte diese Spanne »ödipale Periode« – wird das spätere geschlechtliche Verhalten beeinflußt oder sogar festgelegt. Nach den Ergebnissen der Psychoanalyse können hier durch Einwirkungen der Umwelt – besonders der Eltern – sexuelle Störungen im späteren Leben, auch Homosexualität, verursacht werden.
In der Pubertät formen die Kinder ihre ethischen Ideale. Was ihnen in dieser Zeit aufgeprägt wird, können sie meist im späteren Leben nicht völlig überwinden. Auch in dieser »sensiblen Phase« werden die sich bildenden Nervenstrukturen offenbar nachhaltig beeinflußt.
Bei den Tieren sind Prägungen »irreversibel« – sie lassen sich im späteren Leben nicht mehr korrigieren. Der auf Entendamen geprägte Hahn kann nicht mehr zu Liebeshandlungen mit Hühnerdamen veranlaßt werden. Beim Menschen – wohl nicht zuletzt auf

Grund der Denkleistungen – ist diese Fixierung weniger starr. Auch hier können irreversible Ausrichtungen oder Schädigungen in der Verhaltenssteuerung eintreten, doch viele können durch geeignete »Behandlung« wieder gemildert oder wettgemacht werden. Daß jedoch bei uns wie bei den Tieren der gleiche Wirkungszusammenhang vorliegt, dürfte kaum mehr zu bezweifeln sein.

Besonders interessant ist das Phänomen der »angeborenen Lerndispositionen«. Der Buchfink – aber auch andere Vogelarten, etwa Nachtigallen – wählt unter mehreren Gesängen den arteigenen aus. Solchen Tieren ist also das Unterscheidungsvermögen erblich mitgegeben, was sie bevorzugt lernen sollen.

Ist dieses Phänomen auch noch beim Menschen da? Erklärt es auch *Tendenzen* unseres Verhaltens?

Hier liegt Neuland für weitere Untersuchungen. Auffallend ist, daß sich bei sehr vielen Völkern – ganz unabhängig voneinander – ähnliche Verhaltensstrukturen entwickelten. Denken wir an eine ganz allgemeine: die Vorliebe des Menschen für Zeremonien, für regelmäßige Anordnungen und Abläufe. Da Ordnung ein so wichtiges Werkzeug für den menschlichen Fortschritt ist, wäre die Ausbildung einer solchen angeborenen Tendenz zweifellos bilanzfördernd gewesen – hätte also »positiven Auslesewert« gehabt.

Es ist nicht unmöglich, daß dem Menschen auch manche Richtlinien dafür angeboren sind, was er bevorzugt lernt.

10

Lorenz sprach von einem »Parlament der Instinkte«. Ein sehr anschaulicher Vergleich, der besonders auf die Triebe zutrifft. Gemeinsam mit den erworbenen Trieben, »Gewohnheiten« genannt, erheben sie innerhalb der steuernden Zentrale gleichsam ihre »Stimme«, und je nachdem, welcher der »Abgeordneten« gerade der stärkste ist, setzt sich dieser oder jener durch und übernimmt – oder beeinflußt – für eine Weile die Steuerungen des Körpers.[14]

Das bewußte Ich – das beim Menschen als »oberste« Steuerungseinheit hinzukam – wird aus dieser Perspektive zu einem bloßen Handlanger.[15] Es setzt seine Fähigkeiten dazu ein, den Hunger zu stillen, einen Geschlechtspartner zu gewinnen, sich durch Erfolg Genuß zu verschaffen, Gewohnheiten zu befriedigen, Gesellschaftsnormen zu entsprechen. Wir sagen: »Ich bin frei.« Wenn wir »wollen«, können wir einen Schritt nach rechts oder links machen, nichts in der Welt kann es uns verbieten. Betrachten wir uns – oder andere Menschen – über eine längere Zeitspanne hinweg, dann schrumpft diese »Freiheit« erheblich zusammen.

Je nach seiner »Ausstattung« mit angeborenen oder erworbenen Trieben verläuft das Leben des einzelnen in diese oder jene Richtung, hinter dem »Willen« stehen sehr viele wirksame Kräfte.

Im Prinzip freilich hat das Ich durchaus die Möglichkeit, alle diese Kräfte in seine Kontrolle zu bringen – wie Pferde, die vor einen Wagen gespannt sind. Diese Kontrolle muß nicht darin bestehen, sie zu unterdrücken, sondern kann sich ihrer derart bedienen, daß ein eigenes, selbstgeformtes Leitungsprinzip alle diese Kräfte koordiniert, »in Harmonie bringt«.[16]

Ein Mensch, der dies erreicht, kann – aus menschlicher Perspektive – als »frei« bezeichnet werden. Seine Gesamtkoordination ist von ihm selbst geschaffen. Sein Wille ist in diesem Sinne »frei«.

Von der Gesamtevolution her betrachtet, ist jedoch auch diese Freiheit noch zweifelhaft. Denn den stärksten Motor der Lebensentwicklung, das Lust-Unlust-Prinzip, kann auch dieser Mensch nicht überwinden. Selbst beim Asketen, der sich alle Lust verbietet und sich zu intensiver Unlust zwingt, bleibt fraglich, inwiefern er nicht so geartet ist, daß ihn gerade das wieder glücklich und zufrieden macht. Durch Domestikation und Verknüpfung mit unserem bewußten Denken wurden die menschlichen Triebe sehr komplex. Fast jede Tendenz kann sich hier mit positiv getönten Innenerlebnissen, also mit letztlich anstrebenswerten »Gefühlen« verbinden.

Vom Lebensstrom her war manches in dieser wachsenden Komplizierung vorteilhaft, anderes nicht. Wir kehren nun wieder zu dieser ferneren Perspektive zurück: zur Gesamtentwicklung.

Die mächtigsten Energone, die überhaupt je entstanden, waren die sogenannten »Staaten«.

Anmerkungen
[1] Besonders vertraten diese Ansicht G. Berkeley, John Locke und David Hume (zwischen 1670 und 1770), aber auch Kant und Schopenhauer (1780–1860).

² »Man beruft sich häufig auf sein Gefühl, wenn die Gründe ausgehen«, sagte sehr treffend Pascal.
³ Schon Goethe äußerte den Gedanken, man sollte die Betrachtungen nicht »von oben her anstellen und den Menschen im Tiere suchen«, sondern »von unten herauf anfangen und das einfachere Tier im zusammengesetzten Menschen endlich wieder entdecken«. (»Vorträge über die drei ersten Kapitel des Entwurfs einer allgemeinen Einleitung in die vergleichende Anatomie, ausgehend von der Osteologie« [1796].)
⁴ Besonders aufschlußreich ist seine Schrift »Ganzheit und Teil in der tierischen und menschlichen Gemeinschaft« (1950), enthalten in der Sammlung »Über tierisches und menschliches Verhalten«, München 1965.
⁵ Ein Beispiel ist etwa das Drohen der Hirsche. Sie ziehen die Lippen hoch und entblößen so ihre Eckzähne – die jedoch längst keine Waffen mehr sind. Sie sind rückgebildet, während Verwandte – etwa der Muntjak – noch über dolchartige obere Eckzähne verfügen. Die Bewegungskoordination hat sich hier länger erhalten als das Organ, auf das sie sich bezieht. Ein anderes Beispiel: Kuckucksmännchen überreichen im Paarungsvorspiel dem Weibchen Nestbaumaterial – genauer: sie führen die hierfür typischen Bewegungen aus (ohne Nestbaumaterial tatsächlich in den Schnabel zu nehmen). Die Bewegungskoordination stammt noch von Vorfahren, die Nester bauten – bezieht sich also auf die gemeinschaftliche Bildung eines *künstlichen Organs*. Dieses wird nun beim Kuckuck, der als Nestparasit fremde Vögel seine Eier ausbrüten läßt und somit keine eigenen Nester mehr baut, überflüssig. Die Bewegungskoordination blieb jedoch erhalten, ja gewann im Ritual des Paarungszeremoniells eine neue Bedeutung – ein Beispiel für Funktionswechsel.
⁶ Manche vermuten, daß unsere Vorliebe für glatte, fehlerfreie Flächen, etwa sauber gestrichene Hauswände, sich ebenfalls aus dieser Wurzel erklärt. Das ist ein Beispiel für die Art von Schlußfolgerungen, die heute in so großer Zahl gemacht werden. Unmöglich ist es nicht, daß tatsächlich ein solcher Zusammenhang besteht – es ist aber bloß eine Vermutung. Andere Wurzeln mögen hier nicht minder von Einfluß sein: etwa der beim Tier stark ausgeprägte und beim Menschen ebenfalls noch vorhandene Reinlichkeitstrieb.
⁷ Hier ist bloß von *Grundelementen* der Bewertung die Rede. Ohne Zweifel wird das menschliche Schönheitsempfinden auch weitgehend von Erziehung und Tradition beeinflußt.
⁸ Mancher wird hier einwenden, daß es auch Menschen gibt, die diese Reaktion nicht zeigen. Das aber besagt wenig: die Ausprägung der einzelnen Instinkte und Instinktresiduen ist beim Menschen recht variabel, und es gibt – besonders da die Heilkunst alles am Leben zu erhalten bemüht ist – auch bereits eine Unzahl von »Abnormitäten«. Hier sollen nur ganz allgemeine Tendenzen aufgezeigt werden, die sich statistisch deutlich zu erkennen geben.
⁹ Selbstredend können Intelligenz und persönliche Wertungen solche Reaktionen verstärken, abschwächen oder auch völlig unterbinden. Worauf es hier ankommt, ist nicht die tatsächlich erfolgende Handlungsweise, sondern der spontan aufwallende, uns in eine spezifische »Gestimmtheit« versetzende und zu einer Handlungsweise drängende »Impuls«.
¹⁰ Darüber schrieb K. Lorenz ausführlich in »Das sogenannte Böse«, Wien 1966.
¹¹ A. Gehlen, »Der Mensch«, Berlin 1940.
¹² Schon Aristoteles nannte sie des Menschen »zweite Natur«.
¹³ Einzelheiten finden sich bei R. A. Spitz, »Hospitalism«, Internat. Univ. Press, New York 1945, und bei J. Bowlby, »Maternal Care and Mental Health«, World Health Organ., Monogr. Ser. 2, 1952.

[14] Bereits Spinoza hat das erkannt. Er schrieb, eine Begierde, die nur auf einen oder einige Körperteile Bezug hat, »nimmt keine Rücksicht auf den Nutzen des ganzen Menschen« (Ethik IV, 60).

[15] Schopenhauer bezeichnete den Intellekt als einen »Diener der Begierden«.

[16] In diese Gesamtkoordination muß freilich auch die Wandlungsbereitschaft mit eingebaut sein. Denn wer von den eigenen Prinzipien »geritten« wird, ist nicht mehr selbst der »Reiter«. Da die Weltentwicklung in dauerndem Fluß ist, kann die für einen Menschen »perfekte« (optimale) Harmonie – die ja nach Triebinventar und Umwelt höchst verschieden aussehen kann – meist nicht von Veränderungen völlig unberührt bleiben.

III
Die vier Gestalten des Staates

> *Der Staat, das bin ich!*
> Ludwig XIV. (1638–1715)
> *Woran erkenn' ich den besten Staat? Woran du die beste Frau kennst. – Daran, mein Freund, daß man von beiden nicht spricht.*
> Friedrich Schiller (1759–1805)
> *Der moderne Staat ist ein untermenschliches Wesen, mit einem riesigen Leib und einem winzigen Kopf, mit einem unstillbaren Hunger nach Geld und Macht und sehr wenig Vernunft, sehr wenig Gewissen, sehr wenig Charakter.*
> Richard Coudenhove-Kalergi (1937)
> *Der Staat wird nicht abgeschafft, er stirbt ab.*
> Friedrich Engels (1893)

1

Zahlreiche Staatstheoretiker sahen den Staat durch eine »Herrschaft« definiert, die von allen untergebenen Individuen und Verbänden Gehorsam erzwingen kann. Sie sahen im Staat »einen durch Herrschaftsorganisation bewirkten Verband«. Je nach Art und Zustandekommen dieser Herrschaft kann dann in »herrschaftsbejahende« und »herrschaftsduldende« Verbände (Staatsvölker) unterschieden werden.

Andere sahen in der Rechtsordnung das den Staat Konstituierende. In diesem Sinne sah H. Kelsen im Staat »die Einheit eines Systems von Normen, die regeln, unter welchen Bedingungen ein bestimmter Zwang von Mensch zu Mensch geübt werden solle«.[1] Der Staat ist demnach »ein Volk, das durch sein Recht zur Einheit gebildet ist« (J. Binder). Oder noch präziser: »Rechtsordnung schafft Staat« (A. Finger).

Die Organologen wollten unter Staat eine nicht nur im juristischen, sondern »auch im soziologisch-realwissenschaftlichen Sinne wollende und handelnde Einheit« verstanden wissen. Für sie war der Staat ein den Tieren und Pflanzen vergleichbarer Organismus: »ein Lebewesen von höherer, geistig-sittlicher Ordnung«. Leopold von

Ranke schrieb: »In der Macht an sich erscheint ein geistiges Wesen, ein ursprünglicher Genius, der sein eigenes Leben hat, mehr oder minder eigentümliche Bedingungen erfüllt und sich einen *Wirkungskreis* bildet.«
Das Phänomen der Macht machten auch andere Denker zum Zentrum ihrer Beurteilung. Die Machttheorie in der Staatslehre definiert: »Staat ist Macht«. »Macht zu sein ist primärer und begriffsnotwendiger Zweck des Staates.«[2] So dachte auch Bismarck, als er erklärte: »Die einzige gesunde Grundlage eines großen Staates ist der staatliche Egoismus und nicht die Romantik.« Daraus ergibt sich dann allerdings »die fundamentale Frage, im Dienste welcher *Zwecke* die Staatsgewalt ihre Macht anwenden solle«.[3] Hegel ging hier so weit, daß er die Machterweiterung und Kriegspolitik zum »unmittelbaren und gesollten Zweck des Staates« erhob. Er forderte den Krieg, wenn allzu lange Friedenszeit die Bevölkerung »in Selbstsucht und Erwerbsgier« habe versinken lassen.[4]
Wieder andere erblickten im Staat ein Instrument zur Unterdrückung von Unterjochten. Franz Oppenheimer schrieb, der Staat wäre »eine gesellschaftliche Einrichtung, die von einer siegreichen Menschengruppe einer besiegten Menschengruppe aufgezwungen wurde, mit dem einzigen Zweck, die Herrschaft der ersten über die letzte zu regeln und gegen innere Aufstände und äußere Angriffe zu sichern«.[5] Noch präziser formulierte dies Karl Marx: »Die moderne Staatsgewalt ist nur ein Ausschuß, der die gemeinschaftlichen Geschäfte der ganzen Bourgeoisie-Klasse verwaltet.«[6]
Begrifflich ist man darüber verschiedener Ansicht, ob bereits die unseßhaft umherziehende Horde als Staat angesehen werden kann oder ob ein festes Staatsgebiet zum Kriterium des »Staates« gehört. Je nach der Größe unterscheidet man in: Horde, Hordenverband, Stamm, Stammesverwandtschaft, Staat, Staatenbund.
Neben dem »Staatsvolk« und dem »Staatsgebiet« betrachtet man als wichtigste Merkmale des Staates die »Staatsgewalt« und »Staatsverfassung«. Vom »Staatszweck« her gesehen dient der *Gewaltstaat* den Interessen eines Individuums oder einer Gruppe. Die Staatsbürger werden dort »Teil und Mittel des Staates«. Das andere Extrem ist der *Sicherheitsstaat*. Hier ist der Staat bloß ein »nützliches Mittel gegenwärtiger Individualzwecke«. Wie Prince Smith sagte, ist er dann »ein Produzent von Sicherheit«. Lassalle, der diese

Staatsform verhöhnte, meinte, er hätte dann nichts anderes zu leisten als einen »Nachtwächterdienst im Wirtschaftsleben«.
Der moderne *Rechtsstaat* stellt in den Vordergrund: Ordnung, Freiheit, Wirtschaftsblüte, Kulturveredelung, soziale Gerechtigkeit, nationale Einheit. Die Freiheit des einzelnen wird durch die »Staatsräson« mannigfach eingeengt. Im *Wohlfahrtsstaat* geht dieser Einfluß noch weiter.
Je nach der »Normbildung für die Tätigkeit des obersten Staatsorganes« spricht man von »absoluten« und »konstitutionellen« Staaten. Sind diese Normen – diese Verhaltensvorschriften – aufs äußerste beschränkt, dann spricht man von »liberalen«, sind sie tiefgreifend und streng, von »autoritären« Staaten. Je nach der Regierungsart unterteilt man in: Monarchien, Aristokratien, Demokratien. Je nach dem Einfluß einzelner Gruppen auf das Staatsleben ergeben sich wieder andere Unterteilungen: In den »Theokratien« herrscht die Priesterschaft, in den »Plutokratien« das Kapitel, in den »Bürokratien« das Beamtentum, in den »Feudalstaaten« die Grundeigentümer, in den »Ergokratien« Berufsvereinigungen (das war etwa bei den Zünften der Fall), im »Parteistaat« herrscht eine Partei, in den »Polykratien« rivalisieren mehrere gleich starke Gesellschaftsgruppen.
Bei allen diesen Betrachtungsweisen wurde meist eines nicht in Frage gestellt, nämlich: ob das, was wir unter der Bezeichnung »Staat« zusammenfassen, überhaupt zusammengefaßt werden darf.[7]

2

Wie der Leser gesehen hat, faßt die Energontheorie sehr oft Erscheinungen, die man bisher als voneinander völlig verschieden ansah, in gemeinsame Begriffskategorien zusammen.
Bei anderen – und zu einer solchen Erscheinung sind wir jetzt gekommen – ist es aber gerade umgekehrt. Hier führt diese Theorie zur Aufsplitterung eines Begriffes, den man bisher als gerechtfertigte, ja selbstverständliche Einheit ansah.
Von der Energontheorie her stellt sich das Phänomen »Staat« als ein Gemisch von vier verschiedenen Grundstrukturen dar. Ich stelle sie im folgenden als rein theoretische Modelle vor: der Staat

als Gemeinschaftsorgan, als Berufskörper, als Erwerbsorganisation und als Erwerbsorgan. Die Reihenfolge ist dabei irrelevant: sie hat mit dem tatsächlichen, historischen Auftreten dieser Erscheinungen nichts zu tun. Keines dieser Modelle ist wohl je völlig »rein« in Erscheinung getreten. Die meisten Staatsformen lassen sich zwar deutlich dem einen oder anderen zuordnen, doch sind dann fast immer auch Elemente der übrigen drei nachweisbar. Es müssen also stets alle vier Maßstäbe bei der Beurteilung berücksichtigt werden.
Das klingt komplizierter, als es tatsächlich ist.

3

Erstes Modell: *der Staat als Gemeinschaftsorgan.*
Die Prämissen für dieses Modell haben wir bereits besprochen. Die vom Menschen aufgebauten Energone sind weitgehend aus »künstlichen Organen« aufgebaut, ihre Macht stützt sich auf »nichtverwachsene Funktionsträger«. Der Schutz dieser Einheiten – wie auch der Gesamtschutz der Erwerbsräume – kann wirkungsvoll nur durch entsprechende starke Gemeinschaftsorgane erfolgen (Heer, Polizei, Gerichte usw.). Solche Gemeinschaftsorgane waren somit eine Voraussetzung für diese Entwicklung (vgl. Band 2, S. 66).
Ebenso kann Arbeitsteilung und Erwerb durch Tausch nur innerhalb organisierter Gemeinwesen stattfinden. Bricht das Chaos aus, dann mag noch der Landwirt überleben, der Versicherungsagent oder Hersteller von Kinderschaukelpferden verliert dagegen seine Erwerbsbasis. Ebenso macht auch die Ordnung aller Tauschbeziehungen und Rechtsübertragungen eine übergeordnete, legalisierende, entscheidende und schützende Instanz notwendig. Das war die Voraussetzung für die erste Erscheinungsform »Staat«.
In unserem ersten Modell ist der Staat ein großes, für alle menschlichen Erwerbskörper unbedingt notwendiges Gemeinschaftsorgan des Schutzes. Die Tatsache, daß dieses Organ millionenmal größer sein kann als das Energon, dem es dient, darf dabei nicht stören. Das Auto ist ein künstliches Organ der Fortbewegung und bereits größer als wir selbst. Wenn wir es benützen, sind wir zur Gänze von diesem umschlossen. Noch größer ist ein Eisenbahnzug oder ein

Flugzeug. *Ein Funktionsträger ist nicht durch seine Größe, sondern durch seine Leistung definiert.* Er mag schließlich die ganze Welt umspannen – wie etwa die Postorganisation – und ist trotzdem Organ des Einzelmenschen.

Bei jedem Funktionsträger kommt es darauf an, daß er seine Leistung möglichst billig, präzise und schnell erbringt. Sein notwendiges »Aussehen« – also die für ihn zweckmäßige raum-zeitliche Struktur – ergibt sich aus der zu erfüllenden Funktion.

Überlegen wir uns also, wie dieser erste Typ von »Staat« – der nichts anderes sein soll als ein Gemeinschafts-Funktionsträger des Schutzes – notwendigerweise aussehen muß beziehungsweise wie er im Idealfall aussehen soll.

Zu unterscheiden ist funktionell zwischen dem Schutz innerhalb des Staatsgebietes (Gesamterwerbsraum) und jenem des Staatsganzen nach außen hin. Wir beginnen mit dem Innenschutz.

Dieser richtet sich somit gegen alle Energon-»Kollegen«. Zur Legalisierung von Eigentum, Rechtsübertragung usw. sind Verhaltensvorschriften notwendig – also Verhaltensrezepte. Diese nennen wir in ihrer Gesamtheit »Rechtsordnung«. Sie muß dem Gemeinschaftswillen entsprechen: somit ist ein Organ nötig, das diese Rechtsordnung nach dem Wunsch der Allgemeinheit fabriziert oder sonstwie beschafft. Eine solche ist die organisierte Einheit, die wir Volksvertretung, Parlament, Legislative nennen. Das Volk – also sämtliche ausgereiften Keimzellen, die wir »erwachsene Menschen« nennen – wählt Interessensvertreter, und diese entwerfen die notwendigen Rezepte. Erweisen sich Änderungen als notwendig, dann ist diese funktionelle Einheit ebenfalls dafür zuständig.[8]

Sodann sind weitere Einheiten nötig, um die Befolgung dieser Rezepte zu kontrollieren und deren Nichtbefolgen möglichst gar nicht erst wirksam werden zu lassen. Diese Einheit nennen wir »Polizei«, Exekutive.

Drittens ist ein Organ notwendig, um Übertretungen zu bestrafen und auch private Rechte, wenn nötig, mit Zwang durchzusetzen. Sonst haben diese Rezepte keine Kraft, keine Wirkung. Im Prinzip könnte auch die Exekutive dies übernehmen – und das ist ja auch gelegentlich schon vorgekommen.[9] Von der Funktion her ist jedoch eine Trennung zweckmäßig. Das richterliche Amt erfordert – um gerecht ausgeübt zu werden – eine hohe Spezialisierung. Die Polizei braucht primär physische Kraft, das Richteramt geistige. Es ergibt sich so – rein vom Energonprinzip her betrachtet – als drittes notwendiges Organ die Judikative (die richterliche Gewalt). Ihr oder der Exekutive angeschlossen können dann die Gerichtsvollstreckung, die Gefängnisse, Pfändungsorgane und so weiter sein.

All diese Einheiten müssen nun aber mit der nötigen Energie versorgt sein (Geld), ihre Bindung und Koordination muß sichergestellt sein, entsprechende Abstimmungen zwischen diesen Einheiten sind nötig, Kontrollen müssen durchgeführt werden. Aus diesen Erfordernissen ergibt sich die Notwendigkeit für ein weiteres Organ. Wir nennen es »Verwaltung«. Eine zentrale Entscheidungsstelle ist darin zweckmäßig – darf jedoch, in unserem Modell, nur im Rahmen der von der Volksvertretung gegebenen Richtlinien handeln.

Das sind also weitere Rezepte, die nicht eigentlich das Verhältnis der Bürger zueinander regeln, sondern Rechte und Pflichten innerhalb des Gemeinschaftsorganes »Staat« festlegen. Diese Rezepte nennen wir »Verfassung«. Auch sie werden von der Volksvertretung ausgearbeitet.

Das Aufbringen der nötigen Energiemengen »Geld« und deren richtige Verteilung ist ein besonderes Problem innerhalb der Verwaltungsfunktion. Das Gemeinschaftsorgan »Staat« wird von den Bürgern bezahlt – also muß von diesen ihr anteiliger Beitrag eingehoben werden. Diese Gesamttätigkeit erfordert Spezialisation – wir begegnen dieser im Funktionsträger »Finanzministerium«.

Was den Schutz nach außen betrifft, so genügen die aufgezählten Einheiten nicht. Feindliche Verbände kümmern sich nicht um die Gesetzgebung der Volksvertreter, lassen sich durch richterliche Gewalt und Gefängnisse nicht abschrecken. Ein zusätzliches, besonders mächtiges und kostspieliges Organ ist nötig: die Landesverteidigung. Wir begegnen ihr in Gestalt von Befestigungen, Kampfmitteln, Soldaten, außerdem in Einheiten der Feinderkundung (Spionage) und der inneren Feindabwehr (Gegenspionage).

Diese Einheit wirkt für sich und braucht – als entscheidend wichtiges Rückgrat – einen eigenen Koordinationskörper. Die koordinierenden Einheiten der Verwaltung sind dafür nicht geeignet. Dagegen kann die Zuteilung der nötigen Energie (Geld) von der den inneren Schutz betreuenden Finanzstelle her erfolgen.

Das Zentrum der Verteidigungskoordination muß mit besonderen Vollmachten ausgerüstet sein. Die Abwehr von Gefahren erfordert oft schnelle Entschlüsse – hier kann nicht erst die Volksvertretung eingeschaltet werden. Dieser Koordinationsspitze muß somit – von der Funktion her – mehr Handlungsfreiheit gewährt sein.

Schließlich benötigt die Gemeinschaft neben dem inneren und äußeren Schutz auch noch Repräsentanten als Vertreter gegenüber anderen Ländern. Diese Aufgabe kann die Verwaltungsspitze zusätzlich übernehmen, doch eignet sich dafür auch jede andere von der Volksvertretung gewählte Person. Zu diesem ersten – und billigsten Modell gehört also auch noch ein repräsentatives Staatsoberhaupt. Dazu kann noch ein Organ zur Wahrnehmung von nichtkriegerischen Beziehungen mit der Umwelt kommen: ein »Außenministerium«. Schon in diesem ersten Modell, welches nur das unbedingt Notwendige umfaßt, begegnen wir den meisten uns vertrauten Grundeinheiten, aus denen sich »die Staatsgewalt« zusammensetzt. Je größer ein Staat ist, um so größer und um so mehr hierarchisch gestaffelt werden die einzelnen Funktionsträger. Je kleiner er ist, um so mehr kommt es vor, daß die gleiche Einheit mehrere Funktionen übernimmt.

Der Staat als Gemeinschaftsorgan ist voll und ganz gemeinnützig. Kein überflüssiges Werkzeug, keine überflüssige Abteilung, keine überflüssige Funktion soll vorhanden sein, keine überflüssige Energieausgabe erfolgen. Da bei diesem Riesengebilde die natürliche Auslese kaum ansetzen kann, ist eine entsprechende *innere* Auslese, ein auf Kontrolle und Rationalisierung ausgerichtetes Organ zusätzlich wichtig. Seiner Funktion nach gehört es der Finanzierungseinheit angeschlossen – in engem Zusammenwirken mit der Volksvertretung.

Das Bild, das ich hier entwarf, entspricht am ehesten der Staatsform des extremen Liberalismus. Sie schafft Sicherheit, mischt sich aber sonst nicht in die Belange der einzelnen Erwerbskörper ein. Sie schafft »Ordnung« – jedoch nur eben so weit, als für die innere und äußere Sicherheit notwendig ist. Zusätzlich leistet sie noch die ebenfalls unbedingt notwendige Repräsentanz.

4

Zweites Modell: *der Staat als Berufskörper.*
Diese Staatsform dürfte die geschichtlich älteste sein, sie war vorherrschend über weite Strecken der menschlichen Geschichte und wurde erst in den letzten zweihundert Jahren von anderen verdrängt. Hier und dort gibt es sie auch heute noch. Zum Verständnis des Phänomens »Staat« ist sie von höchster Wichtigkeit.
Das Wort »Beruf« scheint hier fehl am Platz. Und doch hat es volle Berechtigung und darf hier nicht vermieden werden. Die Energontheorie unterteilt die menschlichen Erwerbskörper in Berufstätige und Erwerbsorganisationen. Als Berufskörper werden solche vom Menschen geschaffenen Erwerbsgebilde bezeichnet, die Ausweitungen eines Einzelmenschen darstellen. Zu diesen gehört eindeutig auch dieses zweite Modell.
Einer der ersten »Berufe« des Menschen war die Jagd und der Raub. Umgab sich ein solcher Jäger oder Räuber mit Hilfskräften,

---

Abbildung 36: Die vier Grundformen des Staates

a) *Der Staat als Gemeinschaftsorgan.* Dieser Staat ist für jeden Bürger, Berufstätigen und Betrieb (B) ein großes schützendes Gemeinschaftsorgan (S). Seine Kosten werden anteilig bezahlt (über Steuern), er hat zwei wichtige Hauptfunktionen: Schutz nach außen (gegen Feinde) und Schutz innerhalb des Staatsgebietes (Eigentum, Sicherheit usw.).
b) *Der Staat als Berufskörper.* Dieser Staat ist eine extreme Erweiterung eines Einzelmenschen, des Herrschers, Königs, Kaisers (K). Dieser ist das steuernde Zentrum, sämtliche Bürger und Institutionen des Landes sind Funktionsträger in seinem Berufskörper. Er ist ein Energon, vergleichbar dem klassischen Unternehmerbetrieb.
c) *Der Staat als Erwerbsorganisation.* Auch dieser Staat ist ein Energon, jedoch ein solches höherer Integrationsstufe. Es ist ein überindividuelles Gebilde, in dem alle Bürger, Berufskörper und Erwerbsorganisationen Funktionsträger sind. Das Staatsinteresse diktiert die jeweiligen Tätigkeiten und deren Entlohnung (Versorgung).
d) *Der Staat als Erwerbsorgan.* Ein Ausbeuter (A) verwendet den Staat as »Melkkuh«, als Hilfsmittel für seinen Erwerb. Dieser Ausbeuter kann ein anderer Staat sein, ein Herrscher, eine herrschende Clique, eine Partei. Dieser »Staat« ist ein Funktionsträger, der den Interessen des Ausbeuters zu dienen hat: demgemäß ist er strukturiert.

Diese vier Grundtypen sind fast nie rein verwirklicht, fast jedes Staatswesen setzt sich aus Elementen aller vier Grundtypen zusammen. Näheres im Text.

die er befehligte und aus der Beute entlohnte.(10) dann hatte sein Berufskörper sich entsprechend erweitert. Seine Handlanger und Spießgesellen waren ihm dienstbare Funktionsträger. Die Beute fiel an ihn. Teile davon verteilte er.

Wir können ihn – wenn wir so wollen – auch den ersten Unternehmer nennen.

Ein kleiner Schritt weiter führt zur nicht seßhaften, autokratisch geführten Horde, zum kriegerischen Verband. Der Häuptling, General, Stammesfürst – wie immer wir ihn nennen wollen – ist das Zentrum. Die um ihn organisierte Einheit ist sein erweiterter Körper. Wohin dieser Körper sich bewegt, trägt er seinen Machtraum, seinen Erwerbsraum mit sich. Der Raub, Gewinn, die Beute gehören prinzipiell dieser oberen Leistungsspitze. Er ernährt, finanziert aus dieser die ihm untertanen Funktionsträger.

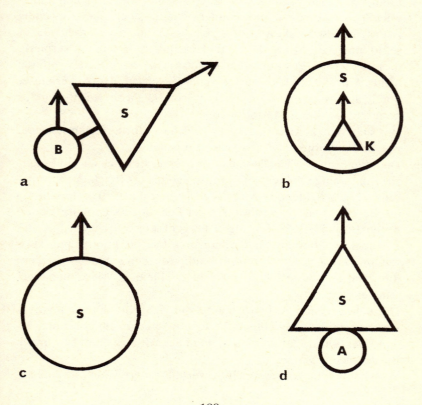

Während also im ersten Modell der Staat in seiner Gesamtheit ein Organ, also ein Funktionsträger ist, ist er im zweiten Modell ein Energon. Er ist ein Berufskörper, der sich – wie sich gleich zeigen wird – mehr erweiterte und aufblähte als irgendein anderer. Keine Berufsart brachte größere Machtgebilde hervor.
Diese zunächst umherziehende Einheit wird seßhaft. Ackerbau, Viehzucht wird betrieben. Der Erwerbsraum ist jetzt genauer fixiert, stabilisiert. Das Rechtsverhältnis bleibt das gleiche. Der gesamte Erwerbsraum ist grundsätzlich Eigentum des Fürsten, er entlohnt bewährte Mitarbeiter mit Anteilen, an die übrigen wird er gewinnbringend verpachtet.
Dieser Entwicklungsweg führt dann – ohne grundsätzliche Änderung – weiter bis zu ganz riesenhaften Staatsgebilden. Der Fürst oder König ist hier nichts anderes als ein Unternehmer. Es ist *sein* Land, *sein* Machtgebilde. Er versucht – seinen menschlichen Impulsen folgend – dieses an seine Kinder weiterzugeben, aber notwendig ist das für diese Struktur nicht. Ebensogut können die Erben oder er selbst umgebracht werden – und irgendein anderer »usurpiert« diese lohnende Position. Am Berufskörper ändert sich dadurch nichts. Unzählige Male wurden in der Geschichte Herrscherhäuser durch andere abgelöst – und die grundsätzliche Rechtsstruktur konnte dabei unangetastet bleiben.[11]
Wie sieht nun diese Berufsart aus, welche Anforderungen stellt sie, welche Funktionsträger macht sie notwendig?
Die übersichtliche Horde macht das besser deutlich als ein bereits riesenhaft aufgeblähtes, autokratisch geführtes Reich. Von primärer und entscheidender Wichtigkeit ist hier die Aufrechterhaltung der Befehlsgewalt, das Bewahren der Funktionsträger unter der eigenen Botmäßigkeit. Von der Energontheorie her steht hier das Problem der Bindung im Vordergrund. Die Funktionsträger müssen am Davonlaufen, Sich-selbständig-Machen gehindert werden, ihre Funktionsbereitschaft muß erhalten bleiben. Wie kann das geschehen?
Die naheliegende Antwort lautet: durch Macht. Denkt man genauer nach, dann bedeutet es schon eine erstaunliche Leistung, jeden Funktionsträger durch andere in Schach zu halten. So einfach ist die Sache also nicht.
Die Hauptwaffe, um diese Unterwerfung zu erreichen, ist eine an-

dere. Den Untergebenen – zumindest den wichtigsten – muß aus dem Dienstverhältnis ein größerer Nutzen erwachsen als in selbständiger Wirksamkeit. *Das ist der Schlüssel zum Verständnis solcher Bildungen.* In dieser ersten Zeit – und noch lange später – hatte der Einzelmensch nur im Rahmen solcher Verbände die Möglichkeit, einen eigenen Erwerbskörper zu bilden. Allein war er wilden Tieren und anderen Menschen allzu schutzlos preisgegeben.

Der Einzelmensch war also durchaus bereit, sich einem solchen Machtkörper anzuschließen – wenn er das Gefühl hatte, daß sich ihm dort konkrete Vorteile boten.

Das war der Ausgangspunkt. Das erleichterte es Menschen mit Führerbefähigung, andere an sich zu ziehen und zu Teilen ihres Berufskörpers zu machen. Ein Leistungstausch fand hier statt. Der Untergebene leistete seinen Dienst – der Fürst schützte ihn, bot ihm ein gesichertes Auskommen. Die notwendige Leistung in diesem besonderen Beruf »Fürst« oder »König« bestand somit in der Fähigkeit, Bindungen herzustellen – teils durch Tauschvertrag, teils durch Gewalt. Und dann mußte er dafür sorgen, daß diese Bindungen, diese Funktionsbereitschaft erhalten blieb.

Dazu waren Funktionsträger der Kontrolle und Bestrafung nötig. Über entsprechende Entlohnung konnte er sich solche Organe aufbauen. Im übrigen konnten alle Hauptfunktionen noch in seiner Person konzentriert bleiben. Er war sein eigener »Finanzminister«: die Beute kam zu ihm, er verteilte sie. Er war sein eigener General: er befehligte die militärischen Handlungen. Er war sein eigener Richter: er sprach Recht.

Angeborene Reaktionen des Menschen erleichterten diese Berufsausübung. Die sozialen Instinkte sind bei uns – wie auch bei höheren Wirbeltieren, die Rudel bilden – so beschaffen, daß auch die Unterwerfung unter einen Stärkeren Gefühle der Befriedigung spendet. Personen, die unbedingt führen wollen, sind eher die Ausnahme. Im übrigen – und das weiß jeder aus eigenem Erleben – unterwirft sich der Mensch gerne dem, den er als höher qualifiziert erachtet. Für diesen zu arbeiten, von diesem gelobt und belohnt zu werden, schenkt beträchtliche Glücksgefühle. Personen mit überragender Intelligenz, Kraft und Führerqualität waren in der Lage, diese dem Menschen angeborene Nachfolgereaktion auszulösen. Ökonomisch gesprochen bedeutet das eine Einsparung an sonst nötiger Kontrolle und Gewalt. Auch Luxus und Machtentfaltung bewirkten bei den Untertanen eine entsprechende Einschüchterung. Zeremonien, Feiern und ähnlicher Klimbim wecken im Untertanen Gefühle des ehrfürchtigen Erschauerns. Kein Wunder, wenn die Machthaber sich solcher Mittel bedienten – *ja bis heute noch bedienen*. Eine weitere »Fremdenergie«, die hier eingespannt werden konnte, waren Gebilde der menschlichen Phantasie: vor allem Religionen.[12] Nichts schützte den Herrscher besser, als wenn er sich selbst zum Gott machte oder zu einem Angehörigen der Gottfamilie. Das war auch eines der wenigen Machtmittel, welches die Erbfolge wirksam schützte.

Ein anderes, nicht minder wichtiges Machtmittel waren Prägung und Gewohnheit. Dem heranwachsenden Menschen wurde in seiner prägbaren Periode das Symbol des Herrschers eingeimpft, alle ethischen und ästhetischen Werte wurden nach bestem Vermögen mit dieser Person und seiner Familie assoziiert. Die Folge war eine so starke Gewöhnung und Einschüchterung, daß den meisten die Möglichkeit der Änderung des Status gar nicht mehr in den Sinn kam.

Diese Art von Staat stammt somit aus grundsätzlich anderen Wurzeln als das erstbeschriebene Modell. Es ist nicht ein Gemeinschaftsorgan, sondern der Berufskörper eines selbständigen Energons. Die Mittel, die diese Einheit zusammenhalten, sind durchaus andere. Es ist ein grundsätzlich anderes Phänomen – führt jedoch zu einer höchst ähnlichen Struktur.

Der Verband wird seßhaft, der Monarch verfügt über das Land, vergrößert es: ein mächtiges Reich entsteht. Zwangsläufig ergibt sich nun die Notwendigkeit, ganz ähnliche Gemeinschaftsorgane aufzubauen wie beim ersten Modell.

Wenn die Gemeinschaft florieren soll – und nur so ergeben sich entsprechend hohe Abgaben an den König – muß in ihrem Inneren Ordnung herrschen. Diese wird in diesem Fall nicht von Volksvertretern geschaffen, sondern vom König – doch um wirksam zu sein, muß sie in vieler Hinsicht ähnlich aussehen wie beim ersten Modell. Polizei ist nötig, Rechtsprechung ist nötig, Gefängnisse sind nötig. Ein Heer zum Schutz nach außen ist nötig. Alle diese Einheiten müssen koordiniert sein, mit entsprechender Energie versehen werden, kontrolliert und gepflegt werden. Die oberste Leitung und Re-

präsentanz übernimmt selbstverständlich der Herrscher – doch auch hier kommt es zu einem »Innenministerium«, einem »Finanzministerium«, einem »Kriegsministerium« und später zu einem »Handelsministerium«.
Äußerlich formt sich somit ein recht ähnliches Gebilde. Ein Unterschied besteht darin, daß es keine gesetz- und verfassunggebende Volksvertretung gibt. Die Verhaltensrezepte werden mündlich oder schriftlich vom König diktiert. Ein zweiter Unterschied besteht darin, daß die Polizei mehr darauf ausgerichtet sein muß, Unbotmäßigkeit und Revolution zu verhindern. Ein dritter Unterschied ist, daß die Abgaben höher sind – sie müssen nicht nur die eigentlichen Staatsausgaben decken, sondern sind zum Teil »Ertrag« des Königs.
Ist der König klug, wird er diesen Ertrag in vernünftigen Grenzen halten. Ist er unklug, steigt ihm sein Machtgefühl zu Kopf, dann preßt er aus seinem Erwerbsraum auf jede nur erdenkliche Weise heraus, was sich herauspressen läßt. Mit Gewalt unterdrückt er dann das murrende Volk. Das Ende – früher oder später – ist die Revolution.
Sehr bemerkenswert ist nun, wie blitzartig es geschehen kann, daß sich Modell zwei in Modell eins verwandelt oder Modell eins in Modell zwei.

5

Nehmen wir den ersten Fall: eine Revolution.
Was neu geschaffen werden muß ist eine Volksvertretung. Manche einseitig dem Herrscher dienlichen Gesetze sind zu beseitigen, eine Verfassung, die das Gemeinschaftsinteresse sichert, ist aufzubauen. Sonst aber kann sehr vieles bleiben. Eine Heeresmacht ist nötig, Polizei und richterliche Gewalt sind nötig. Soundso viele Personen müssen durch andere ersetzt werden, aber die eigentlichen Funktionsträger können bleiben. Etwas veränderte Verhaltensrezepte zwingen ihnen bloß eine etwas andere Tätigkeit auf.
Zweiter, umgekehrter Fall: ein Staat, der als Gemeinschaftsorgan fungiert (Modell 1), wird von einem Diktator oder »Tyrannen« usurpiert. Auch dieser kann dann praktisch das gesamte Instrumen-

tarium übernehmen, bloß geringfügige Änderungen sind nötig: Die Volksvertretung wird beseitigt, die Polizeimacht wird verstärkt, die Gesetze, soweit sie dem Usurpator nicht passen, werden geändert, die Steuern fließen anteilig dem Usurpator zu. Diese Veränderungen sind verhältnismäßig schnell auszuführen, die Grundstruktur kann bleiben. Verläßliche Leute, entsprechend bezahlt, werden gegen bisherige Posteninhaber ausgetauscht. Mit einiger Geschicklichkeit läßt sich diese Umwandlung in einigen Tagen zuwege bringen.
Zwei Dinge werden daraus klar. Erstens: Modell eins bietet eine phantastische Möglichkeit und großen Anreiz zur Usurpierung eines Erwerbsapparates. Zweitens: Um dem vorzubeugen, sind in Modell eins noch Sicherungsmaßnahmen nötig.
Die Möglichkeit, eine so gigantische Erwerbsorganisation an sich zu reißen, ist unzählige Male genutzt worden. Wem es gelingt, die Volksvertretung auszuschalten und sich ins Koordinationszentrum eines demokratischen Staates einzuquartieren, der gewinnt über Nacht einen Berufskörper von gigantischer Größe. Alles liegt gleichsam für ihn bereit, nur einige Änderungen in der Struktur sind nötig.
Was dann entsteht, hat man bisher – auf Grund der strukturellen Ähnlichkeit – ganz ebenso »Staat« genannt wie das, woraus es entstanden ist. Von der Energontheorie her sind es jedoch zwei grundsätzlich verschiedene Strukturen.
Um der Gefahr dieser Verwandlung vorzubeugen, müssen somit in Modell eins entsprechende Sicherungen eingebaut sein. Durch keine äußere Macht ist diese Staatsform so gefährdet wie durch diese von innen drohende Gefahr. Für den Geschickten liegt hier gleichsam, fertig hergestellt, ein ungemein ertragreicher Erwerbskörper bereit.
Und nicht nur Erwerbskörper – sondern auch Machtkörper. Das ist ein wichtiger Punkt. *Denn bei dem uns Menschen angeborenen Instinkt-Instrumentarium bedeutet Macht oft noch eine weit größere Befriedigung und Lust als ein hohes Erwerbsergebnis.*
Prädestiniert für diese Art der Machtübernahme ist die militärische Spitze. Aus schon genannten Gründen muß sie mit entsprechenden Vollmachten ausgestattet sein. Sie hat die stärksten Machtmittel unter ihrer Kontrolle. So ist es nicht verwunderlich, daß unter den

Usurpatoren die höchsten Militärspitzen am häufigsten zu finden waren.

6

Drittes Modell: *der Staat als Erwerbsorganisation.*
Galbraith nennt jene amerikanischen Riesenbetriebe, die die Leitung des Unternehmens längst abgestreift haben und zu organisch sich selbst leitenden Erwerbsstrukturen geworden sind, »ausgereifte Betriebe«. Analog dazu kann man das dritte Modell als den »ausgereiften Staat« bezeichnen.[13] Er ist nicht mehr ein Gemeinschaftsorgan und nicht mehr ein riesenhaft aufgeblähter Berufskörper. Er ist ein Organismus höherer Integrationsstufe – ähnlich den großen Betrieben.

Diese Staaten sind kennzeichnend für unsere moderne Welt. Da die freien Räume längst erobert, längst aufgeteilt sind, sind diese Staaten in erster Linie wirtschaftliche und soziale Organisationen. Durch Steigerung der Gesamterwerbsfähigkeit steigern sie – im Idealfall von Modell drei – auch den Einzelerwerb der Erwerbskörper, aus denen sie sich aufbauen.

Auch hier ist wieder innerer und äußerer Schutz nötig: praktisch das gesamte Instrumentarium von Modell eins. Dazu kommt nun aber noch sehr viel mehr: Wirtschafts- und Ernährungspolitik, Förderung des Verkehrs und des Nachrichtenwesens, der Erziehung und Forschung, der Kulturpflege, soziale Fürsorge, Schutz und Betreuung der Angestellten und vieles andere.

Das heißt, es kommen viele weitere Gemeinschaftsorgane hinzu – die anteiligen Kosten werden entsprechend höher. Aber es sind Kosten, die dem allgemeinen Interesse dienen – oder dienen sollen. Die ideale Struktur dieser Staatsform wird sich wahrscheinlich mit Hilfe der Energontheorie sehr genau bestimmen lassen. Diese Staaten sind echte Organismen, den Pflanzen und Tieren direkt vergleichbar. Beim Staat als Berufskörper spielen die menschlichen Impulse des Herrschers eine entscheidende Rolle. Solche Staaten verhalten sich nur zum Teil statistisch, manche recht eigenwillig und individuell. Nirgends entfalteten sich menschliche Eigenwilligkeit und Luxusstreben mehr als in ihnen. Der ausgereifte Staat dagegen ist statistisch erfaßbar. Die angeborenen, unberechenbaren Tendenzen der Keimzelle »Mensch« fallen hier immer weniger ins Gewicht. Die Gesamtzweckmäßigkeit setzt sich durch. Sie ist identisch mit der Grundstruktur der Konkurrenzfähigkeit.[14]

7

Viertes Modell: *der Staat als Erwerbsorgan.*
Nehmen wir an, ein Staat erobert einen anderen und macht diesen tributpflichtig. Von der Energontheorie her betrachtet, macht in diesem Fall ein Energon ein anderes zu seinem Sklaven, Diener, Funktionsträger. Es macht ihn zu einem zusätzlichen Organ – und zwar zu einem Erwerbsorgan. Vom siegreichen Energon her gesehen, hat diese hinzugewonnene Einheit ausschließlich Erwerbsfunktion. Sie muß Erwerb schaffen und abliefern. Aus einem selbständigen Energon ist eine Melkkuh geworden.
Wiederum ist der Großteil der dort bestehenden Einrichtungen weiterhin nötig. Soll die Melkkuh genug Milch geben, dann muß in diesem Gefüge Ordnung herrschen, muß es gegen äußere Störungen und Bedrohungen abgeschirmt sein. Es braucht Koordination und Pflege wie jedes andere Organ. Was sich ändert, sind einige Verhaltensrezepte. Die Volksvertretung mag bleiben, doch wird ihr eine Kontrollstelle des Siegers vor die Nase gesetzt. Wesentliche Verhaltensrezepte werden nunmehr vom Sieger her diktiert. War es bisher – im Falle eines liberalen Staates – weitgehend dem einzelnen überlassen, wieviel er verdienen wollte, so ändert sich das nun. Da die Einheit sich in ein Organ verwandelt hat, wird jetzt insgesamt eine Funktion verlangt: Erwerb und Abgabe. Die goldene Freiheit ist dahin – nur noch zum Teil kann der unterworfene Bürger nach eigenem Ermessen walten, die erarbeiteten Früchte genießen. Ein Soll wird ihm aufgebürdet. Um das zu erzwingen, ist eine entsprechend schärfere Kontrolle, stärkere Polizeimacht und verschärfte Zentralisation nötig. Die dafür erforderlichen Organe lassen sich weitgehend aus einheimischen »Kräften« aufbauen. Werden entsprechende Vorteile geboten (Geld, Macht, Privilegien), dann verwandelt sich dieser oder jener Bürger in einen »Verräter«,

einen »Kollaborateur«. Er löst das alte Band und geht ein neues ein
– hilft mit bei der Unterdrückung und Auspressung seiner früheren
Kollegen.
Wir sehen also, daß Modell vier auch wieder in vielen Strukturelementen mit den übrigen übereinstimmt. Und doch ist es in wesentlichen Punkten grundsätzlich anders. Es ist nicht ein Energon – es ist
ein Organ, ebenso wie Modell eins. Und wie bei diesem – im Idealfall – alles auf die Funktion der Sicherung ausgerichtet sein muß, so
muß hier – im Idealfall – alles auf Erwerb ausgerichtet sein. Innerhalb eines Funktionsträgers muß stets die gesamte Struktur von der
zu erbringenden Funktion her diktiert werden: alles übrige ist Verschwendung. So ist es auch hier. Innerhalb eines Erwerbsorgans ist
auch nicht der kleinste Luxuskörper am Platz. Jede funktionslose
Einheit in diesem Organ ist Ballast, muß beseitigt oder zur Arbeit
gezwungen werden. Jede Einheit braucht die nötige Energiezufuhr,
die nötige Pflege, um funktionsfähig zu bleiben, doch Überschüsse
sollen ihr nicht verbleiben – das ist die für die betroffenen Menschen
traurige Situation in diesem Modell.
Auch bei Modell eins – dem Staat als Gemeinschaftsorgan – sind die
Funktionsträger auf eine Leistung ausgerichtet, demgemäß soll in
dieser Struktur nichts individuellem Luxus dienen. Aber dort handelt es sich um freiwillig – gegen angemessenes Entgelt – geknüpfte
Bande. Somit sind diese Einheiten »herrschaftsbejahend«. In Modell vier – dem Staat als Erwerbsorgan – beruhen die Bindungen
und Verpflichtungen auf Gewalt. Hier sind die Einheiten »herrschaftsduldend«. Das macht – zwangsläufig – eine zusätzliche Wirkungsstruktur zur Aufrechterhaltung und Kontrolle der Bindungen
und Leistungen nötig.
Auch der von Marx angeklagte Staat, der nichts anderes ist als ein
»Verwalter von Bourgeoisie-Interessen«, fällt unter dieses Modell.
Auch eine Menschengruppe kann einen Staat zu ihrem Erwerbsorgan machen. Wiederum sieht nach außen hin alles sehr ähnlich aus:
viele der großen Funktionsträger (Heer, Polizei, Finanzministerium, Gerichte usw.) sind mit denen in den anderen Modellen mehr
oder minder identisch. Zusätzlich aber besteht hier die zur Aufrechterhaltung von Gewalt notwendige Wirkungsstruktur. Hier
tritt sie weniger offen zutage als im Tributstaat, ist jedoch funktionell ebenso wichtig. Im Tributstaat hat es kaum Sinn, die Gewalt zu

verheimlichen (obwohl auch dies in mancher Weise versucht werden kann), im Interessen-Verwaltungsstaat (wie ich ihn in Anlehnung an Marx nennen will) ist dies dagegen höchst zweckmäßig. Je besser hier die tatsächlich herrschende Gewalt verheimlicht wird, um so mehr kann an sonst nötigen Kontroll- und Zwangsmaßnahmen eingespart werden. Das ist die »Scheinheiligkeit«, gegen die die Marxisten in den Kampf zogen, die »Maske«, die sie den Ausbeutern vom Gesicht reißen wollten. Modell vier ist – jenseits von Gut und Böse – eine energetische Struktur, in der die menschlichen Gefühle nur eben auch zu berücksichtigende Elemente sind. Für dieses Modell ist die Scheinheiligkeit ein wichtiger Faktor. Sie ist ein mögliches Mittel, ein Erwerbsorgan und dessen Wirksamkeit zu rationalisieren.[15]

Schließlich fällt noch ein dritter großer Komplex von Erscheinungen unter dieses vierte Modell: alle »Korruption«, alle individuelle Bereicherung auf Kosten des Staates.

So wie in Modell eins die Gesamtheit »Staat« ein jedem dienendes Gemeinschaftsorgan ist – so kann das große Gebilde »Staat« auch für sehr viele gleichzeitig zum Erwerbsorgan werden. Gleich Parasiten können Hunderte von Erwerbskörpern an dieser Struktur saugen, den ihm zufließenden Energiestrom in private Kanäle abzweigen.

Hier ist nicht die Rede vom normalen »ehrlichen« Tauschgeschäft. Der Staat ist in jedem Fall der größte Auftraggeber, die reichste Erwerbsquelle innerhalb des Gesamterwerbsgebietes. Er benötigt in jedem der Modelle unzählige Leistungen und erwirbt sie – im Tauschweg – durch Geld.

Zum Erwerbsorgan wird der Staat erst dann, wenn ein Ausbeuter Teile der Staatsstruktur nach seinen Interessen verändert, wenn er Teile dieses Körpers in seine Gewalt bekommt und so erreicht, daß Staatsaufwendungen nicht mehr dem Staat selbst – sondern in erster Linie *ihm* dienen.

Das ist zum Beispiel der Fall, wenn der Staat zum Erwerb von Einrichtungen, Anlagen, Waffen gebracht wird, die er entweder zu teuer kauft oder gar nicht braucht oder in schlechterer Qualität erwirbt, als sie an sich zu diesem Preis erwerbbar wären.

Auf eine andere wichtige Ausbeutung wies C. N. Parkinson hin.[16] Die Staatsorgane zeigen eine Tendenz, sich über das nötige Maß zu vergrößern. Vom einzelnen Erwerbsindividuum her ist das verständlich: Vergrößerung bedeutet Anwachsen an Macht und Verdienst. Werden im Staat Abteilungen überflüssig (etwa nach Beendigung eines Krieges), dann tun sie oft ihr Bestes, um nicht aufgelöst zu werden: sie täuschen eine nicht vorhandene Wichtigkeit vor, schaffen Probleme, wo gar keine sind, kämpfen so mit List und Phantasie um ihre Daseinsberechtigung. Solche und ähnliche Tendenzen bedrohen den Staatsapparat an jeder Stelle. Das ist es vor allem, was man mit der »Unzulänglichkeit des Menschen« meint, von der in der Staatslehre so oft die Rede ist.

Von der Energontheorie her sind es einfach Interessenkonflikte zwischen Energonen. Die Riesenstruktur »Staat« kann von einem anderen Staat zum Erwerbsorgan gemacht werden – ebenso aber auch von Gruppen im Staat selbst, von einzelnen Erwerbskörpern, die auf Teile Einfluß nehmen, oder von Staatsorganen, die sich innerhalb der Gesamtstruktur über das funktionell Notwendige aufblähen, auf Kosten der Staatsinteressen ihren individuellen Erwerbskörper vergrößern.

Daß in diesem letzten Fall des »Korruptionsstaates« (wie er genannt werden kann) Verschleierung der Mittel und Scheinheiligkeit eine noch wichtigere Waffe sind als im »Interessenverwaltungs-Staat«, liegt auf der Hand. Jede solche Tendenz hat die normalen Kontrollorgane des Staates zum Feind. *Perfekt wird dieses Ausbeutungssystem, wenn ebendiese Kontrollorgane in das Netz der heimlichen Ausbeuter mit einbezogen werden können.*

8

Aus diesen vier Modellen, die fast nie »rein« verwirklicht sind, setzen sich – so behaupte ich – sämtliche Staatsformen zusammen. Sie sind gleichsam nach vier verschiedenen Bauplänen aufgebaut, deren jeder ein in sich geschlossenes, von der Funktion her diktiertes Beziehungssystem darstellt, das sogar – zumindest im Prinzip – rechnerisch erfaßbar ist.

Zwischen jedem dieser Modelle und den übrigen gibt es alle erdenklichen Übergänge, jede erdenkliche Kombination.

Der Übergang von Modell zwei (Berufskörper) zu Modell drei (Erwerbsorganisation) verlief anschaulich vom absoluten über das konstitutionelle Königtum bis zur Republik. Die steuernde Macht des Herrschers wird Stück um Stück abgebaut, die Macht der Volksvertretung, der Gesamtinteressen wächst. Zuletzt erhält sich der König noch als glanzvoller Repräsentant (auch eine Funktion) oder wird völlig »aus den Staatsdiensten entlassen«.

Den Übergang von Modell eins (Gemeinschaftsorgan) zu Modell drei (Erwerbsorganisation) kennzeichnet etwa die Gedankenwelt von W. Eucken.[17] Der extreme Liberalismus *(Laissez faire, laissez passer)* sollte dem Erwerbsindividuum höchste Freiheit geben. In der Tat jedoch führte er zu Monopolbildungen, die sehr vielen Erwerbskörpern die freie Entfaltungsmöglichkeit raubten. Daraus erwuchs der Gedanke einer staatlichen Einflußnahme auf die Wirtschaft, einer Wirtschafts*politik:* einer staatlichen Beschränkung der Wirtschaftsfreiheit – zur Sicherstellung der Wirtschaftsfreiheit. Der Staat greift dann mehr und mehr in die Belange des einzelnen ein, ist nicht länger bloßes Schutzorgan. Er wird selbst zum Energon mit obersten Staatsinteressen. Das Extrem ist im kommunistischen Staat erreicht, der selbst zum Hauptbetrieb, zum Gemeinschafts-Wirtschaftsunternehmen wird und alle seine Teile zu Funktionsträgern macht.

Der Übergang von Modell zwei (Berufskörper) zu Modell vier (Erwerbsorgan) zeigt die Nachfolge eines schlechten, egoistischen Herrschers auf einen guten. Wenn Friedrich der Große sagte: »Der König ist der erste Diener seines Staates«, dann sprach er im Sinne von Modell zwei. Diese Äußerung ist nicht bloß – nach unseren gewohnten Wertungen – eine »schöne und moralische«, sondern für dieses Modell ökonomisch – energetisch richtig – und in diesem Sinne »klug«. *Jedes Energon muß, wenn es bestehen will, nicht nur Herr, sondern ebenso auch Diener seiner Organe, seiner Funktionsträger sein.* Wer sein Herz überanstrengt, hat schließlich selbst Schaden, wer auf seine Beine nicht genügend aufpaßt und sie sich bricht, hinkt dann. So ist es auch beim Berufskörper »Staat«. Der gute Herrscher muß gut herrschen, aber auch ebenso gut dienen. Nur dann hat sein Erwerbskörper Bestand. Dann »arbeitet« er mit der geringsten »inneren Reibung«.

Folgt nun auf einen guten König ein anderer, der sein Reich nur noch als Erwerbsorgan betrachtet, dann bleibt vielleicht für eine Weile noch alles beim alten. Alsbald jedoch wächst die Unzufriedenheit. Ihr muß – um das Erwerbsorgan zu erhalten – begegnet werden. Und so geht das eine Modell – notwendigerweise – in das andere über: Eine zusätzliche innere Struktur der Kontrolle und Gewaltausübung muß entstehen. Allmählich wird aus den herrschaftsbejahenden Teilen eine herrschaftsduldende Gemeinschaft – für den Herrscher eine Gefahr.

Interessant ist innerhalb der »Demokratie« (Modell drei, aber auch Modell eins) das Parteienwesen. Es ist ein funktioneller Ersatz für die bei den Staaten (wegen ihrer geringen Zahl und langen Lebensdauer) nur mäßig wirkende natürliche Auslese. Ein anderer Verbesserungsmechanismus ist hier nötig – besonders im Hinblick auf die ständige Gefahr der Einflüsse von Modell vier, der Ausbreitung von parasitären Erscheinungen. Die Opposition übt (von höchst persönlichen Interessen noch zusätzlich angeheizt) eine entsprechende Kontrollfunktion aus, und durch die Wahlen wird die kostspielige Prozedur der Revolution ersetzt. Freilich hat auch diese Lösung ihre funktionellen Schwächen. Auch das Parteiensystem eröffnet für Modell vier, also für Korruption, weite Möglichkeiten. Oder eine Partei benützt ihre Macht dazu, die anderen zu eliminieren, macht ihre Interessen (die auch »idealistischer« Art sein können) zur Hauptsache, breitet ein Zwangssystem aus – und auch so schlägt das Pendel wieder mehr zu Modell vier hin aus.

Innerhalb der »Staaten« entfalten sich wie in einem tropischen Blütengarten die verschiedensten menschlichen Erwerbskörper. Welche sind die erfolgreichsten? Welches ist ihr maximaler Gewinn?

Anmerkungen

[1] »Allgemeine Staatslehre«, Berlin 1925.
[2] L. Duguit, »Traité de droit constitutionnel«, Bd. 1, Paris 1921, S. 398.
[3] R. Thoma, »Staat«, in: »Handwörterbuch der Staatswissenschaften«, Jena 1926, S. 755.
[4] Sämtliche Werke, Bd. 7, Stuttgart 1938.
[5] »Die Geburtsstunde des souveränen Staates«, 1954, S. 427.
[6] Manifest der Kommunistischen Partei, 1848.
[7] Diesen Zweifel hatte auch H. Kelsen. Er meinte, »daß sich schon bei oberflächlicher Sichtung des wissenschaftlichen Sprachgebrauches weit mehr als ein Dutzend höchst verschiedener Bedeutungen des Wortes ›Staat‹ feststellen lassen«. (»Allgemeine Staatslehre«, S. 3.)

⁸ Hier und im folgenden dürfte es dem in einer Verwaltung Tätigen besonders schwerfallen, den Argumenten der Energontheorie zu folgen. Tief eingewurzelt ist die Gewohnheit, den Menschen als Einheit zu sehen und seine Funktionen als Eigenschaften. So hat etwa mancher Minister oder Sektionschef recht verschiedene Aufgaben. Von der Energontheorie her stehen jedoch immer die Aufgaben, die Funktionen, im Vordergrund – sie und nicht ihre Träger sind die eigentliche Realität. An den meisten Aufgaben arbeiten heute fast immer verschiedene Abteilungen zusammen – und die meisten Abteilungen haben heute mehrere Funktionen. Legt deshalb der im gewohnten Denken Verwurzelte an die Betrachtungsweisen der Energontheorie den ihm selbstverständlichen Maßstab an, dann muß er überall zu Widersprüchen angereizt werden. Ich kann hier nur empfehlen: es einmal andersherum zu versuchen. Freilich, in diesem Fall wird das einfach Erscheinende ungemein kompliziert. Doch suchen wir nach den eigentlichen Einheiten, aus denen sich ein Leistungsgefüge aufbaut, dann müssen wir in Kauf nehmen, daß sie sich in manchen Fällen – wie etwa hier – als höchst diffuse Gebilde darstellen. Doppelfunktionen, Funktionserweiterungen und Funktionszusammenlegungen haben in der staatlichen Verwaltung – wie auch in jener der Betriebe – zu einem äußerst komplizierten Geflecht von Wirkungen geführt.

⁹ Beispiel: der in Wildwestfilmen häufig gezeigte Sheriff, der sowohl verhaftet als auch aburteilt.

¹⁰ Den Anfang bildeten hier Familie und Sippe.

¹¹ In Serbien waren die Obrenović und Karadjordjević feindliche Herrscherhäuser, die einander immer wieder abwechselten. Am Berufskörper, in den sie abwechselnd hineinschlüpften, dessen Steuerung sie an sich rissen – am »Staat« und seiner Rechtsordnung – änderte sich dadurch nichts.

¹² Der religiöse Leser möge hier die eigene Religion aus der Betrachtung ausnehmen und nur an die übrigen denken. Daß zumindest manche von diesen Phantasiegebilde waren, dürfte kaum zweifelhaft sein.

¹³ H. Krüger nennt ihn »moderner Staat«. (»Allgemeine Staatslehre«, Stuttgart 1964.) G. Jellinek nannte ihn »vollendeter Staat«. (»Allgemeine Staatslehre«, Berlin 1914.)

¹⁴ H. Krüger sagt vom »modernen Staat« (den er als den Staat schlechthin ansieht), er sei »ein Gebilde, das der Geschichte angehört«, er sei eine »geschichtliche Antwort auf eine zeitlose Frage«. Und er fährt fort: »Denn immer muß eine solche Gruppe gebildet und zusammengehalten werden, stets bedarf sie der Ordnung und der Leitung, und allenthalben befindet sie sich in einer Auseinandersetzung mit der Umwelt.« (»Allgemeine Staatslehre«, S. 1.) Fast genau dieselbe Formulierung läßt sich auch auf sämtliche Energone anwenden. Ihr wesentliches Charakteristikum ist: *sie sind eine Antwort*. Und zwar eine Antwort auf eine *geschichtlich* sich verändernde Umweltsituation und auf Probleme, die jedes Zusammenwirken von Einheiten aufwirft.

¹⁵ W. Eucken sah auch in den »Ideologien« ein solches Werkzeug. Sie seien »planmäßig geschaffene Waffen im wirtschaftlichen Kampf«. Sie sollen entweder »die wahren Motive der Interessentenforderungen verschleiern oder ihnen größer Stoßkraft verleihen«. Er schreibt: »Die gesamte Geistesgeschichte der Menschheit ist von Versuchen erfüllt, Machtansprüche ideologisch zu sichern oder im Angriff zu unterstützen.« (»Die Grundlagen der Nationalökonomie«, Berlin 1959, S. 12.) Die »Ideologien« sind hier wohl etwas zu einheitlich abgeurteilt. Aber zweifellos waren sie – und sind es bis heute – ein vorzügliches Werkzeug, um Berufskörper oder Erwerbsorganisationen zu bilden, zu festigen und zu rationalisieren.

[16] »Parkinsons Gesetz und andere Untersuchungen über die Verwaltung«, Düsseldorf–Stuttgart 1957.
[17] »Grundsätze der Wirtschaftspolitik«, Hamburg 1959.

IV
Die großen Verdiener

Das zentrale Problem der Wirtschaft ist die Knappheit. W. Eucken (1959)

Der Reichtum gleicht dem Seewasser. Je mehr man davon trinkt, desto durstiger wird man.

Arthur Schopenhauer (1788–1860)

1

Weder im Tier- noch im Pflanzenreich gibt es »große Verdiener«. Es kann wohl vorkommen, daß Pflanzen oder Tiere in besonders »günstige Lebensbedingungen« kommen, daß sie dann konkurrenzlos ungeheuer ergiebigen Erwerbsquellen gegenüberstehen. Aber das nützt ihnen wenig. Ihr maximaler Größenwuchs ist durch die Erdschwerkraft und die Art ihrer Struktur vorgezeichnet. Überschüsse können sie bloß in Vermehrung investieren – keine für sie günstige Lösung. Denn so schaffen sie sich – wenn wir von rudel- oder staatenbildenden Tieren absehen – selbst Konkurrenten. Diese vermehren sich auch wieder, und alsbald sind dann alle Erwerbsplätze besetzt. Zwischen den Erwerbsquellen und den sie ausbeutenden Organismen kommt es so immer und ganz von selbst zu einem Gleichgewicht.

Das bedeutet: bei den Pflanzen und Tieren beseitigt sich gleichsam jedes Monopol *ganz von selbst*. Dem erfolgreichen Individuum erwächst hier nur ein mäßiger Vorteil. Den eigentlichen Gewinn hat bloß die *Art*. Ihr Gesamtvolumen vergrößert sich.

Bei den menschlichen Erwerbskörpern wurde das plötzlich anders. Ihre Struktur ist so beschaffen, daß sie jede beliebige Menge von Überschüssen ansammeln – und diese dann auch beliebig verwenden können.

Trotzdem bleibt auch bei diesen Energonen das Prinzip der Selbst-

regelung erhalten – sofern nicht der »Staat« gewaltsam eingreift. Erweist sich eine Erwerbsform als besonders lukrativ – »fließen also die betreffenden Erwerbsquellen reichlich« –, dann bilden andere Menschen eiligst analoge Erwerbskörper. Auch hier kommt es dann ganz von selbst zu einem Gleichgewicht zwischen der Ergiebigkeit der Erwerbsquelle und dem Volumen der sie ausbeutenden Energone. Auch hier »pendelt« sich also das Verhältnis ein.
Eine Ausnahme ist jedoch gegeben, wenn ein Monopol besteht und aufrechterhalten werden kann. Dann wird ein Erwerbsindividuum plötzlich zum großen Verdiener.[1]

2

Bis zum Evolutionspunkt »Mensch« herrschte im Evolutionsfluß die *Art*. Sieht man von einigen Ausnahmen – etwa den »Paschas« bei den Affen – ab, dann kann man sagen: die Energon*individuen* konnten nie zu besonderer Machtsteigerung gelangen. War ein Individuum auch noch so tüchtig: sein Erfolg kam nicht eigentlich ihm selbst zugute, sondern nur der Art. Es vermehrte sich, vermehrte die artspezifische Lebenssubstanz – ihm selbst waren jedoch eindeutige Grenzen gesetzt. Man könnte sagen, in dieser ganzen Periode waren die Individuen nur immer Werkzeuge – »Organe« – der Art. Die Art breitete sich aus, sie wurde allenfalls wieder zurückgedrängt. Die Art war das eigentliche Instrument des Lebensstroms. Wuchs die Art, wuchs auch er. Die Auseinandersetzung der Arten mit der Umwelt war der eigentliche Kampf.
Beim Überschreiten der Entwicklungsstufe »Mensch« tritt plötzlich die Bedeutung der Art zurück. Die vom Menschen aufgebauten Energone sind nun nicht mehr fest verwachsen: ihre Größenbegrenzung fällt weitgehend weg. Außerdem können Überschüsse beliebig angesammelt und verwendet werden. Das bedeutet: Energon*individuen* konnten jetzt plötzlich zu ungeheurer Größe und Macht gelangen. Man denke etwa an solche Staaten, die sich als Energone (als Berufskörper oder Erwerbsorganisationen) entfalteten. Sie waren Energonindividuen von manchmal gigantischem Machtpotential, die den Lebensstrom sehr wesentlich vorantrie-

ben. Jetzt konnte also das Individuum zu einem wichtigen Instrument des Lebensstromes werden – die Bedeutung der Art konnte zurücktreten.

Noch mehr: Nicht bloß das Energonindividuum gewann plötzlich Bedeutung, sondern – *und vor allem* – die es aufbauende Keimzelle: der Funktionsträger »Mensch«.

An diese aufbauende und lenkende Einheit flossen ja praktisch die Überschüsse: bei ihr lag es, ob sie diese zum Wachstum des Energonkörpers einsetzte oder damit etwas anderes machte. Das Individuum »Mensch« wurde zum Schlüsselpunkt der weiteren Entwicklung, zum eigentlichen Weiterträger des Lebensstromes.

Diese Einheit baute oft gleichzeitig oder nacheinander ganz verschiedene Energone auf, sie ersann *neue* Energontypen, sie ersetzte plötzlich den Mechanismus der Verbesserung, der bis dahin in Gestalt von Mutationen, Zweigeschlechtlichkeit und natürlicher Auslese den Evolutionsfluß so gebremst hatte. Diese Einheit wurde zum eigentlichen Verwalter jedes Überschusses und setzte diesen in zweifacher Hinsicht zur Förderung der Energonweiterentwicklung ein. Erstens, indem sie neue Energone entwarf und aufbaute, zweitens, indem sie Luxuskörper schuf, die ihrerseits zur Bildung weiterer Energonarten führten, indem sie neue Erwerbsquellen darstellten.

3

Damit sind wir zu einer Beurteilung des Menschen gekommen, die sich von den bisherigen Vorstellungen außerordentlich weit entfernt. Von praktischer Wichtigkeit ist sie insofern, als sie deutlich macht, wer in diesem zweiten Teil der Evolution die Macht und das Konzept in Händen hält. Die *Art* ist nach wie vor von nicht geringer Bedeutung. Die Schuster, Elektrotechniker, Opernsänger bilden jeweils für sich ein ebensolches Lebensvolumen wie die Heuschrecken, die Linden, die Regenwürmer. Ja, wir finden bei den Menschenberufen eigene Berufsvertretungen, Berufsvereinigungen – also besondere Instrumente innerartlichen Zusammenhaltes. Trotzdem: das Primat der *Art* ist gebrochen. Einzelne Erwerbsindividuen können überragende Bedeutung erlangen. Die eigentliche

Bedeutung liegt aber bei der aufbauenden Einheit Mensch – beim Menschenindividuum. Dieses kann jetzt besondere, ja beinahe unbeschränkte Macht ausüben.
Damit sind wir wieder beim Thema der »großen Verdiener«.

4

Galbraith hat die interessante Ansicht dargelegt, daß sich das Rückgrat der menschlichen Macht im Laufe der Geschichte zweimal verlagert habe.[3] Zunächst sei Grundbesitz der Schlüssel zur Macht gewesen. Später – mit einsetzender Industrialisierung – wurde Kapital zum zentralen Machtfaktor. Schließlich, seit etwa siebzig Jahren, ginge nun die Macht auf das Spezialistentum, besonders auf die technische und die Planungsorganisation, über. Kapital sei heute weit leichter beschaffbar als die zur Planung und Führung geeigneten Kräfte. »Die Macht verbindet sich stets mit dem Faktor, der am schwersten zu bekommen und am unersetzlichsten ist.«
Daraus folgt, daß in der ersten Periode die höchsten Verdienstmöglichkeiten beim Grundbesitz lagen, in der zweiten beim Kapitalbesitz, während sie nun in der dritten auf Koordinationsfähigkeit und spezialisiertes Wissen übergingen.
Von der Energontheorie her gelange ich zu einer ähnlichen Anschauung. Allerdings sind den genannten drei Machtfaktoren noch weitere hinzuzufügen.

5

Der erste Machtfaktor war nicht Boden, *sondern Sicherheit.* Die menschliche Machtentfaltung beruhte auf den künstlichen Organen: diese aber machten entsprechenden Schutz zur Voraussetzung. Wer also solchen Schutz bieten konnte, hatte – ganz automatisch – die erste Machtposition, das erste wirklich lukrative Monopol. Ganz automatisch unterordneten sich andere Menschen diesem Gefüge: seinem Machtbereich.[4]

Das ist auch der Grund, warum ich bei den Staatsformen das Modell »Staat als Gemeinschaftsorgan« an die Spitze stellte. Seine Struktur ist Grundvoraussetzung, Grundfunktion *jedes* Staates, die auch zur Gänze in jedem der anderen Modelle enthalten sein muß. Geschichtlich stand diese Staatsform wohl nur in seltenen Fällen (falls überhaupt je) am Anfang. Aber funktionell ist sie der eigentliche Kern.

Dies um so mehr, als die Waffen der Verteidigung meist auch für Angriff und Raub verwendet werden konnten. Die Unterordnung unter eine sicherheitsspendende Organisation bedeutete also meist auch Teilnahme an Erwerbsformen, die dem einzelnen nur sehr beschränkt offenstanden. Die Germanen zum Beispiel verachteten die Tätigkeit des Rodens. Ein in Schweden lebender Stamm nannte seinen König (Thoss) verächtlich »Traetelyja«, den »Bäumefäller«. Viel besser entsprach es ihrem Sinn, sich Gebiete zu erobern, in denen andere diese Arbeit bereits geleistet hatten.

Wer Sicherheit sowie Raubmacht bieten konnte, hatte in jener ersten Zeit ein starkes Erwerbsmonopol. Ganz freiwillig unterwarfen sich ihm Kräfte, die an Schutz und Raub teilhaben wollten. Sie waren gern bereit, sich mit einer mäßigen Pauschale oder Beteiligung abzufinden – während dem Herrscher, dem ersten Großunternehmer, der eigentliche Gewinn zufloß.

Noch stärker wurde diese Position, wenn dieser Erwerbskörper seßhaft wurde und es dem Herrscher gelang, den gesamten Erwerbsraum in seinen persönlichen Besitz zu bringen. Stabilisierte sich diese Ordnung, gewöhnten sich die Untertanen an sie, dann hatte er ein perfektes Monopol. Direkt oder indirekt konnte er am Ertrag jedes einzelnen profitieren. Direkt oder indirekt kam jeder Ertrag aus dem Boden – und dieses zentrale Machtmittel hatte er in der Hand.

Von dieser sicheren Basis aus konnten Raubkriege unternommen, konnten Sklaven und Beute heimgebracht werden. Oder die unterworfenen Gebiete wurden zur Tributleistung gezwungen. Noch Großstaaten – wie etwa Rom – gründeten ihre Macht weitgehend auf solche räuberischen Akte, blühten auf Grund der von anderen Völkern erpreßten Leistungen und der im eigenen Land arbeitenden Fremdsklaven. Zur Blütezeit Athens setzte sich die attische Bevölkerung aus 67000 freien Bürgern, 40000 Fremden und 200000

Sklaven zusammen. Die Städte Venedig und Konstantinopel spezialisierten sich auf Seeraub. Dieses Erwerbsgeschäft betrieb England noch bis ins 17. Jahrhundert. Der große Francis Drake war nichts anderes als ein im Dienste der englischen Krone tätiger Pirat. Wie D. Campbell schrieb, war »fast jeder englische Gentleman entlang der Westküste in diesem Gewerbe tätig«.[5] Fremde Schiffe wurden aufgebracht und nur gegen hohes Lösegeld wieder freigegeben. Ein vom Großherzogtum Toskana ausgeführter Überfall auf eine osmanische Handelsflotte soll 2 Millionen Dukaten eingebracht haben.

Spanien und Portugal streckten besonders lange Erwerbsarme aus: sie plünderten die in Südamerika unterworfenen Länder. 1528 brachte das Erwerbsorgan Cortez 200 000 Pesos heim (ca. 5200 kg Gold). 1535 zerstörte Pizarro das Inkareich und erpreßte als Lösegeld für Atahualpa Gold im Wert von 1 326 539 Pesos. Bei der Eroberung von Cuzco entsprach die Beute – soweit sie abgeliefert wurde – einem damaligen Gegenwert von ca. 185 Tonnen Silber.

Wurde der Raubstaat von einem absoluten Monarchen regiert, dann flossen diesem die Reinerträgnisse zu. Teilte eine Clique sich die Macht, dann war sie der profitierende Kern in diesem ihr anteilig gehörenden Berufskörper.

Im Staateninneren hatten diese Machtinhaber ein totales Monopol. Betrachteten sie – nach Modell vier – den Staat als ihr Erwerbsorgan, dann gab es unzählige Möglichkeiten, die ihnen unterstehenden Menschen und Erwerbskörper auszupressen.

Die Gemeinschaftsabgabe – »Steuer« – wurde zu einem inneren Tribut. Der Boden wurde bestmöglich verpachtet und erbrachte nicht nur eine entsprechende »Grundrente«, sondern außerdem noch Gratisarbeitsleistungen (Frondienst, Leibeigenschaft). Ein blendendes Geschäft war der »Ämterschacher«. Zu Beginn des 17. Jahrhunderts kostete in Frankreich das Amt eines Reichsgerichtsrates 45 000 Livres,[6] das des Präsidenten des Grand-Conseil 100 000 Silberécus. 1664 gab es – nach Zählung Colberts – nicht weniger als 45 780 »Chargen«, die vom Adel vergeben wurden, wofür insgesamt jährlich 419, 630 000 Livres einflossen.[7] Das Amt des Vizekönigs von Neuspanien kostete im Jahr 1607 4000 Pesos.[8] Jedes dieser Ämter war auch wieder ein Machtmonopol, das der Gesamtmonopolist Staat, bzw. der, der in ihm herrschte, vergeben konnte.

Sehr lukrativ war auch die Gewährung von Handelsmonopolen auf Salz, Alaun, Quecksilber, Kohle, Eisen, Glas, Leder, Papier – ja sogar auf Asche, Lumpen, gebrauchte Schuhe, Nadeln, Öl, Essig, Spielkarten und so weiter. Die Erzregale brachten den deutschen Fürsten gewaltige Einnahmen. Zur wichtigsten Einnahmequelle des Deutschen Ritterordens wurde das Bernsteinmonopol. Sehr bedeutende Einkünfte hatte der König von Portugal aus dem Handelsmonopol für Gewürze aus Ostasien.

Sodann hatten die Machthaber die Möglichkeit, das Geld zu manipulieren. Sie konnten ihre Untertanen zwingen, Goldgeld gegen weniger wertvolle Münzen einzutauschen, konnten solche in erhöhter Zahl prägen. Zum Beispiel gab der Bischof von Magdeburg hauchdünne Hohlpfennige heraus. Sie mußten jeweils nach etwa drei Monaten mit zwölf Prozent Verlust umgewechselt werden, sonst verfielen sie. Er verhinderte so jedes Geldhorten, erzwang einen raschen Geldumlauf und erzielte eine unausweichliche Kapitalsteuer. Unter den Stuarts wurden neue Formen von Gesetzesübertretungen erfunden und Geldstrafen dafür festgelegt, um so zu neuen Einkünften zu gelangen. Für den Papst war der Verkauf von Ablässen ein einträgliches Monopol – an dem sich auch wieder die Fürsten beteiligten. Sie erhoben Gebühren dafür, daß solche Ablässe verkündet werden durften. Christian II. von Dänemark erhob 1517 für die Verkündung des Petersablasses in Skandinavien 1120 Gulden, Kaiser Maximilian verlangte für nur zwei Kirchenprovinzen 3000 Gulden. Karl VII. von Frankreich verwendete eine Flotte, die aus Ablaßgeldern für den Kampf gegen die Türken ausgerüstet worden war, für seinen Krieg gegen Neapel.

All das sind Beispiele für die enormen Möglichkeiten, die sich den Herrschern – oder herrschenden Gruppen – als Inhaber der Staatsgewalt boten. Wilhelm III. von England hatte 1696 ein jährliches Einkommen von 700 000 Pfund, wobei ihn sein Hofbedarf weniger als zehn Prozent kostete: 90 Prozent konnte er für seinen Luxusbedarf verwenden. 1542 hatte Franz I. von Frankreich ein Jahreseinkommen von 5.788.000 Livres, wovon etwa die Hälfte Reinertrag war. Die Ausgaben von Ludwig XIV. betrugen 1685 28.813.955 Livres. Davon gab er allein für Bauten 15.340.901 Livres aus.

Heute hat Paul Getty, der als reichster Mann der Welt gilt, ein Jahresein kommen von etwa 200 Millionen Dollar. Das mag im Wertverhältnis noch höher sein, trotzdem reicht seine Macht nicht entfernt an jene der großen Könige heran. Getty muß für jede Leistung zahlen. Die Könige dagegen konnten ein ungeheures Ausmaß an Leistungen zusätzlich durch Befehl erhalten. Zu den direkten Einnahmen kam bei ihnen noch ein kaum abschätzbares Potential an Verfügungsmacht über Fremdenergie.

Das einzige Risiko für diese unvergleichliche Erwerbsform bestand darin, aus dieser Machtstelle durch andere verdrängt oder vom eigenen Volk beseitigt werden zu können. Je mehr ein Herrscher die Daumenschrauben anzog und von seinem Monopol Gebrauch machte, desto größer wurde diese Gefahr. Je mehr seine Herrschaft dem Modell vier entsprach, desto stärker mußte die innere Kontrolle und Bindungsstruktur werden – die Wirkungsstruktur zur Unterdrückung individueller Interessen.

Abbildung 37: **Hauptstufen in der Hierarchie der heute existierenden Energone**

a) Erste Stufe: die Einzeller. Zu ihnen gehören solche mit tierischer wie auch mit pflanzlicher Ernährung. Die Viren, als extreme Fremdenergieparasiten, gehören ebenfalls hierher.
b) Zweite Stufe: die Vielzeller. Sie bestehen alle aus Zellen. Sämtliche größeren Tiere und Pflanzen sind hier einzureihen, ebenso der Urmensch – genauer: der genetisch gebildete menschliche Körper.
c) Dritte Stufe: die Berufstätigen. Es sind Menschen mit zusätzlichen Funktionsträgern (künstlichen Organen), die ihnen zur Erbringung von Spezialleistungen verhelfen. Sie erwerben durch Tauschakte, nicht selten auch durch Raub.
d) Vierte Stufe: die Betriebe. Sie bestehen aus Berufstätigen, Werkzeugen, Maschinen, Anlagen und sonstigen Funktionsträgern, die alle ersetzbar sind. Alle größeren auf Erwerb (Profit) ausgerichteten Produktions- oder Dienstleistungsbetriebe sind hier einzureihen. Eine genaue Abgrenzung zu den Berufstätigen ist jedoch nicht möglich (vgl. Teil 1, S. 24).
c) Fünfte Stufe: die Staaten. Sie sind in mehr oder minder lockerem (»organisiertem«) Verband aus Berufstätigen und Betrieben aufgebaut.

Diese Stufenfolge richtet sich bloß nach den Größenverhältnissen und der Ineinanderschachtelung. Aus praktischen Erwägungen ist es zweckmäßiger, die Energone in andere Gruppen einzuteilen (vgl. Teil 1, S. 19f.). Auch die Staaten erfahren dann eine andere Einordnung.

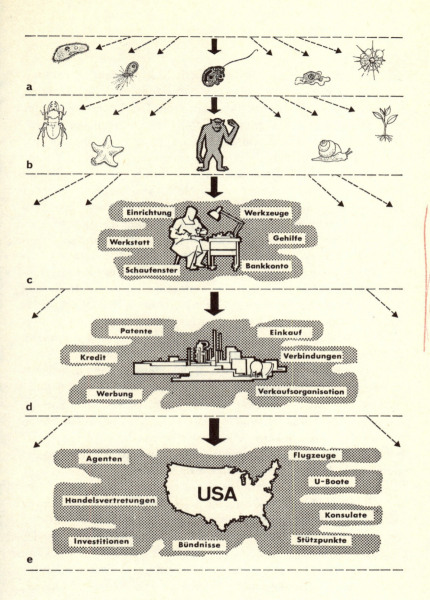

6

Eine ganz andere Basis für individuelle Machtentfaltung kam mit dem Tag in die Welt, da Menschen über den Weg des Tausches Energie und Stoffe zu erwerben begannen. Die Erwerbsquelle für diese Erwerbsart ist immer und ausschließlich menschlicher Bedarf. Dieser schafft eine Art von Spannungsfeld, das um so intensiver wird, je stärker solcher Bedarf ist und je größer die Energiepotenz dessen, der Bedarf hat. Das ist das Grundprinzip der menschlichen Wirtschaft, das wir »Angebot und Nachfrage« nennen. Von der Energontheorie her ist jedoch richtiger, die Reihenfolge zu ändern und von »Nachfrage und Angebot« zu sprechen. Denn primär ist die Nachfrage, sie steuert das Angebot. Erst sekundär kam es dahin, daß dieses Verhältnis sich manchmal umkehrte, daß also das Angebot dazu überging, die Nachfrage zu beeinflussen, ja zu steuern.[9] Das ist aber eine spätere Weiterentwicklung. Am Anfang stand stets die »Knappheit«. Der menschliche Bedarf schuf das Kraftfeld, das zur Ausbildung der anbietenden Strukturen führte. Er war das zu eröffnende »Schloß«, das für entsprechend angepaßte »Schlüssel« eine Daseinsgrundlage schuf.

Der erste und ursprüngliche Bedarf des Menschen ergab sich aus den ererbten Trieben und war weitgehend derselbe wie bei den tierischen Verwandten. Es war der Bedarf nach Nahrung, Wasser, Atemluft, Sicherheit, einem Geschlechtspartner und Aufzucht von Nachkommen. Dazu kam – ebenso wie bei anderen in Gruppen lebenden Tieren – ein Drang nach Anerkanntwerden innerhalb der Gemeinschaft und nach erhöhter Rangstellung.

Traditionelle Gemeinschaftsgewohnheiten traten als weitere triebhafte Kräfte hinzu. Der Drang nach »Neuem«, nach Veränderung der Lebensform tauchte zunächst nur schwach und sporadisch auf.

Die Möglichkeiten für Erwerb durch Tausch[10] können von der Funktion her in drei große Gruppen geteilt werden: Erstens kann das erwerbende Energon eine *Tätigkeit* anbieten: dann wird es für die Zeit seiner »Dienstleistung« zu einem Funktionsträger (Diener, Arzt, General, Dirigent, Versicherungsgesellschaft, Theater) des Nachfragenden. Zweitens kann es ein von ihm hergestelltes Produkt anbieten: dann stellt es (Schuster, Goldschmied, Betrieb zur Seifen- oder Lokomotivenherstellung, Erfinder, Schriftsteller,

Filmproduzent) einen Funktionsträger her und übermacht diesen dem Nachfragenden. Drittens kann das Energon zu einem *Vermittler* zwischen Nachfrage und Angebot werden (Hausierer, Warenhaus, Ehevermittler, Handelsgesellschaft).[11] Genaue Grenzen lassen sich nicht abstecken. Der Zahnarzt liefert eine Leistung (die Behandlung), gleichzeitig auch ein Produkt (die Plombe). Der Filmschauspieler macht von sich reden – macht »von sich schreiben« – und erbringt somit nicht nur eine Dienstleistung (seine Darstellung), sondern trägt auch zur Vermittlung zwischen Nachfrage (Kinobesucher) und Angebot (Film) bei.

Uns interessiert hier, ob sich aus dieser Unterscheidung Hinweise für große Verdienstmöglichkeit ergeben. Das ist nicht der Fall. In jeder der drei Gruppen gibt es die Möglichkeit zur Monopolbildung – die Möglichkeit für »große Verdiener«.

Dagegen ist eine andere Unterscheidung wichtig. Die Monopolbildung pendelt zwischen zwei Extremen: Entweder der Anbieter steht einem einzigen, besonders energiepotenten Nachfrager gegenüber (etwa einem König, der einen besonderen Wunsch hat), oder er steht einer Vielheit von Nachfragern gegenüber, deren Wunscherfüllung nur einen geringen Energiegewinn bringt (etwa Lieferung von Tabak), doch auf Grund der großen Nachfrage ebenfalls die Möglichkeit zu großem Gewinn ergibt.

Wir beginnen mit dem ersten Extrem – ich hoffe, daß ich mir nun meine weiblichen Leser nicht zum Feind mache.

7

Bestes Beispiel dafür ist nämlich die Erwerbsform der Frau. Sie fußt zum guten Teil auf einer angeborenen Qualität, die man in der Verhaltensforschung »Auslöserwirkung« nennt. Im normalen Sprachgebrauch nennt man eine Frau, die diese Qualität besitzt, »schön«, »reizvoll«.

Solange der Lebenskampf sehr hart ist, fällt diese Wirkung nicht sonderlich ins Gewicht. Das Grundverhältnis zwischen Mann und Frau ist beim Menschen von der Funktion her festgelegt. Es ist eine Symbiose: jeder Teil braucht den anderen. Grundlage dieser Beziehung ist die Fortpflanzung und alle damit verbundenen Leistungen, dazu kommt eine enge Partnerschaft, die sich auf alle Erwerbs- und Kulturbereiche ausdehnt und im einzelnen sehr verschieden strukturiert sein kann.

Im ursprünglichen Fall wurde die Verbindung meist vom Mann her geschlossen: durch Gewaltanwendung (Raub) oder Tausch (Kauf). Die Frau war weitgehend »Objekt«, ihre Individualität fiel wenig ins Gewicht. Noch heute sind bei manchen primitiven Stämmen die Kaufpreise für eine Frau recht pauschal festgelegt.[12] »Hübsch« oder »häßlich« waren keine bestimmenden Faktoren. Sobald der Mann jedoch zu Überschüssen kam und Luxuskörper zu bilden begann, änderte sich die Situation wesentlich. Die Frau konnte jetzt von ihren »naturgegebenen Waffen« Gebrauch machen. Es bot sich jetzt für sie die Möglichkeit zur Erringung von außerordentlichen Monopolstellungen im Erwerb.

Ein Beispiel ist etwa eine hübsche Magd namens Katharina, die um 1700 bei einem Pastor in Marienburg diente. Ein schwedischer Dragoner sah sie, heiratete sie. Anschließend wurde sie die Geliebte eines russischen Fürsten, und dieser trat sie seinem Monarchen, Zar Peter dem Großen, ab. 1712 fand die Trauung statt, 1724 ließ Peter der Große sie zur Kaiserin krönen. Nach seinem Tod folgte sie ihm als Katharina I. auf den Thron.

Das Besondere an dieser Art von Machterwerb, die sich bis zum heutigen Tag in keiner Weise verändert hat, ist der ungeheuer verschiedene Gegenwert, der in diesem Fall für ziemlich gleiche Tauschleistungen erworben werden kann. Von zwei Schwestern mag eine an einen Taglöhner gelangen, die andere wird Schönheitskönigin und Frau eines Millionärs. Jede hat letztlich das gleiche anzubieten: sich selbst für eine Partnerschaft. Manche häßliche Frau wird darin eine ähnliche Ungerechtigkeit erblickt haben, wie sie sich für Männer, die unbemittelt in die Welt kommen, ergibt – anderen gegenüber, die die Söhne reicher Eltern sind. Die Ausgangsbasis zum Erwerb ist in jedem der beiden Fälle ungünstig.

Mit wachsenden Überschüssen gewinnt der Trieb nach erhöhter Rangstellung – im allgemeinen – immer mehr das Übergewicht. Die übrigen Triebe lassen sich leicht befriedigen. Atemluft steht frei zur Verfügung. Essen und Trinken kann man nur soundso viel. Geschlechtspartner bieten sich dem Reichen in der Regel an. Weit

schwieriger ist es, das Streben nach gesellschaftlicher Anerkennung, nach hoher Rangstellung zu befriedigen. Durch Aufbau eines gewaltigen Luxuskörpers – Haus, Diener, Motorboot, Flugzeug und so weiter – kann man vielen mächtig imponieren, aber nicht allen. Sogar Würden und Ehren können erkauft werden. Aber im Wettbewerb um eine bestimmte Frau gibt es – zumindest für eine bestimmte Zeit – nur einen einzigen Sieger. Weiß die betreffende Frau diese Machtmöglichkeit zu nützen – oder hilft ihr die Familie dabei –, dann sind ihre Erwerbsmöglichkeiten geradezu unbegrenzt.
Von allen Eigenschaften, die einem Energon zu Macht und Reichtum verhelfen können, gibt es keine, deren potentielle Wirksamkeit sich mit »Schönheit« und »sexueller Anziehungskraft« vergleichen ließe. Das haben nicht nur attraktive Frauen aller Zeiten ausgenützt, sondern auch andere, die solche Mädchen und Frauen zu ihrem Erwerbsorgan machten. Die Familie machte den Anfang. Hübsche Töchter wurden aufgeputzt, durch kostspielige Erziehung wurde ihre Reizwirkung noch erhöht – Investitionen, um einen goldenen Fisch zu angeln. War das Mädchen auch noch klug und listig, dann konnten Machtpositionen, sonst durch kaum eine Waffe zu erobern, im Handstreich genommen werden.
In China wurde um 650 n. Chr. ein Mädchen namens Wu zur Konkubine des Kaisers. Sie erwürgte ihr eigenes Baby und beschuldigte die Kaiserin der Tat. Ihre Macht war schon stark genug: die Kaiserin wurde abgesetzt und später hingerichtet. Mehr und mehr wurde der Kaiser zu ihrer Marionette. Direkt oder indirekt gelang ihr die Ermordung von fünf Söhnen des Kaisers (darunter zwei eigenen). Weiter gelang ihr die Beseitigung zweier ihrer Brüder, einer Schwester, einer Nichte und von über hundert weiteren Verwandten. Nach dem Tod des Kaisers bestieg sie den Thron, entrechtete die herrschende Tschang-Dynastie und begründete die von ihr so benannte »Tschu-Dynastie«.[13]
Die Monopolstellung, die autokratische Herrscher sich erobert hatten, konnte so durch ein völlig andersartiges Monopol usurpiert werden. Die Hauptwaffe war hier eine ganz passive Wirkung: eine Auslöserwirkung, die nur ein bestimmter Mensch auf einen bestimmten anderen auszuüben vermag und durch die er diesen hilflos, wehrlos macht und schließlich seinem Willen unterwirft.

Umgekehrt können natürlich auch Männer durch ebensolche Auslöserwirkung eminente Erwerbsquellen aufschließen. Katharina II. schenkte jedem ihrer Liebhaber 100 000 Rubel in Gold sowie eine monatliche Apanage von 15 000 Rubel. Fürst Orloff und Potemkin bekamen noch weit mehr, besonders in Form von Rang und Macht. In unseren Tagen liegen hübsche Playboys auf der Lauer nach reichen Erbinnen. Eine weitere Möglichkeit für hübsche Männer bot sich zu allen Zeiten bei anderen mit homosexueller Anlage.

Ähnliche Machtstellungen auf Grund *individueller* Auslöserwirkungen finden wir in der Kunst.

8

Die Situation ist hier ähnlich. Auch hier gewinnt die »Erwerbswaffe« erst gegenüber Menschen mit entsprechenden Luxuskörpern größere Bedeutung. Auch hier ist der Geschlechtstrieb mit im Spiel, auch hier spielt der Imponiertrieb eine ausschlaggebende Rolle.

Zwei sehr verschiedene Wurzeln sind bei aller künstlerischen Entfaltung zu unterscheiden. Entweder wird »Kunst« – die künstliche Schaffung von »Schönem«, »Beeindruckendem« – um ihrer selbst willen betrieben: als glückspendender Luxus. In diesem Fall handelt es sich um eine Energie*abgabe,* um eine Verwendungsart für Überschüsse. Oder:»Kunst« dient dem Erwerb, dann zielt sie wie jede andere Berufsform auf aktive Energiebilanz hin.

In der Praxis sind die beiden Motive – wie bekannt ist – oft bis zur Unkenntlichkeit miteinander verflochten.

Die Energontheorie ist bloß für die Kunst als Erwerbsform zuständig. Wieder handelt es sich um einen Tauschvorgang. Besondere Darbietungen (Tanz, Gesang, Musik) oder besondere Produkte (Gemälde, ästhetisch gestaltete Gebrauchsgegenstände, Paläste) haben einen entsprechenden »Markt«, befriedigen einen vorhandenen Bedarf – sind Schlüssel, die gegebene Schlösser aufzusperren vermögen.

Ich möchte im folgenden eine etwas ketzerische Ansicht zu Papier bringen. Das Spannungsfeld, in das diese Art von Betätigung hineinwuchs, dürfte zuallererst der menschliche Imponierdrang gewesen sein. Sobald Herrscher oder sonstige Machthaber entsprechende Überschüsse zur Verfügung hatten, ging ihr Streben in der Regel dahin, sich selbst von den anderen zu differenzieren, diese zu übertreffen, ihrer Macht und Überlegenheit möglichst sichtbaren Ausdruck zu geben, die übrigen zu Bewunderung und Staunen zu veranlassen, sie einzuschüchtern. Wie aber konnte das geschehen? Der Reiche konnte sich ein doppelt oder zehnmal so großes Haus bauen, sich mit doppelt oder zehnmal mehr Wachen, Dienern, Frauen, Gebrauchsgegenständen und so weiter umgeben. Diese Form des Beeindruckens durch Größenentfaltung kam jedoch schnell an ihre Grenzen. Wie sollten gleich starke Machthaber einander imponieren? Wie konnte sich der eine vom anderen distanzieren, sich vor diesem auszeichnen?

Ich bin der Meinung, daß die hier gegebene Möglichkeit dem Menschen bereits »vorgezeichnet« war. Verfolgen wir die Stammesentwicklung der höheren Tiere, dann sehen wir überall dort, wo der Lebenskampf nicht äußerste Rationalisierung und Spezialisierung erzwang, den Einfluß der aus dem Sexualbereich stammenden Wertungen. Wir sehen die Entwicklung auffallender Farben, Zeichnungen und Formen, »prächtige« Schuppenkleider und Gefieder, eindrucksvolle Körperfortsätze und Bewegungsfolgen. Die geschlechtliche Zuchtwahl[14] trat hier in Konkurrenz zur natürlichen Auslese. Wenn die daraus sich ergebenden Formen – an denen sich unser Auge in einem Zoo erfreut – nicht nur dem Geschlechtspartner besser gefallen, sondern sogar uns Menschen, dann deutet das die gemeinsame Entwicklung an. Das Zentralnervensystem der höheren Tiere – und des Menschen – ist so beschaffen, daß bestimmte Kombinationen von Formen und Farben es beeindrucken. Das war – so scheint mir – der eigentliche Ausgangspunkt für *beide* Wurzeln der menschlichen Kunst: der Kunst um ihrer selbst willen, zur Erzielung von persönlichem Genuß, und der Kunst zu Erwerbszwecken.

Ob es darum ging, Dämonen und Geister einzuschüchtern, Glaubensgemeinschaften zu erschauernder Unterwerfung zu bringen – oder darum, rivalisierende Machthaber zu übertreffen: die Mittel dazu waren vorgezeichnet. Sie ergaben sich aus der Wertunterscheidung, die ursprünglich nur dem Geschlechtspartner galt, aus einer Wertung für ein »besser« und ein »schlechter«, die uns angeboren ist – und die durch kulturelle Tradition und Mode, wahrscheinlich auch durch Prägung und angeborene Lerndisposition mannigfach beeinflußt sein kann. Wer Leistungen erbringen konnte, auf die der andere auf Grund dieser Wertung ansprach, war der ursprüngliche »Künstler«. Diese Fähigkeit einer besonderen Auslöserwirkung gab ihm – ähnlich wie Schönheit – ein Machtmonopol, das, naturgegeben und künstlerisch verbessert, dem Menschen eine besondere Machtstellung bei anderen Menschen einräumt.

Besucht man Museen, in denen die ältesten Zeugnisse menschlicher Tätigkeit ausgestellt sind, dann kann man deutlich sehen, wie früh Schmuck und Verzierung auftaucht, wie früh die Machthaber dahin tendierten, durch ästhetisch wirksame Waffen, Gebrauchsgegenstände und Symbole hervorzutreten. Warum? Zum Teil wohl, weil es ihnen selbst gefiel, weil es ihre persönlichen Empfindungen ansprach. Hauptsächlich aber – so scheint mir –, weil es die Bewertungen der Rivalen und Untergebenen ansprach. Das heißt, nüchtern ausgesprochen: Nicht in der Freude, die die Kunst schenkt, hat diese ihren eigentlichen Nährboden. Ihre hauptsächliche Wurzel – das eigentliche Spannungsfeld – ist die Möglichkeit, andere zu beeindrucken, die eigene Eindrucksfähigkeit zu steigern und so das eigene Machtpotential zu erhöhen.

Jetzt kam die im Menschen schlummernde Tendenz zum Neuen hin deutlicher zum Vorschein. Auch das Neue verblüfft, beeindruckt. An das Alte, Vertraute gewöhnen sich die Sinne – das Neue bedeutet nicht nur die Möglichkeit zu Verbesserung und Fortschritt, es ist auch ein Imponiermittel. Somit ging auch dieses Element in die Kunst als Erwerbsform ein.

Die Königs- und Fürstenhäuser, als Inhaber der großen Überschüsse, sowie die Zentren der religiösen Organisationen waren die ersten Märkte für die Kunst. Hier war ständiger Bedarf an Imponierwerkzeugen – und die Künstler lieferten sie.

Im Rahmen dieser Entwicklung – und bei der Bedeutung, welche die Künste gewannen – kam es zu einem gesteigerten, verfeinerten Kunstverständnis und damit zu individuellen Machtpositionen: zu Monopolen. Wer Theodoros spielen sehen oder Caruso singen hören wollte, konnte dieses Erlebnis von keinem anderen geboten erhalten. Wer sich in den Kopf setzt, seinen Salon mit einem echten Picasso zu verzieren, der kann sich nur durch eines helfen: er muß einen echten Picasso erwerben.

Durch den technischen Fortschritt, besonders durch die Massenmedien, wurden die Erwerbsquellen für diese Monopole noch wesentlich vergrößert. Hier ist der Künstler dem durch Geschlechtsattraktion Wirkenden überlegen. Die Schönheitskönigin kann – zumindest je Zeiteinheit – immer nur eine oder beschränkt viele Erwerbsquellen »Mann« aufschließen. Die Partituren von Verdi, Lehár, Gershwin wurden tausendfach vervielfältigt, brachten oft an Dutzenden von Stellen gleichzeitig Einkünfte. Ein Film mit Clark Gable konnte gleichzeitig in mehreren tausend Kinos laufen. Durch Film, Radio und Fernsehen ist es möglich, daß heute Millionen von Menschen gleichzeitig eine besondere Auslöserwirkung genießen.

Mit der technischen Verbesserung der Massenmedien erhöht sich so laufend die Möglichkeit für künstlerischen Erwerb.

Bei sonstigen angebotenen Leistungen, Produkten oder Vermittlungen sind die Möglichkeiten weit mehr beschränkt.

9

Im großen Feld der nichtkünstlerischen Erwerbsform zählen letzten Endes Leistungen, die früher oder später auch ein Konkurrent erbringen kann. Der Weg zum Monopol ist hier ein anderer.

Er heißt »Marktkontrolle« und ist fast immer dornenvoll und lang. Eine naturgegebene Auslöserwirkung – wie beim Mädchen Wu – gibt es hier nicht. Die Konkurrenz muß langsam und beharrlich niedergekämpft, das Vertrauen in die eigene Leistung langsam und beharrlich aufgebaut werden. Je größer der Betrieb, je größer der Umsatz wird, desto eher besteht die Möglichkeit, das gleiche billiger und besser zu liefern. Und um so größer wird auch die Möglichkeit, den kleineren Konkurrenten zu schädigen, an die Wand zu drücken – und am Ende zu verschlucken. Wie Benjamin Franklin sagte, ist der wichtigste Weg zu Reichtum Arbeit und Sparsamkeit. Das ist auch der Weg zur Monopolbildung in der Wirtschaft (sofern sie nicht staatlich untersagt ist). Gute Leistung, Eifer, Sparsamkeit bedeuten: Die Überschüsse dürfen nicht in Luxuskörper einfließen – sie müssen im Energon verbleiben. So wachsen sie – so wächst das *Kapital*.

Dieses übt eine ganz ähnliche Anziehungskraft aus wie das Machtpotential der autokratischen Herrscher. Auch Kapital gibt Sicherheit und Erwerbsmöglichkeit. In anwachsende organisatorische Machtgebilde gliedern sich kleinere Erwerbsstrukturen – ganz freiwillig und zu deren Vorteil – mit ein.

Die Leistungsspitzen sind hier Monopolträger im kleinen – aber letztlich doch alle ersetzbar. Zu wirklichen Monopolstellungen gelangen im Rahmen dieser Wirtschaftssysteme nur die Ersinner von neuen Aufbau- und Verhaltensrezepten: die Erfinder. Solange für ihr »geistiges Produkt« noch kein Schutz bestand, hatten sie bloß die Möglichkeit, in eigener Produktion Nutzen aus ihrem Produkt zu erzielen. Wo dieses jedoch staatlich durch ein »Patentrecht« geschützt wird, ist ihre Erwerbsmöglichkeit nicht minder groß als die der Künstler. Für die Dauer von zwanzig Jahren können sie die Konkurrenz mit Staatsgewalt sperren, können ihre Ideen an viele vermieten. Ihr Risiko ist, daß ihr Patent durch ein anderes überholt wird – so wie auch Künstler das Risiko eingehen, daß sie durch die stärkere Wirkung anderer aus ihrer Vormachtstellung hinweggefegt werden.

Noch weitere Faktoren können hier Monopolbildungen fördern: Marktwitterung, Glück, herrschende Unordnung und Risiko.

Durch Wissen um Zusammenhänge haben Produktions- und Handelsunternehmen ungeheure Summen verdient. Oft nur ganz kurzfristig gelangten hier Energone zu Vormachtstellungen, die zu eminenten Überschüssen führten. Besonders günstig sind dabei Zeiten der Kriege, der Desorganisation. Dem Spürsinnigen, Eifrigen, Rücksichtslosen eröffnen sich dann bessere Möglichkeiten, sie sind nicht in ein festliegendes Netz geordneter Machtbeziehungen gezwängt. Glück hat schon manchen zum Millionär gemacht: wenn beispielsweise sein Grundbesitz Ölquellen enthielt. Und auch Risiko stellt eine Möglichkeit dar, die Konkurrenz auszuschalten. Das gilt etwa für alle unerlaubten Erwerbsformen. Durch Raub, Erpressung, Fälschung und so weiter kann man Millionen verdienen – das Erwerbsrisiko steigt jedoch entsprechend an.

Die sehr steigerungsfähige Machtpotenz – neben der staatlich gesicherten Erfindung – ist das Kapital. Es kann – im Rahmen seiner Transferierbarkeit – dorthin wandern, wo die besten Erwerbschancen gegeben sind. An fast jeder neuen Erwerbsform kann es sich beteiligen – dann nämlich, wenn es dort zum Aufbau gebraucht wird. Es ist von so großer Wichtigkeit, daß es entsprechende Sicherung und Zinsen verlangen kann. Es ist der eigentliche Puls, der eigentliche, in der Wirtschaft kreisende Kraftstrom.

Das Kapital wurde als einziger Funktionsträger zu einer selbständigen und weitgehend unabhängigen Größe. Es ballt sich zusammen, wächst in sich selbst. Aus den unterentwickelten Ländern fließen die Überschüsse dorthin, wo größte Sicherheit ist – zu den größten Zentren des Kapitals. Die heutigen Machtstellungen in der Wirtschaft sind in zunehmendem Maße an Neuerung und Verbesserung geknüpft. Forschung und Innovation kosten immer mehr Geld. So wie einst der Grundbesitz der eigentliche Schlüssel zur Macht war, so wurde durch die Industrialisierung das Kapital zu diesem Schlüssel. Wie Galbraith richtig sagte, entthronte der Produktionsfaktor »Kapital« den Produktionsfaktor »Boden«.

10

Galbraith zeigt nun, wie diese Macht wieder verebbt. In den amerikanischen Großunternehmen ist es nicht mehr der Aktionär, das Kapital, das den Betrieb leitet, sondern die innere Steuerungsstruktur (die »Technostruktur«). Diese sorgt dafür, daß die Überschüsse zum Großteil im Betrieb selbst verbleiben, zu Vergrößerung und Stärkung verwendet werden. Sie beschafft sich so weitgehend selbst das nötige Kapital – außerdem ist heute Kapital längst nicht mehr rar. Überschüsse, die nach sicherer und lukrativer Anlage suchen, werden immer häufiger.

Ich stimme nun aber nicht mit Galbraith' Folgerung überein, daß diese Entwicklung zu einem neuen Machtfaktor führt, der mit »Boden« und »Kapital« vergleichbar wäre. Die Technostruktur ist nicht individuell an ihrem Erfolg beteiligt. Ihre Angehörigen erzielen wohl hohe Gehälter, können aber zu keiner wirklichen Monopolstellung gelangen.

Von der Energontheorie her ist es nicht schwer zu erkennen, was in diesem Fall geschieht. Die Überschüsse gehen nun nicht mehr in individuelle Luxuskörper über – sondern verbleiben in den Energonen. Das bedeutet, daß nur einer wirklicher Nutznießer ist: der Lebensstrom. Greift diese Entwicklung um sich, dann tritt das individuelle Interesse des Einzelmenschen wieder zurück. Die großen Erwerbskörper verschlucken ihn, einzig ihre Zweckmäßigkeit diktiert dann den weiteren Weg. Während es dem klassischen Unternehmer in jedem Augenblick freistand, seinen Erwerbskörper zu verwandeln – indem er dazu überging, die Überschüsse seinem persönlichen Luxuskörper zuzuführen, auch wenn der Betrieb darunter litt –, geht in den »gereiften Betrieben«, in denen das Kapital seine Steuerungsfreiheit verliert, diese Freizügigkeit wieder verloren. Die Entwicklung kehrt dann zur Situation der Tiere und Pflanzen zurück, in deren großem Gefüge jede Einheit, die Keimzelle mit inbegriffen, nur festgelegte funktionelle »Rechte« hat.
Ich glaube eher, der Machtfaktor »Kunst«, den Galbraith nicht berührte, wird gegenüber dem Machtfaktor »Kapital« an Bedeutung und Einfluß gewinnen.
Das Kapital wird und muß an der Macht bleiben – gleichgültig, ob es uns in Gestalt staatlichen Kapitals (wie in Rußland) oder privaten Kapitals (wie in den USA) entgegentritt. Je größer die Unternehmen, je komplizierter die Produkte, je länger die notwendigen Erprobungen, desto mehr Kapital ist zwangsläufig erforderlich. Wer an diesem Kapital Anteil hat, wird auch weiterhin Teil eines Machtfaktors sein.
Gelangt die Menschheit – wie zu hoffen ist – zur Regelung der Probleme: Geburtenregelung, Vermeidung der Kriege, Abstimmung der Interessen, dann ist der menschlichen Bildung von Überschüssen kaum eine Grenze gesetzt. Immer mehr und immer machtvollere künstliche Organe können dann geschaffen werden, immer mehr Fremdenergie wird dann in den Dienst der menschlichen Interessen gespannt.
Was aber geschieht dann mit diesen Überschüssen? Sowohl zur Steigerung der eigenen Annehmlichkeiten wie auch zum ewig angestrebten Imponieren bleibt schließlich die Kunst – *im weitesten Sinne des Wortes* – der wichtigste und letzte Weg. Durch die immer besser werdenden Kommunikationsmittel werden die hier mögli-

chen Monopolwirkungen noch und noch gesteigert. Durch Reklame und Beeinflussung werden sie ebenfalls verstärkt. Ich glaube nicht, daß die künstlerischen Monopole die Finanzmonopole ablösen werden. Im Maße jedoch, in dem Kapital immer leichter verfügbar wird und die Finanzstrukturen immer mehr an Monopolkraft verlieren, werden die individuellen Monopole der Kunst an Macht gewinnen: Einzelfähigkeiten von besonderer Auslösekraft, die die Luxuskörper zunehmend beeinflussen und ausbeuten.

So wie im Anfang der Geschichte die Vergeber von Sicherheit und die Besitzer von Boden und in späteren Zeiten die Besitzer von Kapital, werden schließlich die Erschaffer von »Schönem«, »Erbauendem«, »Beglückendem« zu den ganz großen Verdienern werden.

Anmerkungen

[1] Schon Aristoteles wies darauf hin, daß das »allgemeine Geheimnis großer Reichtümer« in der Erlangung einer Monopolstellung bestehe. Er hielt Gelderwerb unter der Würde eines freien Mannes, wies aber doch mit einigem Stolz auf den Philosophen Thales von Milet hin, der, eine gute Ernte voraussehend, alle Ölpressen seiner Stadt aufkaufte. Zur Erntezeit verkaufte er sie dann zu gepfeffertem Preis. (»Politik« I.)

[2] Noch genauer: das Virus aktiviert *Fremdenergie*. Das ist aber auch für die menschliche Tätigkeit in zunehmendem Maße charakteristisch. Der Energieerwerb über den verdauenden Magen tritt in den Hintergrund, und immer größere Mengen von Fremdenergie, die direkt für uns wirkt, werden nutzbar gemacht. Unser Geld – das Erwerbsziel der von uns gebildeten Energone – ist dafür ein Symbol. Es ist eine *Anweisung auf fremde Leistung*. Auf *deren* Nutzbarmachung beruht »unser« Fortschritt – beruht der Fortschritt im zweiten Teil der Evolution.

[3] »Die moderne Industriegesellschaft«, S. 62–75.

[4] Diesen Zusammenhang dürfte C. L. von Haller vor Augen gehabt haben, als er schrieb, »daß jede Herrschaft, von welcher Art sie auch sei, auf einer natürlichen Überlegenheit beruht, jede Abhängigkeit oder Dienstbarkeit ein Bedürfnis zum Grunde hat«. Er fährt dann fort: »Beides hängt nicht einmal von dem Willen der Menschen ab; es ist vielmehr ein großes allgemeines und notwendiges Gesetz der Natur, daß der Mächtigere herrscht, sobald man seiner Macht bedarf; und wo immer in der Welt Macht und Bedürfnisse zusammentreffen, da entsteht notwendig ein Verhältnis, kraft welchem der ersteren die Herrschaft, dem letzteren die Abhängigkeit oder Dienstbarkeit zu Teil wird, was aber deswegen nicht minder zu beiderseitigem Vorteil abgeschlossen ist.« (»Handbuch der Allgemeinen Staatenkunde«, Winterthur 1808, S. 33.)

[5] W. Sombart, »Der moderne Kapitalismus«, München 1921.

[6] Das waren ca. 31,5 kg Gold.

[7] Ca. 295 Tonnen Gold.

[8] Ca. 104 kg Gold.

⁹ Diese Umkehrung gibt es auch in den planwirtschaftlichen Staaten. Im heutigen Rußland oder China kann nur nachgefragt werden, was angeboten wird – auch dort steuert oft das Angebot die Nachfrage.

¹⁰ Gemeinhin spricht man nur dann von »Tausch«, wenn ohne Geld gehandelt wird (»Tauschwirtschaft«). Aber auch jede Abgabe eines Produktes oder einer Leistung gegen Geld ist ein Tausch – nur eben gegen die Universalanweisung auf Fremdenergie »Geld«. Um dieses funktionelle Prinzip stets zu unterstreichen, verwende ich die Bezeichnung »Tausch« auch dort, wo man gewöhnlich von »Verkauf«, »Miete« und so weiter zu sprechen pflegt.

¹¹ In der Wirtschaft unterscheidet man zwischen Dienstleistungs- und Produktionsbetrieben. Vermittlertätigkeiten zählt man dort ebenfalls zu den Dienstleistungen. Praktisch sind sie auch solche, vom Erwerbsprinzip her betrachtet besteht aber doch ein Unterschied.

¹² Zum Beispiel betrug noch 1948 bei den Ndorobos, einem Stamm in Ostafrika, der Kaufpreis für ein Mädchen 5 Töpfe Honig, 5 Bienenkörbe, die Hälfte eines weiblichen Elefanten samt Stoßzahn, außerdem zwei Rinder. War der Bräutigam zu arm, dann konnte er auch einen Teil davon abzahlen, indem er dem Schwiegervater als Jäger diente. (N. Mylius, »Ehe und Kind in abflußlosen Gebieten Ostafrikas«, Wien 1948, S. 80). Bei den Afghanen wurde nach Elghinstone jedes Mädchen mit 60 Rupien eingestuft. Mit dieser Währung konnten auch Strafen abgezahlt werden: 12 Mädchen schuldete man für einen Mord, 6 für eine Nase, 3 für eine Zehe. (R. Heymann-Dvorák, »Der internationale Menschenmarkt«, Berlin 1904, S. 69.)

¹³ Diese bestand allerdings nur 15 Jahre, dann kam wieder die Tschang-Dynastie an die Macht.

¹⁴ Diese Bezeichnung prägte Darwin, der als erster die besondere Bedeutung dieses Vorganges aufzeigte (»The Descent of Man and Selection in Relation to Sex«, 1871).

V
Der bunte Garten

Seit drei Jahrhunderten studieren wir statt der Gegenstände ihre Zeichen, statt des Terrains die Karte.
Hippolyte Taine (1828–1893)

Die vielgestaltigen Formen und Arten betrieblicher Leistungserstellung lassen sich irgendwie auf die Beziehung Faktorenertrag zu Faktoreneinsatz zurückführen. Bei dieser Beziehung handelt es sich um eine Produktivitätsbeziehung. Indem wir sie zum Ausgangspunkt unserer Analyse des Produktionsprozesses machen, führen wir unsere Untersuchungen gewissermaßen auf die Kernfunktion der industriellen Produktion zurück. Gutenberg (1951)

1

Die gesamte belebte Natur mit all ihren vielen Tieren und Pflanzen gleicht einem bunten Garten. Die gesamte menschliche Wirtschaft mit all ihren unzähligen Erwerbsstrukturen gleicht ebenfalls einem bunten Garten. Nach unserem gewohnten Denken haben diese beiden »Gärten« nicht das geringste miteinander zu tun. Von der Energontheorie her sind es deren jedoch nicht zwei: es ist bloß einer. An ihrer Oberfläche bieten sowohl die Wirtschaft als auch die belebte Natur ein erbauliches und friedliches Bild. Hier und dort entfalten sich Fähigkeiten, ist emsige, fruchtbare Tätigkeit am Werk. Wehe jedoch, wenn wir genauer prüfen. Hier wie dort ist der bunte Garten in Wahrheit ein Schlachtfeld. Hier wie dort stehen die einzelnen Erwerbskollegen, diese »Brüder« und Teile in der gleichen Entwicklung, in einem erbitterten Kampf gegeneinander. Wo einer eine Schwäche zeigt, erobert ein anderer seine Position. Zwischen manchen bestehen wohl Schutz- und Trutzbündnisse – doch weniger aus Freundlichkeit, als aus eigenem Interesse. Die menschlichen Gefühle – im Rahmen unseres »Ichs« so wichtig, zur Wertung der Welt weit weniger – sind nur untergeordnete Kriterien zur Beurteilung dieser Vorgänge. Der Lebensstrom hat gleichsam Millionen von Fangarmen, er besteht in der Tat aus nichts anderem. Sie züngeln vor wie Flammen, oft verschlingen sie einander gegenseitig.

Nicht jeder dieser »Fangarme« bedroht die Existenz des anderen. Das räuberische Energon bedroht seine Beute – doch wie wir gesehen haben, kommen Räuber und Beute notwendigerweise zu einem Gleichgewicht. Vernichtet die räuberische Art ihre Beute, dann vernichtet sie sich selbst. Weit schlimmer ist der Kampf zwischen den »Konkurrenten«, die es auf die gleiche Beute abgesehen haben. Doch auch hier besteht nicht zwischen allen vortastenden Fangarmen Rivalität.

In der Wirtschaft stört die Tätigkeit eines Arztes oder eines Schneiders die eines Bäckers in keiner Weise. Im »Garten« der Tiere und Pflanzen ist es nicht anders. Die Tätigkeit des Löwen stört nicht die der Bodenwürmer, die Tätigkeit der Tannenbäume nicht die der Viren.

In der Wirtschaft unterscheidet man »homogenen« und »heterogenen« Wettbewerb. Für Hühnerlieferanten sind nicht nur andere Hühnerlieferanten eine Konkurrenz, sondern auch Anbieter von Gänsen und Enten, aber auch die von Kalbfleisch. Im Fasching beeinträchtigen Maskenbälle die Einnahmen der Kinobesitzer und der in den Kinos etablierten Zuckerwarenverkäufer. Auf indirektem Wege untergräbt hier ein Anbieter den Markt des anderen, beeinträchtigt so das Spannungsfeld eines ansonsten bestehenden Bedarfs. Auch bei den Tieren und Pflanzen gibt es nicht minder viele Formen indirekter Beeinträchtigung. Breiten sich Parasiten aus, die das Brutgeschäft einer Art stören, dann beeinträchtigen sie auch den »Markt« für alle Räuber, die von den erwachsenen Tieren dieser Art leben. Wo die Würgfeige (eine Lianenart, die an Pflanzen hochklettert und sie erstickt) sich ausbreitet, vernichtet sie die Energiequelle für alle Pflanzenfresser, die auf ebendiesen betroffenen Baumarten zu Hause sind.[1]

In der Wirtschaft sind oft Strukturen von *sehr verschiedener Größe* Konkurrenten an der gleichen Erwerbsquelle. Speiseeis wird von winzigen Betrieben hergestellt (Besitzer und Frau, ein Geselle, Laden, einige Hilfsmittel), ebenso aber auch von großen industriellen Unternehmen. Im Meer leben winzige Fische vom gleichen Plankton wie der Bartenwal. Hier wie dort kann das große Energon das kleine (meist) nicht ganz verdrängen. Das große arbeitet wirtschaftlicher, und seine Macht ist ungemein größer. Jedoch an die gesamte Erwerbsquelle kommt es (meist) doch nicht heran. Die »Zwischen-

räume« sind groß genug, um auch sehr kleinen Konkurrenten (mit geringen laufenden Kosten und Ansprüchen) ein Auskommen zu sichern.[2]
Alle vom Menschen gebildeten Erwerbskörper brauchen zu ihrer Vergrößerung Stoffe. Wirtschaftsbetriebe erwerben entweder Grundstoffe (und das Energon baut sie selbst in sein Gefüge ein), Halbfertigprodukte oder schon gebrauchsfertige Funktionsträger (Maschinen, neue Arbeitskräfte). Bei den Organismen ist es nicht anders. In Form von Wasser, Gasen, Salzen usw. gewinnen sie Grundstoffe. In Form geraubter Moleküle gewinnen sie Halbfertigprodukte: Beispielsweise wird gefressenes Eiweiß nicht total, sondern nur bis zu den Aminosäuren abgebaut – und aus diesen wird dann eigenes Eiweiß erzeugt. Gebrauchsfertige Funktionsträger können nur selten erworben werden. Der Einsiedlerkrebs erwirbt das leere Schneckenhaus, manche Schnecken, die Korallenpolypen fressen, bauen deren Nesselkapseln in das eigene Verteidigungssystem ein. Hilfskräfte (Organismen) werden auch hier gelegentlich hinzugewonnen, etwa bei allen Formen der Symbiose.

Ein interessanter Unterschied zwischen den künstlichen Organismen und den Tieren und Pflanzen ist der, daß die Wirtschaftskörper auch »Rezepte« erwerben können. Sie können solche in Gestalt von Patenten kaufen oder durch Anstellung von Fachleuten deren Erfahrungen mieten. Die gesamte wissenschaftliche Literatur steht ihnen zum Rezepterwerb offen. Das können die Tiere und Pflanzen noch nicht. Diese Möglichkeit – die zu einer ungeheuren Machtsteigerung innerhalb des Lebensstromes führte – eröffnete erst der »Erwerbsfangarm« Mensch.

Sind das oberflächliche Parallelen und banale Unterschiede? Von der Evolution her betrachtet bestimmt nicht. Denn ob ein Vogel so oder anders aussieht, ob ein Organismus am Ort festsitzt oder mit Flossen umherschwimmt, ist kein absolutes Kriterium seiner Leistungsfähigkeit, seines biologischen Wertes. Das sind Äußerlichkeiten, die unsere Sinne, unser Gehirn beeindrucken. Zusammenhänge dagegen, die in allen Energongruppen in Erscheinung treten, führen uns weit näher an das Wesen dieser Strukturen heran, an die Problematik, die für Sein oder Nichtsein jedes einzelnen dieser »Fangarme« ausschlaggebend war und ist.

2

Der Schlüssel muß an das Schloß herankommen. Kommt das Schloß von selbst zu ihm, dann kann er am Ort festsitzen, andernfalls muß er beweglich sein, muß imstande sein, das sich bewegende Schloß zu finden.
Ist das Schloß wehrlos (wie etwa ein am Ort festsitzendes Pflanzenblatt), dann genügt der Kontakt des Schlüssels mit dem Schloß. Dem Erwerbsprozeß steht dann kein wesentliches Hindernis entgegen. Ist dagegen das Schloß wehrhaft, verteidigt es sich (wie etwa ein flüchtendes oder beißendes Tier oder ein Kunde, der gar nicht die Absicht hat, ein Produkt, das ihm angedreht werden soll, zu kaufen), dann sind besondere Verfolgungs- und Kampfmaßnahmen notwendig. Es fällt uns – nach unserem gewohnten Denken – schwer, die Zähne eines Raubfisches mit dem Anpreisungsgeschrei des Straßenverkäufers zu vergleichen. Solche Vergleiche wurden wohl schon oft angestellt – aber eher der amüsanten Wirkung willen, als um der Wahrheit näherzukommen. Funktionell dagegen sind diese Zusammenhänge wichtiger als der äußere Unterschied zwischen einem Fisch und einem Straßenverkäufer. Vom Lebensstrom her gesehen – und nur dieses Kriterium gilt letztlich – sind die *äußeren* Unterschiede belanglos, banal. Wesentlich ist nur die Funktionskraft, das Ergebnis. Wie die einzelnen Erwerbsfangarme des Lebensstromes aussehen, fällt überhaupt nicht ins Gewicht, beeinflußt nicht grundsätzlich ihre Konkurrenzkraft. Daß dagegen der Schlüssel seinem Schloß entsprechen muß, *das beeinflußt die Konkurrenzkraft.*
Die Erwerbsquelle kann verschieden ergiebig sein. Die Pflanzenblätter sind am Abend mit Zucker und Eiweißstoffen vollgestopft; bei Nacht überwiegt der Abtransport zu den Verbrauchs- und Speicherstellen; am Morgen sind die Blätter verarmt. Abendfraß ist somit weit ergiebiger als Morgenfraß. Im Frühjahr sind die jungen Blätter weich, voll von Nährstoffen, arm an Zellulose; im Herbst überwiegen dann die Stützgewebe. Die Larven der Miniermotte brauchen deshalb in der Frühjahrsgeneration nur zwei bis drei Tage vom Ei bis zur Verpuppung, in der Herbstgeneration mehrere Wochen. Für die Prostituierte ist der Erwerb nach dem Abendessen weit günstiger als etwa am Morgen, nach dem Monatsersten weit

besser als zu Monatsende. Ist das völlig unvergleichbar, unwesentlich? Vom Lebensstrom her ist unwesentlich, ob ein Erwerbsfangarm die Gestalt einer Miniermotte oder einer Prostituierten hat. Wesentlich dagegen ist, daß diese Energone periodisch schwankenden Erwerbsquellen gegenüberstehen – und darauf abgestimmt sein müssen. Was dabei die Schwankungen verursacht, ist vom Energon her betrachtet irrelevant, gehört nicht zu den die Konkurrenzkraft beeinflussenden Faktoren.

Hier wie dort gibt es auch Erwerbsquellen, die für längere Zeit total aussetzen oder unzugänglich werden. Das macht hier wie dort entsprechende Reserven nötig: Für deren Größe gibt es optimale Werte. *Diese* zu treffen, ist für solche Energone von entscheidender Wichtigkeit. Sind die Reserven zu groß, dann ist das ein überflüssig gebundenes Kapital – eine Verminderung des Konkurrenzwertes. Sind sie zu klein, dann wird das Risiko zu groß – und auch das vermindert den Konkurrenzwert. Die beste Balance richtet sich nach den durchschnittlichen Schwankungen in den erwerbslosen Phasen. Auch diese Werte sind somit zur Ermittlung der Konkurrenzkraft wichtig.

Eine andere Lösung ist die der Stillegung. Das Wintersporthotel wird im Sommer zugesperrt, das Murmeltier fällt im Winter in den »Winterschlaf«. Die laufenden Kosten werden durch diese Maßnahmen auf ein Minimum gesenkt. Der optimale Durchschnittswert für notwendige Reserven wird so vermindert.

Eine dritte Lösung ist die des Ausgleichserwerbs. Der Eisverkäufer vermietet im Winter sein Lokal an einen Kohlenhändler, der Singvogel fliegt Tausende Kilometer weit zu einem anderen Erwerbsplatz. Zur Überbrückung flauer Geschäftszeiten nehmen viele Betriebe weitere Produkte in ihr Produktionsprogramm auf. Voraussetzung für diese Art von »Reserve« sind zusätzliche Strukturen und Rezepte, die solche Umstellungen gestatten. Die Organismen sind hierbei auf erbliche Rezepte angewiesen, bei den menschlichen Erwerbskörpern, die Teile abstoßen und ganz andere hinzuerwerben können, werden gerade solche Rezepte besonders entwickelt.

»Flexibilität«, Anpassungsvermögen, »Geschmeidigkeit der Strukturen«, »Leichtigkeit, Strukturen zu ändern«, kurz »Elastizität des Betriebes« gelten in der modernen Industrie – die den sich immer schneller ändernden Märkten gegenübersteht – als besonders wichtiger Konkurrenzfaktor.

3

Sehr wesentlich ist die *Konzentration* der Erwerbsquelle je Areal und Zeiteinheit. Wie ergiebig ist sie? Welche Energie- und Stoffmengen können ihr an einem bestimmten Punkt – durchschnittlich – entzogen werden? Wie schnell regeneriert die Quelle ihre »Kapazität«?
Fragen wir so, dann wird eine Problematik deutlich, die jedes Energon – ohne Ausnahme – gleichermaßen trifft.
Für die meisten Landpflanzen besteht kein Mangel an Sonneneinstrahlung; limitierende Faktoren sind hier der zum Energieerwerb nötige Stofferwerb sowie die klimatischen Verhältnisse. Demnach unterscheiden wir zwischen »guten und schlechten Böden«. Experimentell läßt sich jeweils feststellen – und solche Experimente sind zur Genüge angestellt worden –, wieviel an »Biomasse« eine bestimmte Pflanzenart an einem bestimmten Standort produzieren kann. Im Prinzip läßt sich so für jede Pflanzenart eine Karte ausarbeiten, in der die durchschnittlichen Produktionsziffern je Areal eingetragen sind: einerseits für den Fall, daß keine Konkurrenz vorhanden ist (wenn diese etwa künstlich beseitigt wird), anderseits bei der am jeweiligen Punkt gegebenen Konkurrenzsituation. Die ergiebigsten Böden (oder Gewässer) können in dunkler Farbe eingetragen sein, jene mit geringeren Durchschnittswerten entsprechend heller. Weiß fallen dann alle Gegenden aus, wo die betreffende Energonart überhaupt keinen Erwerb zustande bringt – wo dieser Schlüssel also kein passendes Schloß findet.
Eine ebensolche Karte läßt sich auch für jede im Wasser oder an Land lebende Tierart – und ebenso auch für jede »Art« von Wirtschaftskörper – ausarbeiten. Je mehr »Beute« oder je mehr »Bedarf« sich in einem gegebenen Areal aufhält, um so »dunkler« wird dann für die entsprechenden Arten die betreffende Region.
Was in diesem Fall ermittelt wird, ist das durchschnittliche Potential, dem die jeweilige Energonart gegenübersteht – ein spezifisches, energetisches Spannungsfeld.

Bei manchen Bäumen – besonders Ulmen – strömen aus Verletzungen des Stammes nährstoffreiche Säfte aus. Um diese sogenannten »Synusien« versammeln sich große Zahlen von Organismen (Bakterien, Pilze, Würmer, Milben) sowie weitere, die wieder auf diese Jagd machen.
Für Meerestiere sind wieder Gegenden optimal, wo warme und kalte Strömungen aufeinandertreffen (etwa bei der Doggerbank oder bei den Galapagosinseln). Ein nicht endender Regen von absterbenden Organismen (die den Temperaturunterschied nicht ertragen) ist die Folge: ein ständig reich gedeckter Tisch. Ungeheure Mengen von Kleinlebewesen versammeln sich um diese leicht erschließbare Quelle, größere ernähren sich von diesen, wieder größere von jenen.
Im Bereich der menschlichen Wirtschaft sind Großstädte oder Vergnügungsorte Zonen von ähnlicher Ergiebigkeit. Je mehr Menschen an einem bestimmten Punkt zirkulieren – und je mehr Geld, also verfügbare Überschüsse, sie in den Taschen tragen –, desto ergiebiger – und damit wertvoller – wird für anbietende Energone dieser Platz. Und auch hier haben wieder auf Raub spezialisierte Erwerbskörper ein günstiges Feld für ihre Tätigkeit.
Decken sich für mehrere Energonarten die optimalen Zonen, dann zieht das wie eine Lawine weitere optimale Zonen für andere Energonarten nach sich. Jeder Nutznießer wird selbst wieder zu einer möglichen Quelle der Nutznießung. Das ist im Organismenreich nicht anders als im Wirtschaftsleben.[3]

4

Manche Quellen fließen stoßweise, bieten jedoch – wenn sie fließen – eine plötzliche und große Erwerbsmöglichkeit. Für Energone, die solche Quellen erschließen, ist wichtig, daß sie die seltene Chance bestmöglich nützen. Ob es sich dabei um einen Organismus oder um einen menschlichen Erwerbskörper handelt: das sich daraus ergebende Problem ist das gleiche.
Es stellt sich im Hotelfach, wenn während der Feiertage übergroße Nachfrage nach Zimmern oder Mahlzeiten herrscht. Dann heißt es:

Wie viele können maximal untergebracht und verköstigt werden? Bei Produktionsbetrieben gibt es dieses Problem, wenn plötzlich eine übergroße Nachfrage nach den erzeugten Produkten auftritt. Dann wird – wie der Betriebswirt sagt – eine entsprechende »Kapazitätsreserve« wichtig. Eine gewisse »Elastizität« in der betrieblichen Leistungserstellung kann dann eine wichtige Steigerung des Eignungs- und Konkurrenzwertes bedeuten. »Anpassungsfähigkeit« ist hier von Bedeutung.

Die Riesenschlange (Python) kann durch besondere Erweiterungsfähigkeit des Kiefers und des Magens eine Ziege oder ein Wildschwein zur Gänze verschlingen. Manche Tiefseefische vermögen andere Fische zu verschlucken, die größer sind als sie selbst. Der Blutegel kann bis zum Zehnfachen seines eigenen Gewichtes an Blut – also Beute – auf einmal aufnehmen. Das sind Lösungsbeispiele für das gleiche Problem im Tierreich.

Spinnen stellen überzählige Beute durch Einspinnen sicher, viele Tiere verstecken Teile ihrer Beute im Boden. Die Verdauung wird in diesen Fällen auf später verschoben. Gelingt es einem Produzenten, die Nachfrager an das eigene Produkt zu fesseln (was ihm eine Art von Monopolstellung gibt), dann kann es ihm gelingen, sie bei übergroßer Nachfrage auf entsprechend lange Liefertermine zu vertrösten. Auch in diesem Fall wird eine stoßweise auftretende Erwerbsquelle sichergestellt, auch in diesem Fall der eigentliche Erwerbsakt später vollzogen.

5

In der Wirtschaft spielt der »Umschlag« eine große Rolle. Der Brotverkäufer schlägt – in Relation zum Betriebskapital – viel um und kann darum mit einer geringen Gewinnspanne arbeiten. Der Antiquar alter Bilder oder der Vertreter für Düsenflugzeuge kommen dagegen weit seltener an ein Geschäft. Um so höher muß dann der konkrete Gewinn sein, um diesem Typ von Energon eine Existenzmöglichkeit zu sichern.

Bei den Tieren ist das nicht anders. Einen großen Umschlag mit geringer Gewinnspanne hat etwa der Regenwurm. Er schaufelt in gro-

ßer Menge Erdreich durch seinen Körper hindurch: Die Menge darin enthaltener organischer Bestandteile, die er verwerten kann, ist relativ gering. Da ihm jedoch Erdreich in beliebiger Menge zur Verfügung steht, rentiert sich dieser Betrieb doch. Auch das Fressen von Algen und Schlick »erfordert viel Futter, um den Bedarf zu decken«. Bei der Mützenschnecke unserer Bäche und Flüsse wurde gemessen, daß sie beim Fressen innerhalb von einer Stunde 110mal Kot in Würstchenform entleert und dabei eine Gesamtwürstchenlänge vom Zehnfachen der eigenen Körperlänge erreicht.[4] Zwölf Minuten genügen diesem Energon, um Nahrung durch sein Darmrohr zu befördern.
Die Zecke, die Tierblut gewinnt, erbeutet damit so konzentrierte Nahrung, daß ein einziger erfolgreicher Erwerbsakt ihr für das ganze Leben genügen kann. In der Wirtschaft sind Geld, Gold und Juwelen besonders konzentrierte Energieträger. Der Räuber oder Kassenschränker, der an größere Mengen dieser Beute herankommt, hat zwar nicht für sein Leben ausgesorgt – jedoch immerhin für lange.
Daß jedes dieser Erwerbsextreme dem entsprechenden Energon besondere funktionelle Bedingungen stellt, liegt auf der Hand. Sie sind hier wie dort die gleichen. Das auf großen Umschlag angewiesene Energon muß ständig an der Erwerbsquelle sein, muß diese unermüdlich »bearbeiten«. Das auf konzentrierten Erwerb spezialisierte Energon muß warten können. Hier kommt es nicht auf gleichmäßige, möglichst rationelle Tätigkeit an – sondern auf einen erfolgreichen Einzelakt, egal was er kostet.

6

Die Erschließung jeder wehrhaften Quelle erfordert Strategie und entsprechende Waffen. Bei den Tieren ist beides meist angeboren – bei den menschlichen Erwerbskörpern ist beides meist erworben. Vom Energon her betrachtet ist dieser Unterschied unerheblich, eine Vorgeschichte. Wichtig ist bloß, daß das Energon über die nötigen Strukturen – Werkzeuge – und über die nötigen Verhaltensnormen – Techniken – verfügt.

Die beste Strategie ist hier wie dort die, das Koordinationszentrum der Beute in Gewalt zu bekommen. Gelingt dies, dann werden alle Schutz- und Abwehrmaßnahmen hinfällig.

Wenn der sogenannte »Angler« ein wurmähnliches Flossenende über seinem Maul hin und her führt, dann wird die Beute über eine solche Beeinflussung erworben. Ein angeborener Reaktionsmechanismus im Gehirn anderer Fische wird aktiviert – »getäuscht«. Das Flossenende löst bei ihnen Angriffsverhalten aus, »sie halten es für ein freßbares Tier«, stürzen sich darauf – und landen in einem Magen.

Auf solche und ähnliche Weise verwandeln Raubtiere *die Funktionsträger ihrer Beute in eigene.* Sie durchbrechen so deren Schutzmaßnahmen, lenken sie in ihr Verhängnis.

Der intelligente Mensch kann unvergleichlich mehr an solchen »Listen« hervorbringen. In jedem solchen Fall (Übertölpelung durch »Bauernfängerei«, Irreführung der Staatsgewalt, Hinterslichtführen der Konkurrenz, Kriegslist) werden angeborene oder erworbene Reaktionen ausgenützt, gewinnt ein Energon Macht über ein gegnerisches Koordinationszentrum.

Auch bei den Erwerbsformen durch Tausch wird diese Technik in jeder nur denkbaren Spielart angewandt. Der Tauschpartner wird getäuscht und übertölpelt – das heißt: er tut, was er eigentlich gar nicht tun will. Höchste Entfaltung erreichte diese Waffe in der auf Marktschaffung ausgerichteten Werbung. Mit deren Waffen wird heute – ganz legal – Einfluß auf den anderen Menschen genommen. Ist dieser das Zentrum eines Berufskörpers oder eines Betriebes, dann richtet sich diese Waffe gleichsam auf den Kern des Kernes. In der Erwerbsstruktur ist der Mensch das leitende Zentrum, in diesem selbst ist es das Zentralnervensystem. Und dieser bedeutsamste und verwundbarste Punktes wird unter Beschuß genommen.

Auf höchst komplizierten Wegen – besonders gut beschrieb sie Vance Packard[5] – wird auf Bestandteile in diesem komplexen Mechanismus eingewirkt. Das bewußte »Ich«, die oberste Kommandostelle, wird tunlichst umgangen. Sie ist oft mißtrauisch und abwehrbereit. Ziel der Einwirkung ist das Triebparlament, dessen Macht dieses Ich oft gar nicht erkennt – oder nicht wahrhaben will. Dort, in das Stimmengewirr der Instinkte und Gewohnheiten, werden neue »Rufe« und Meinungsäußerungen eingeschmuggelt. Assoziationen

werden in diesen »untergeordneten«, dem Bewußtsein weitgehend entzogenen Zentralen geknüpft, die später zu ganz bestimmten Entschlußbildungen führen. Wünsche werden dort ausgelöst oder geweckt, die im großen Projektionsraum »Phantasie« entsprechende Wunschgebilde erstehen lassen. Getarnt als Information, Freund und Helfer beginnt diese Art von Werbung das innere Parlament zu dirigieren, manchen »Koalitionen« entgegenzuwirken, neue zu bilden. Der beeinflußte Mensch kommt so an das Gängelband. Er ist überzeugt, daß er will, was er will – und er wird gewollt.
Es gelingt so, ihn – in fremdem Interesse – zu einem Nachfrager zu machen. So wie die Beute des Anglers auf das Fähnchen zueilt – und im Magen endet, so eilt der manipulierte Bedarf freiwillig zum Tausch und erwirbt, was er gar nicht haben will, nicht haben wollte. Da nur ein Stück seines Potentials in den Magen des Produzenten gerät, trifft es ihn weniger. Außerdem will er es oft nicht wahrhaben. Da das »Ich« nun einmal diese Entscheidung faßte – betrachtet es sie als seine eigene Entscheidung. Und da dieses »Ich« sehr oft zu gar keiner eigenen Entscheidung fähig war, ist ihm diese lieber – als gar keine.
Das sind jedoch nur verhältnismäßig kleine Erträge, die durch Manipulation des fremden Koordinationszentrums zu erreichen sind. Am wirkungsvollsten und elegantesten ist es, die fremde Leitungszentrale ganz durch den eigenen Willen zu ersetzen. Bei den Organismen gibt es das kaum [6] – in der Welt der nicht verwachsenen Erwerbskörper des Menschen dagegen schon. Der Weg ist fast immer gewaltsam. Ein Beispiel dafür ist der schon besprochene »Staatsstreich«. Wer das Heer – die größte Macht im Staatskörper – kommandiert, hat die dazu nötigen Fäden in der Hand.
Das eigentliche Steuerungszentrum ist hier entweder der Wille des absoluten Monarchen oder das Rezeptbuch »Verfassung«. Diese Einheiten müssen durch eigene Koordinationsvorschriften ersetzt werden. Der Monarch wird beseitigt oder die Verfassung außer Kraft gesetzt. Ein ganzes Reich wird so unter den Willen eines einzelnen gebracht, wird so zu dessen Berufskörper – oder Erwerbsorgan.[7]
Sämtliche Formen der Bestechung – im Staat oder in Betrieben – sind kleine Ableger dieses Vorganges. Auch hier geht es immer

darum, steuernde Zentralen den Interessen eines anderen Erwerbskörpers zu unterwerfen. In diesem Fall ist die Waffe weder List (wie bei der Reklame) noch Gewalt (wie beim Staatsstreich), sondern ein Tauschakt. Funktionsträger des fremden Energons werden durch entsprechende Bezahlung insgeheim zu solchen des eigenen Erwerbskörpers gemacht. Der naturgegebene Konflikt zwischen Eigeninteresse (des Angestellten oder Beamten) und dem übergeordneten Interesse wird hier ausgenützt. Da besonders der Staat die allergrößten Aufträge zu vergeben hat, lassen sich auf diesem Umweg ganz eminente Erwerbsquellen gewinnen.

7

In der Wirtschaft ebenso wie im Reich der Tiere und Pflanzen gibt es Spezialisten und Universalisten. Hier wie dort sind mit Extremen Vor- und Nachteile verbunden. Der Spezialist kann eine bestimmte Erwerbsform rationeller erbringen: Das rentiert sich aber nur, wenn die Erwerbsquellen konstant fließen. Anderenfalls ist der Universalist, der weniger festgelegt ist, im Vorteil.[8]
Sowohl in der Wirtschaft als auch in der Natur spielt die Größe der einzelnen Energone eine wichtige Rolle. Im Konkurrenzkampf und im Abwehrkampf gegen Feinde ist sie eine wichtige Waffe – andererseits jedoch darf auch ein bestimmtes Optimum nicht überschritten werden. Wie leicht einzusehen ist, könnte ein zehnmal größerer Wolf nicht zehnmal so weit laufen. Trotz seines Größenvorteils wäre es ihm nicht möglich, zehnmal mehr Beute zu gewinnen. Ebenso wird auch in der Wirtschaft für viele Produktionsbetriebe die Optimalgröße durch die Länge der notwendigen Anlieferungs- und Verkaufswege (und die dadurch bedingten Transportkosten) beschränkt. In der Grenznutzenanalyse hat man sich mit der Bestimmung des »Größenoptimums« eingehend beschäftigt.
Sowohl in der Wirtschaft als auch bei Tier und Pflanze finden wir in günstigen Erwerbsgebieten eine entsprechend höhere Artenzahl. Ist für viele Energontypen eine Daseinsmöglichkeit gegeben, dann ist die Auslese weniger scharf. In den Tropen findet man oft leichter zehn Individuen *verschiedener* Fisch- oder Schmetterlingsarten in

einem Gebiet (Biotop) als zehn Individuen der gleichen Art. So ist es auch im günstigen Erwerbsraum einer Großstadt. Fragen wir dort Leute auf der Straße nach ihren Berufen, dann finden wir eher zehn Individuen mit verschiedenen Berufen als zehn mit dem gleichen. Auf dem Land dagegen, wo die Berufsmöglichkeiten weit mehr beschränkt sind, ist es umgekehrt – ebenso bei den Tieren und Pflanzen in weniger günstigen Erwerbsräumen.

In der Wirtschaft ebenso wie im Organismenreich sind die einzelnen Energone erwerbsmäßig ineinander verwoben, hängen in mannigfacher Weise voneinander ab. Schwankungen im Erwerbserfolg mancher »Schlüsselarten« lösen darum hier wie dort »Konjunkturen« oder »Depressionen« für andere Energontypen aus.

Besonders die Tiere sind oft in endlosen und mannigfach verflochtenen »Nahrungsketten« miteinander verbunden. Jeder Räuber hängt von seiner Beute ab – und von ihm selbst wieder die Räuber, die ihm nachstellen.

In der Wirtschaft ist es nicht anders. Von der Autoindustrie hängen die Tankstellen und Garagen ab, von der Zigarettenindustrie die Hersteller von Feuerzeugen und von Medikamenten zum Abgewöhnen des Rauchens. Auch hier gibt es schier endlose und endlos verflochtene »Nahrungsketten«. Der Schuster verdient am Schneider (weil dieser Schuhe braucht), der Schneider am Rechtsanwalt (weil dieser einen Anzug braucht), und so geht es weiter. Auch hier können Schwankungen einzelner »Schlüsselerwerbe« zu Konjunkturen und Depressionen bei zahlreichen anderen Erwerbskörpern führen.

8

Fast jeder wirtschaftliche Aspekt hat auch im Organismenreich seine Berechtigung – und umgekehrt. Dabei sind die Unterschiede nicht minder aufschlußreich als die Verwandtschaften.

Bei den Produktionsbetrieben gibt es zwei Möglichkeiten: entweder wird auf Bestellung oder auf Lager gearbeitet. Die erste Möglichkeit hat den Vorteil, daß erst nach gesichertem Absatz die zur unmittelbaren Produktionsherstellung nötige Energie (Kapital) eingesetzt wird. Die zweite hat den Vorteil, daß das Produkt bereits fertig vorliegt, wenn ein – voraussehbarer – Bedarf auftritt.

Wie sieht es mit diesem Verhältnis bei den Organismen aus?
Da hier in der Regel geraubt und nicht getauscht wird, liegen die
Dinge etwas anders. Doch streng theoretisch stoßen wir auch hier
auf diesen Unterschied. Normalerweise werden erst die Erwerbsorgane ausgebildet, und dann wird mit diesen Organen erworben.
Das entspricht der Produktion auf Lager: Erst wird investiert –
dann nach der Beute, der Energiequelle, gesucht. Aber es gibt auch
einige Tierarten, bei denen das andere Prinzip verwirklicht ist. Sie
sichern erst die Beute – und bilden dann erst das für den Erwerb
notwendige Organ aus.
So ist es etwa bei dem parasitären Krebs *Sacculina*. Er schwimmt als
Larve durchs Meer, sucht nach einem Fisch, an dem er sich festsetzen kann. Bis zu diesem Zeitpunkt ist sein Körper bloß ein Mechanismus zur Beutesuche (sozusagen das »Anlagekapital«). Erst
wenn *Sacculina* die Beute gefunden hat, treibt sie »Saugwurzeln« in
das Innere des Fischkörpers vor. Das entspricht im Prinzip der Produktion auf Bestellung. Das Erwerbsorgan wird erst gebildet, wenn
die Beute gesichert ist. Ja die Parallele geht noch weiter. Bei der
Produktion auf Bestellung gibt es Vorschüsse. Auch *Sacculina* entzieht dem Wirtskörper Energie und Stoffe, aus denen sie das immer
größer werdende Erwerbsorgan ihrer Saugwurzeln aufbaut.
In der Wirtschaft und im Staatsdienst sind Beförderungen ein wichtiges Phänomen. Bei den Organismen hat das kaum eine Vorstufe.
Junghechte, wenn sie 5 bis 9 mm lang sind, ernähren sich hauptsächlich von Rotatorien. Dann überwiegen Nauplien als Nahrung und
ab 12 cm Länge Copepoden. Später gehen die Hechte dann auf
Fischnahrung über. Auch hier sehen wir einen Quellenwechsel –
der sich aber mit jenem der Beförderung innerhalb von größeren
Erwerbsorganisationen nicht vergleichen läßt.
Der grundsätzliche Unterschied liegt hier im Überwinden der
»Art«. Sämtliche Organismen – selbst wenn sie die Erwerbsquelle
wechseln – sind an bestimmte raum-zeitliche Strukturen festgenagelt. Erst am Entwicklungspunkt »Mensch« kam es zur Befreiung
von diesen Fesseln.
Der Mensch schlüpft von einem Erwerbskörper in einen anderen.
Er stößt die Funktionsträger des einen ab, bindet andere an sich.
Beim Phänomen der Beförderung ist ein so rigoroser Umbau nicht
nötig, zusätzliche Verhaltensrezepte sind hier ausschlaggebend

(»Fähigkeiten«, »Erfahrungen«). Auch hier liegt jeweils ein Energonwechsel vor. Im Heer ist der Leutnant ein anderes Energon als der Gefreite, der General ein anderes als der Major. Im Betrieb ist der Werkführer ein anderes Energon als der Vorarbeiter, der Generaldirektor ein anderes als der Direktor.

Die einzige Parallele für »Beförderung« finden wir in den Insektenstaaten – etwa im Bienenstaat. Bis zum zehnten Lebenstag arbeitet die »Arbeiterin« als Hausbiene im Stockinneren: Sie säubert die Waben, wärmt die Brutzellen. Vom zehnten bis zum zwanzigsten Tag (die Wachsdrüsen haben sich inzwischen entwickelt) baut sie Waben, übernimmt von anderen Arbeiterinnen Nektar, füllt ihn in Vorratszellen, säubert den Bau. In der dritten Lebensperiode bis zu ihrem Tod ist sie dann als Sammlerin tätig. Aber auch hier sind die Voraussetzungen andere. Die »beförderte« Biene erhält keinen »besseren Lohn«. Hier wie überall sonst im Tier- und Pflanzenreich ist – eben wegen der Artfesselung und des Fehlens von ichbewußter Intelligenz – eine individuelle Überschußverwertung (sowie der Anreiz zu einer solchen) einfach noch nicht gegeben.

»Wirtschaft« und »Staatswesen« trennen wir von der belebten »Natur«. Doch diese in unserem Gehirn errichtete Mauer ist nicht gerechtfertigt, muß überwunden – »niedergerissen« – werden. Das gleiche gilt für eine zweite, nicht minder »hohe« Mauer: jene zwischen »organischen« und »anorganischen« Erscheinungen.

Anmerkungen

[1] Eine ungewöhnliche Beinträchtigung (die nicht die Individuen, jedoch die Art betrifft) beschreibt W. Kühnelt in seinem »Grundriß der Ökologie« (S. 287): Die Krebsart *Gammarus zaddachi* wird durch andere Gammarus-Arten geschädigt, indem deren Männchen mit ihren Weibchen kopulieren. Das Ergebnis sind unfruchtbare Eier – eine empfindliche Energieeinbuße für die Art. In diesem Fall ist die Konkurrenzwirkung äußerst indirekt. Durch Fehler in einer Vermehrungsbemühung wird eine andere Art geschädigt.

[2] In der Wirtschaft besagt die »Marginalanalyse«: Der letzte, gerade noch gewonnene Käufer ist der teuerste. Mit steigender Produktion sinken zwar die Produktionskosten, die Vertriebskosten steigen dagegen an. Die Absatzbereiche der Betriebe sind beschränkt. Die jeweils optimale Betriebsgröße muß vom Leistungsprogramm her ermittelt werden: Sie ist zeit- und ortsabhängig.

[3] Man spricht hier von einer »Agglomerationsorientierung«: Wo Betriebe sich etablieren, lassen sich bald auch andere, meist ergänzende, nieder. Industriebetriebe

ziehen Dienstleistungsbetriebe und Reparaturbetriebe nach sich. Banken und Versorgungsbetriebe folgen.

[4] R. Hesse, »Tierbau und Tierleben«, Jena 1943, Bd. II, S. 278.
[5] »Die geheimen Verführer«, Düsseldorf 1958.
[6] Nur etwa bei Viren, die Einzeller anfallen.
[7] Die Amazonenameisen *(Polyergus rufescens)* haben sich auf diesen Vorgang spezialisiert, ja sind auf ihn angewiesen. Das junge Weibchen dieser Art dringt in eine Kolonie der Ameise *Serviformica fusca* ein, tötet deren Königin, wird daraufhin »adoptiert«, und ihre Brut wird von der anderen Ameisenart aufgezogen. Die so entstehenden Amazonenarbeiterinnen leisten keinerlei Arbeiten im Ameisenstaat. Die Existenz dieser Art basiert auf einem ständigen »Sozialparasitismus«. (Näheres in: K. Gösswald, »Unsere Ameisen«, Stuttgart 1954, S. 72f.)
[8] Vom menschlichen Spezialisten sagt ein treffender Spruch, daß er »mehr und mehr über weniger und weniger weiß«.

VI
Entfaltung

Alles fließt.
Heraklit (540–480 v. Chr.)

Masse ist gleich Energie gebrochen durch das Quadrat der Lichtgeschwindigkeit.
Einstein (1906)

1

Ich versuche nun die Brücke zwischen dem Weltbild der modernen Physik und der Energontheorie zu schlagen. Diese Brücke schlägt sich von selbst.

Die höchst revolutionären Erkenntnisse, zu denen die physikalische Forschung in den letzten achtzig Jahren gelangt ist, wurden durch die Explosion der ersten Atombombe auf das eindrucksvollste – und für kaum jemanden noch bezweifelbar – bewiesen. Trotzdem sind diese Erkenntnisse nicht in das allgemeine Denken und Bewerten eingegangen – es wurde nicht die sich daraus ergebende Konsequenz gezogen. Es ist etwa so, als wären wir im praktischen Leben vom Faustkeil zum Bulldozer fortgeschritten, zögen aber vor, dort, wo es um unsere Betrachtungs- und Gefühlswelt geht, beim Faustkeil zu verbleiben.

Die moderne Physik hat in aller Eindeutigkeit bewiesen, daß praktisch alles in der Welt im Grunde anders ist, als unsere Sinne und unser Gehirn es darstellen. Alles, was wir Materie oder »Stoffe« nennen, ist in der Tat eine Erscheinungsform von Energie. Wenn heute noch mit dem Wort »Materialismus« operiert wird, dann ist das kaum mehr berechtigt. Denn gerade das, was uns die Materie als etwas Klotziges, Plumpes, von den geistigen Vorgängen und unseren Gefühlen so äußerst Verschiedenes erscheinen läßt, hat gar keine reale Basis. Es ist bloß eine Interpretation unserer höchst mangelhaften Sinne. Dieses Klotzige, Plumpe, »primitiven Gesetzmäßigkeiten blind Gehorchende« ist in Wahrheit eine Erscheinungsform höchst differenzierter Kräfte. Was wir Materie nennen, besteht ganz und gar aus dem gleichen geheimnisvollen Etwas, das auch den subtilsten Prozessen, auch unseren Denk- und Gefühlsvorgängen, zugrunde liegt. Die wichtigsten dieser großen Entdeckungen seien hier in Erinnerung gerufen.

2

Erste Entdeckung: Alles, was wir um uns sehen, ob es nun ein Stein, die Luft oder ein im Topf siedendes Huhn ist, besteht aus den gleichen kleinsten Teilen.[1] Ihre Größe und ihre Eigenschaften sind heute bereits genau erforscht. Sie haben einen Durchmesser von 1,2 bis 1,4 mal 10^{-13} cm. Das heißt, sie sind etwa eine Billion mal kleiner als ein Millimeter. Hätte ein solches Teilchen die Größe einer Kirsche – dann hätte diese Kirsche einen Durchmesser etwa so groß wie der Abstand der Erde zur Sonne.
Trotz dieser Winzigkeit wurde es – durch höchst raffinierte technische Einrichtungen – möglich, mit diesen »Elementarteilchen« (Protonen, Neutronen, Elektronen und anderen) zu experimentieren.[2] Dabei konnte die erstaunliche Ansicht Einsteins, daß Materie ein Äquivalent von Energie ist, experimentell bestätigt werden. 1932 gelang C. D. Anderson der Beweis, daß ein Elektron (mit seinem Antiteilchen, dem Positron) völlig »zerstrahlen« kann – wobei sich also Materie zur Gänze in Energie verwandelt. Seither konnte eine solche »Zerstrahlung« auch bei Protonen und Neutronen nachgewiesen werden. Die Umwandlung von Energie in ein Elementarteilchen – also von freier Energie in Materie – beobachteten erstmals Blackett und Occhialini (1933). In diesem Fall entstand aus einem Strahlungsquant ein Elektron und ein Positron – man nennt dies »Paarbildung«. Auch hierfür wurde der Nobelpreis verliehen. Seither gelang auch für das Entstehen von Protonen und Neutronen aus reiner Energie der Nachweis.[3]
Dies also muß als erstes dem Gehirn, das es nicht fassen will, eingehämmert werden: Sämtliche Materie im Kosmos besteht aus den

gleichen kleinsten Einheiten – und diese sind eine Erscheinungsform von Energie. Sie können aus Energie gebildet werden und sich zur Gänze in Energie verwandeln. Das Umwandlungsverhältnis ist dabei: Jedes Gramm Materie entspricht 9 mal 10^{20} (Quadrat der Lichtgeschwindigkeit) erg Energie. Will man diesen Wert in Kalorien umrechnen, dann muß man ihn mit 2,39 mal 10^{-8} multiplizieren. Ein Beispiel: Gelänge es, die gesamte Materie eines menschlichen Körpers von 80 Kilogramm zu »zerstrahlen«, dann ergäbe dies 1,7 mal 10^{18} Kalorien. Das entspricht etwa dem Gesamtbedarf an elektrischer Energie auf der Welt für die Dauer von siebeneinhalb Monaten.
Unser Gehirn sagt in diesem Fall: Schön und gut, das mag so sein, was aber ändert das an meinen Vorstellungen?
Das ändert bereits eine ganze Menge, aber gehen wir weiter.
Aus diesen winzigen Elementarteilchen sind die Atome aufgebaut. Einige dieser Teilchen (Protonen, Neutronen) bilden einen »Kern«, andere (Elektronen) umkreisen diesen, bilden »Schalen«. Man hat sich das in der Art von Planetensystemen vorgestellt, aber so einfach ist es nicht. Die Atome sind statisch-energetische Gebilde, bei denen unsere sinnliche Vorstellungsfähigkeit versagt. Immerhin läßt sich der Durchmesser der Atome wieder recht genau bestimmen. Er liegt zwischen 1 und 5 mal 10^{-8} cm. Das heißt, die Atome sind rund 100 000mal so groß wie die Elementarteilchen, aus denen sie bestehen. Ein Wasserstoffatom besteht bloß aus zwei Elementarteilchen, ein Uranatom aus einigen hundert. Praktisch bedeutet das weiter: Was unsere Sinne als feste Materie wahrnehmen, ist zum allergrößten Teil »leerer Raum«. Wäre ein Eisenatom so groß wie die Erde, dann entspräche seine tatsächliche Materie (Masse) etwa der Größe von zehn Cheopspyramiden, der Rest ist »leerer Raum«.
Die einzelnen »Schalen« der Atome werden von kreisenden Elektronen gebildet: Das Atom ist kugelförmig und verhält sich äußeren Einflüssen gegenüber als etwas »Festes«, »Hartes«. Die Energien, die einerseits die Kerne zusammenhalten, anderseits die »Schalen« um den Kern binden, sind enorm – jedoch längst nicht so groß wie das Energieäquivalent der Teilchen selbst.[4]
Also: Sämtliche Atome (es gibt an die hundert verschiedene »Arten«: die Elemente) bestehen letztlich samt und sonders aus Ener-

gie. Die eigentliche Masse, die in diesen Gebilden enthalten ist, macht volumenmäßig bloß den quadrillionsten Teil aus, alles übrige ist »leerer Raum« und Energie. Und auch die winzigen Masseteilchen selbst sind wieder Energie.

Zwingt man das Gehirn, sich mit dieser dem »vernünftigen Denken« so konträren Tatsache auseinanderzusetzen, dann antwortet es wieder: Schön und gut, auch das mag so sein, aber was ändert das letztlich? Was interessieren mich diese winzigen Dimensionen, mit denen ich praktisch gar nicht in Berührung komme? Was ändert dies an meinem Leben, meinem Fühlen, meinem Beruf, meinem Vergnügen? Was ändert das am Bett, in dem ich schlafe, an dem Freund, mit dem ich spreche?

Unser Gehirn schiebt es einfach beiseite, verstaut dieses neue Wissen fein säuberlich in einer seiner vielen Schubladen – und geht zur Tagesordnung über. So verhielt es sich bei fast allen Menschen, die mit diesen Tatsachen vertraut gemacht wurden – sogar bei nicht wenigen Physikern.

Und doch sollten wir unser Gehirn dazu bringen, eine wichtige Konsequenz daraus zu ziehen. Sie lautet: Wir dürfen uns nicht so unverbrüchlich auf unser »vernünftiges Denken« verlassen. Die Welt ist in der Tat anders, als unsere Sinne sie uns darstellen. Wir leben in einer Vorstellungswelt, die sich zwar für den »makroskopischen Bereich« – und damit den täglichen Gebrauch – eignet, *im Grunde jedoch in keiner Weise den Realitäten entspricht.*

Weitere Konsequenzen: Wir dürfen uns somit auch bei anderen Urteilen nicht so unverbrüchlich auf unsere Sinne, auf unser Logik, auf unser »gesundes vernünftiges Denken und Urteilen«, auf unser »gesundes Gefühl«, auf unseren »gesunden Menschenverstand« verlassen.

Das sind – meines Erachtens – die weltanschaulichen Konsequenzen, die wir aus den Erkenntnissen der modernen Physik ziehen müssen.

3

Aus den Atomen setzen sich wiederum die »Moleküle« zusammen. Damit kommen wir in Bereiche, die für unsere Sinne wahrnehmbar und für unser Werkzeug Gehirn sinnlich vorstellbar werden.

Die größten Moleküle, die sich aus Hunderttausenden, ja Millionen von Atomen aufbauen (etwa die Erbrezepte), kann man heute bereits durch die stärksten Elektronenmikroskope sichtbar machen. Auch in jedem Molekül werden die Atome, aus denen es sich aufbaut, durch Kräfte zusammengehalten. Die hier beteiligten Energiemengen sind um ein Zehn- bis Hundertfaches kleiner als die Bindungsenergie der Elektronen an die Atomkerne. Es sind das jene Kräfte, mit denen man sich in der »Chemie« hauptsächlich befaßt. Die klassische Chemie ist praktisch die Wissenschaft von den Molekülen.
Durch chemische »Reaktionen« werden Atome aus Molekülen abgespalten, werden aus Atomen andere Moleküle aufgebaut. Heute ist der strukturelle Aufbau sehr vieler Moleküle – ja sogar besonders großer und komplizierter – bereits genau bekannt. Für die Enträtselung der Struktur des Hämoglobinmoleküls (das aus mehr als 100000 Atomen besteht) erhielt M. F. Perutz 1962 den Nobelpreis.
Alle Gesteine und Metalle, alle tierischen und pflanzlichen Körper setzen sich aus Molekülen zusammen – und diese werden aus rund 100 Atomarten aufgebaut. Jede Atomart besteht aus den gleichen Elementarteilchen – und diese sind eine Erscheinungsform der Energie.
An weiteren Phänomenen dieser Welt gibt es die Erscheinungen des Lichtes, des Schalls, des Geruches, der Wärme, der Elektrizität, des Magnetismus, der Körperbewegungen, der Massenanziehung.
Auch das sind samt und sonders Erscheinungsformen der Energie, die meisten von ihnen in einem der Energiemaße direkt meßbar. Die elektromagnetischen Schwingungen sind durch den Raum fliegende Energieeinheiten. Jede Körperbewegung ist Energie – ich sage mit Absicht nicht: *hat* Energie. Wärme ist Schwingung der Moleküle und Atome – auch eine Energieform. Elektrizität, Magnetismus, Gravitation sind ebenfalls Erscheinungsformen von Energie.
Nach den Entdeckungen der modernen Physik gibt es überhaupt keine wissenschaftlich nachweisbare Erscheinung im Universum, die nicht aus Energie stammt, in Energie ihre Wurzel hat, Energie ist oder durch Energie bewirkt wird. Selbst Raum und Zeit sind nach Einstein nichts Absolutes. Sie sind nicht ein »Etwas«, in dem

sich »Materie« und Energie entfalten – sondern auch wieder eine Funktion von Energie.
Was jedoch »Energie« ist, *wissen wir nicht.*

4

Der Lebensprozeß nahm im molekularen Bereich seinen Anfang. Das merkwürdige und besondere an diesem Vorgang ist, daß er sich in Strukturbildungen manifestiert, die sich in einer Art von Autokatalyse vergrößern.[5]
Auch Kristalle »wachsen«. Sie stellen jedoch Gleichgewichtszustände dar, zu denen Atome auf Grund energetischer Wirksamkeiten (»Valenzen«) gelangen. Die als »Lebewesen« bezeichneten Molekulargefüge sind dagegen so beschaffen, daß ihr Gehalt an Energie sich durchschnittlich vergrößert. Den »lebenden« Strukturen gelingt es auf diese oder jene Art – damit sind wir wieder beim Thema dieses Buches –, Energie an sich zu reißen, sich diese einzuverleiben, wobei unter Verlust eines beträchtlichen Teiles (der als »Wärme« entflieht) ein geringerer auf ein »höheres Spannungsniveau«, auf eine höhere »Intensitätsstufe« gehoben wird.[6] Ihre Beschaffenheit ist darüber hinaus solcherart, daß mit Hilfe dieser Energie der Prozeß weiterläuft, daß die Struktur weitere Stoffe an sich zieht, in das Gefüge einbaut, es vergrößert oder vermehrt.
Damit ist freilich die Lebensentfaltung noch nicht im geringsten erklärt. Hier jedoch setzt die Energontheorie an. Sie erklärt: Was auch immer diesen Prozeß vorwärtstreibt: *es hat keinerlei Einfluß darauf, wie die zu seinem Weiterlaufen notwendigen Strukturen beschaffen sein müssen.*
Noch deutlicher: Gleichviel ob Zufall, ein besonderer »Mechanismus«, menschliche Intelligenz, eine übersinnliche »Lebenskraft« oder ein persönlich gestaltender Gott diese Strukturen schafft: Sie müssen in jedem Fall einen ganz bestimmten Aufbau haben. Die Art des »Urhebers« hat wohl Einfluß darauf, wie schnell oder langsam solche Bildungen zustande kommen, ja auch darauf, zu welchen Bildungen der Prozeß überhaupt gelangen kann – doch so oder so: Das Ergebnis muß bestimmte Qualitäten haben, *nur dann trägt es diesen Prozeß weiter.*

Diese notwendige Struktur – so behauptet die Energontheorie – ergibt sich aus den der »Materie« und der Energie anhaftenden Eigenschaften. Würde ein Gott diese abändern, dann müßte auch die Struktur anders beschaffen sein. Unter den in diesem Kosmos gegebenen, beobachtbaren und meßbaren Bedingungen sind jedoch die Strukturen, in denen sich der Lebensprozeß fortsetzen kann, gleichsam vorgezeichnet. Sie sind eine notwendige Folge. Sollte sich auf einem anderen Stern ein ebensolcher Prozeß entfaltet haben, dann mögen die ihn weitertragenden Energone – falls dort das Zusammenspiel der Umweltbedingungen anders ist – *äußerlich* verschieden aussehen. Doch der innere Aufbau muß auch dort – notwendigerweise – den gleichen Gesetzmäßigkeiten entsprechen.
Das ist der Kernpunkt, der diese Theorie so schwer verständlich macht. Unser Gehirn ist darauf ausgerichtet, die Erklärung für jede Erscheinung in ihren *unmittelbaren Ursachen* zu sehen. Die Energontheorie dagegen sagt: Wie auch immer diese unmittelbaren Ursachen aussehen mögen, sie müssen – durch Auslese und Steuerkausalität – zu einem bestimmten Ergebnis führen. Nur was erwerbs- und konkurrenzfähig ist, kann bestehen, kann den Lebensprozeß weitertragen. Strukturen, denen diese Fähigkeit nicht zukommt, können nicht bestehen – *wie auch immer sie zustande gekommen sein mögen.*
Die Energontheorie erklärt somit – in der Essenz –, daß sich der Lebensprozeß über einem unsichtbaren, auf Grund der gegebenen physikalischen Wirksamkeiten vorgezeichneten Grundgerüst aufbaut, sich über diesem entfalten *muß*. Es ist ein »Wertgerüst«, nicht mit den Sinnen, wohl aber in Zahlen erfaßbar. Es ist die für Erwerbs- und Konkurrenzfähigkeit notwendige Grundstruktur.
Dieses unsichtbare Wertgerüst ist das »verborgene Gemeinsame«, das alle Energone charakterisiert. Es gründet sich auf Kategorien, in denen sich einerseits die Umweltwirkungen, anderseits die im Energoninneren auftretenden Probleme zusammenfassen lassen.
Die wichtigste Ausrichtung ist immer die auf eine erschließbare Quelle nutzbarer Energie. Einer solchen muß jedes Energon – auch wenn es auf dem Nebel der Andromeda beheimatet ist – so entsprechen wie ein Schlüssel seinem Schloß. Jedes Energon muß in erster Linie so beschaffen sein, daß es eine Energiequelle »aufschließt«, daß es zu einer aktiven Bilanz an nutzbarer Energie gelangt.

Weitere Umweltgegebenheiten diktieren weitere notwendige Merkmale. Je nach der Wirkung lassen sich hier feindliche von fördernden Umweltwirkungen trennen: Unter die ersten fallen räuberische Energone, ungezielte Umweltstörungen und Konkurrenten, unter die zweite fallen alle Fremdenergien, die das Energon gewaltsam in seinen Dienst zwingt, und weitere, die es sich im Tauschweg untertan macht.

Sodann muß jedes Energon auch mit Problemen in seinem Inneren »fertig werden« – es muß also so beschaffen sein, daß es noch weitere Forderungen zu erfüllen vermag. Jeder seiner Teile – seiner »Funktionsträger« – muß irgendwie an die übrigen gefesselt sein. Funktionsabläufe müssen vielfach in ihrer Tätigkeit koordiniert sein. Außerdem dürfen die einzelnen Funktionen einander nicht gegenseitig stören, ja sollen einander möglichst fördern. Zur Aufrechterhaltung der Leistung sind Pflege und oft auch Reparaturen nötig. Vielen Funktionsträgern müssen Energie- und Stoffmengen zugeführt, von sich ergebenden Abfällen müssen sie befreit werden. Schließlich ist für viele Energone wichtig, daß sie sich den stets wechselnden Umweltgegebenheiten anpassen, also ihre Struktur verändern, verbessern können.

In jeder dieser Kategorien – die gleichsam »Frontabschnitte« der Energone darstellen, sind drei Bewertungsmaßstäbe wichtig: die jeweils auftretenden Kosten, die Präzision der erzielten Leistungen und deren Zeitaufwand. Die ersten beiden Kriterien, Kosten und Präzision, beeinflussen immer und in jeder Kategorie den Gesamteignungswert des Energons. Die jeweilige Funktionsschnelligkeit ist oft von Einfluß, jedoch nicht immer.

Das ergibt bereits an die hundert meßbare Werte, aus denen sich das innere Wertgerüst aufbaut und die in jeder Berechnung der Konkurrenzfähigkeit berücksichtigt werden müssen. Diese Werte beeinflussen einander auch gegenseitig: auch ihre Korrelationen spielen eine Rolle.[9]

Schließlich gibt es noch drei verschiedene »Stufen« der Bewertung: das Energon-Individuum, die Energon-»Art« und den Lebensstrom. Bei Energonen, die ineinandergeschachtelt auftreten, schieben sich noch weitere Bewertungsniveaus ein – so etwa zwischen Berufskörpern und Lebensstrom die Bewertungsniveaus Betrieb, Konzern, Staat, Staatenbund.

Damit sind – meines Erachtens – die wichtigsten Elemente, aus denen sich das unsichtbare Wertgerüst *aller* Energone aufbaut, umrissen. Einige weitere kommen sicher noch hinzu. Wesentlich ist, daß es sich hier um ein Bewertungs- und Begriffssystem handelt, das nicht nur für jedes Energon Gültigkeit hat, sondern auch für jedes wirklich relevant ist.

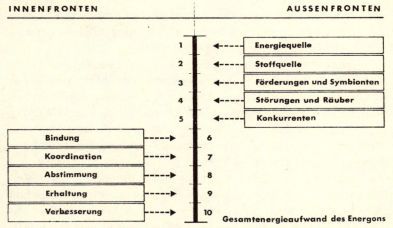

Abbildung 38: Hauptfronten, denen sämtliche Energone gegenüberstehen und mit denen sie sich auseinandersetzen müssen

Die Außenfronten (1–5) stellen Umwelteinwirkungen dar, die sich auf Grund ihrer ähnlichen Einwirkungsart in ebendiese Kategorien zusammenfassen lassen. Sie machen beim Energon funktionell verwandte Einrichtungen nötig, belasten dessen Bilanz in vergleichbarer Weise. Jede dieser Außenfronten steuert die evolutionäre Entwicklung der Funktionsträger, die durch sie notwendig werden, und beeinflußt so die raum-zeitliche Struktur des Energons.

Die Innenfronten (6–10) stellen weitere Anforderungen dar, denen das Energon genügen muß, um bestehen und erfolgreich tätig sein zu können. Diese »Einwirkungen« kommen jedoch von innen her. Auch sie lassen sich gemäß der funktionellen Verwandtschaft in Gruppen – eben diese fünf Kategorien – zusammenfassen. Auch sie zwingen dem Energon entsprechende Funktionsträger auf. Auch sie steuern die evolutionäre Entwicklung von Funktionsträgern und des Gesamtkörpers.

Die Linie 1–10 stellt graphisch den Gesamtenergieaufwand des Energons dar. Die einzelnen Abschnitte sind je nach den Aufwendungen, welche die einzelnen Fronten notwendig machen, bei den Energonen verschieden groß. Auch dieses Schema kann – zur Beurteilung des Konkurrenzwertes – gesondert für die Aufbauperiode, die Erwerbsphasen, die Ruhephasen und allfällige Stilliegephasen ausgearbeitet werden. Eine solche Aufschlüsselung stellt dann eine »Visitenkarte« des jeweiligen Energons dar. Sie gibt Hinweise auf das für seine Konkurrenzfähigkeit relevante innere Wertgerüst.

Erst wenn für zahlreiche, möglichst verschiedene Energontypen diese Werte und ihre Korrelationen ermittelt sind – eine umfangreiche Aufgabe –, wird es möglich werden, die Hauptspannungslinien in diesem komplexen Wirkungsgeflecht aufzuzeigen, die Hauptphänomene zu erkennen. Erst dann wird es möglich werden, das eigentliche Rückgrat der Konkurrenzfähigkeit – und damit das gemeinsame Rückgrat in den verschiedenen großen Erwerbsgruppen – und letztendlich das zentrale Rückgrat aller Energone zu ermitteln. Über normale Rechentätigkeit ist das kaum möglich, Computer jedoch können diese Aufgabe bewältigen.

Wir werden dann die Pflanzen und Tiere anders sehen als bisher: nicht in ihrer äußeren, bunten, verwirrenden Gestalt, sondern in der sich darin – »dahinter« – verbergenden »Wertgestalt«. Zur Beurteilung von Berufstypen und Betrieben ist gerade diese Wertgestalt von entscheidender Bedeutung. Erst aus ihr lassen sich die Schlüsselpunkte und Schlüsselprobleme der für sie notwendigen raum-zeitlichen Struktur ablesen.

Es wird dann auch möglich werden – und das erscheint mir besonders wichtig –, nüchterne und gerechte Abstimmungen zwischen Energonen verschiedener Integrationsniveaus (etwa zwischen Angestellten und Betrieben, zwischen Staatsbürgern und Staat, zwischen Betrieb und Staat) rechnerisch zu ermitteln. Das geschieht heute nach Daumenpeilung, Erfahrung und jeweiligen Interessen – doch wie sehr dabei die Ansichten differieren, zeigt jeder Streit zwischen Unternehmerverbänden und Gewerkschaften beziehungsweise zwischen Berufsvertretungen und Staat. Noch bedeutsamer – weltpolitisch betrachtet – sind die Auseinandersetzungen zwischen verschiedenen Staatsformen. Auch hier würde man wohl erheblich weiter kommen, wenn Polemik und Krieg durch rechnerische Wertermittlung ersetzt werden könnte.

Welche weitreichenden Folgen eine einzige emotionell getragene, fehlerhafte Bewertung haben kann, zeigt das Rezept, mit dem Karl Marx die gesamte kommunistische Welt belastet hat. Er sah Mißstände und glaubte, daß zu deren Behebung die Austilgung einer ganzen Sparte von Funktionsträgern notwendig sei: die Austilgung der Unternehmer. Die große funktionelle Wichtigkeit solcher organisations- und risikofreudiger Menschen übersah er. Die Vorstellung eines vom Arbeiter geschaffenen »Mehrwertes«, der ungerechterweise in die Taschen von Unternehmern fließt, blendete ihn derart, *daß er den komplementären »Mehrwert«, den der Unternehmer schafft, übersah.* Gerade dieser ist aber von nicht geringerer Wichtigkeit – und zwar nicht nur für den einzelnen Betrieb, sondern darüber hinaus als Impuls für die gesamte Wirtschaft eines Volkes. Gelingt es, die Wertstruktur der Energone genauer in den Griff zu bekommen, dann sind nicht mehr Ideologien und endlose Dispute nötig, um solche Interessenkonflikte aus der Welt zu schaffen. Sachliche Forschungsarbeit – am Regenwurm ebenso in sämtlichen Lebensbereichen vermag dies dann.

5

Eine nicht unwesentliche Frage ist die, in welchen Maßen all dies gemessen werden soll.
Vergleichen wir die Konkurrenzkraft nahe verwandter Energone, dann mag schon der Vergleich einzelner relevanter Werte genügen, um die Kernpunkte des Unterschiedes zu ermitteln. Hier ist noch kein neues, universelles Maß nötig.
Geht es dagegen um generelle Vergleiche von ganz verschiedenen Energonen, dann stellt sich der Konkurrenzwert als eine Summe von Leistungen dar, wir errechnen dann praktisch den Grad von Anpassung an eine gegebene Aufgabe. Bezeichnen wir hier das Optimum mit 100 Prozent, dann erhalten wir für den jeweiligen Grad an »Efficiency« einen entsprechend darunter liegenden Prozentwert der durchschnittlichen Leistung. Das sich so ergebende Maß könnte Efficiency Value (EV) genannt werden – leider ist diese Buchstabenkombination bereits durch das Elektronen-Volt besetzt. Ich schlage darum OV (»Organization Value«) vor.
Ein anderes notwendiges Maß schafft weit größere Probleme: jenes für das Ausmaß an »Differenziertheit«.[10] Eine solche ergibt sich gleichsam aus der nötigen Anzahl von Funktionsträgern, aus denen ein Schlüssel bestehen muß, um ein Schloß öffnen zu können. Nur die hochdifferenzierte Struktur »Löwe« vermag zu leisten, was ein Löwe vermag. Nur die hochdifferenzierte Struktur IG-Farben oder Düsenflugzeug vermag zu leisten, was IG-Farben oder ein Düsen-

flugzeug zustande bringt. Daß diese Zahlen sich nicht aus einem linearen Nebeneinander (wie beim Schlüsselbart), sondern aus einer komplizierten hierarchischen Staffelung ergeben, dürfte das Grundproblem nicht berühren. Auch »Information« messen wir linear in *bit*, obwohl Nachrichtenübermittlungen insofern keine linearen Abläufe sind, als sich spätere Mitteilungen oft auf frühere stützen, ja durch diese erst verständlich werden. Auch bei jeder komplizierteren Informationsübermittlung – ebenso wie bei jeder komplizierteren Organisation – handelt es sich um hierarchisch aufgebaute Komplexe.

Ob sich, in diesem Sinne, auch Organisiertheit in *bit* messen läßt, bleibt zu prüfen. Wahrscheinlich wird dafür ein eigenes Maß nötig sein.

6

Zwischen der modernen Physik und der Energontheorie gibt es mehrere Parallelen.

Die moderne Physik führte dahin, daß bei den anorganischen Erscheinungen die »individuelle« Wirksamkeit gegenüber einer nur statistisch erfaßbaren in den Hintergrund trat. Die Energontheorie führt im Bereich der Lebens- und Menschheitsentwicklung ebenfalls zu einem Primat der statistischen Werte.

Die moderne Physik gelangte dahin, in allen Erscheinungen immer wieder auf das gleiche geheimnisvolle Etwas »Energie« zu stoßen. Die Energontheorie sieht in der Lebensevolution eine besondere Entfaltung von Energie. Während sonstige Entfaltungen zu Gleichgewichtszuständen führen, also ihre Fähigkeit, Arbeit zu leisten, sich vermindert, steigert der Lebensstrom seine Potenz und sein Volumen. Die Einheiten, die ihn fortsetzen, die dies ermöglichen und bewirken – die Energone – sind nicht durch eine besondere *Gestalt*, sondern durch eine besondere *Leistungsfähigkeit* charakterisiert.

Die moderne Physik wendet sich gegen unsere Sinne, gegen die natürlichen Bewertungsformen unseres Gehirns, sie verwandelt die bisher anschauliche Welt in eine höchst unanschauliche: Die Energontheorie nimmt – im organischen Bereich – eine ähnliche Richtung. Die sinnfälligen Bewertungen treten zurück, und auch die Organismen, da wieder ganz besonders der Mensch, werden unanschaulich.

Zur klassischen Biologie steht die Energontheorie in einem deutlichen Gegensatz.

Jene sieht – daran hat sich seit Aristoteles nichts geändert – die Begrenzung jedes Lebewesens dort, wo seine zusammengewachsene Struktur aufhört. Die Katze endet an den Spitzen ihrer Schnurrbarthaare, die Eiche am letzten Ausläufer ihrer Wurzeln. In der Ökologie hat man sich wohl immer schon eingehend mit den Wechselwirkungen zwischen Organismus und Umwelt befaßt, aber den Begriff »Lebewesen« hat – meines Wissens – bis heute noch nie ein Biologe angezweifelt. Um ganz genau zu sein: Nie wurde daran gezweifelt, daß die durch Zellteilung und Zelldifferenzierung entstehende organische Struktur die abgrenzende Bezeichnung »Lebewesen« rechtfertigt, daß dieser Begriff nicht nur der sinnfälligen Erfahrung entstammt, sondern *die Realität schlechthin* charakterisiert, daß die so definierten »Lebewesen« die Evolution ausmachen, weitertragen, darstellen, daß die natürliche Auslese ausschließlich an ihrer Struktur ansetzt.

Die Energontheorie sieht dagegen in den Organismen Leistungsgefüge, und diese enden nicht notwendigerweise an den sinnfälligen Grenzen. Sie enden an den Grenzen der für sie wirksamen »Funktionsträger« – und diese müssen mit dem restlichen Leistungskörper durchaus nicht immer fest verwachsen sein.

Die Verwandtschaften, die von der Energontheorie her wichtig sind, lassen sich nicht in das Schema Homologie–Analogie pressen. Was hier bedeutsam wird, ist weder der phylogenetische Zusammenhang noch äußerlich ähnliches Aussehen. Ein Antikörper im Blut, ein Stachel und ein Rezept für Fluchtverhalten sind weder homolog noch analog (und auch nicht »konvergent«) – und doch sind sie gemeinsam zu beurteilen. Sie dienen dem gleichen Funktionskomplex: der Abwehr von Räubern. Sie sind »funktionsverwandt«. In der Bilanz, die das Existenzrückgrat »Erwerbs- und Konkurrenzfähigkeit« aufzeigt, gehören sie in die gleiche Rubrik.

Die Energontheorie ist die Lehre von den Leistungsgefügen, von den Funktionsträgern, von den *Wirkungsverwandtschaften*. Sie sagt: Diese sind es, die letztlich zählen.

Ernest Solvay kam der Definition des Energons sehr nahe. Er definierte die Organismen als »Energietransformatoren in potentiellem Zustand«.[11] Er erklärte, daß man den Menschen nicht »in sich selbst und für sich selbst« beurteilen könne.[12] Auch in den Menschengemeinschaften sah er energetische Gebilde.[13] Die gesamte Evolution sah er in ihrer inneren Verwandtschaft.[14]
Wilhelm Ostwald, der sein Buch Solvay widmete, übertrug den Begriff »Energietransformator« auf die Organe und die Werkzeuge (Maschinen inbegriffen) der menschlichen Machtkörper. Ihre Bedeutung beruhe darauf, »daß sie eine günstige Transformation der mit ihrer Hilfe bearbeiteten Rohenergie ermöglichen und dadurch eine günstigere Produktion von Nutzenergie bewirken«. In diesem Sinne bezeichnete er das, was der Wirtschafter »Produktionsmittel« nennt, als »Transformationsmittel«.[15]
Ostwald sah die Energiebilanzen als zentrale Erscheinung (S. 60). Die Tiere nannte er »Parasiten des Pflanzenreiches« (S. 52). Den Wirkungsraum nannte er »energetisches Gebiet« (S. 73). Er hob hervor, daß beim Einsatz von »fremden Energien« durch den Menschen »diese nicht aus seinem Körper herrühren, sondern der Außenwelt entnommen sind«. In der direkten Nutzbarmachung, die nicht über den Umweg des Körpers erfolgt, sah er »den entscheidenden Schritt zur Herrschaft über die Erde« (S. 81).
Ostwald faßte die Phänomene der menschlichen Machtsteigerung unter der Bezeichnung »Kulturarbeit« zusammen. Das war ein schwerwiegender Fehler, weil mit dem Wort »Kultur« sehr vieles bezeichnet wird, das eine rein ökonomische Bewertung nicht zuläßt. Gerade den Soziologen, an die er sich in seinem Buch wandte,[16] wurde das Verständnis für das, was er tatsächlich meinte, so außerordentlich erschwert. Das war mit ein Grund dafür, daß ich einen klaren Trennungsstrich zwischen Erwerbstätigkeit und »Luxus«tätigkeit gezogen habe.
Kurt Wieser,[17] der in manchen Gedanken ebenfalls der Energontheorie nahekam, machte den Vorschlag, den beiden Grundgesetzen der Thermodynamik ein drittes hinzuzufügen. Er nannte es »Gesetz der zunehmenden Wirkung einzelner Energiequellen«. Er formulierte es so: »In einzelnen Fällen gliedern sich einzelne Ur-

kräfte andere Urkräfte um sich herum.« Wieser beschäftigte sich nur wenig mit anderen Autoren, seine Ausführungen sind schwierig zu lesen. Sie enthalten jedoch bemerkenswerte Gedanken, und gerade dieser Vorschlag hat, wie mir scheint, eine gewisse Berechtigung.

Der erste Energiesatz besagt, daß Energie unzerstörbar ist. Sie teilt sich, verwandelt sich, verschmilzt, bleibt aber stets erhalten. Das ist ein Grundphänomen, für das bis heute keine »Erklärung« gefunden wurde. Das zweite Grundgesetz besagt, daß sich bei jeder Energieumwandlung die Menge an »freier« Energie vermindert.[18] Die Intensitäten gleichen sich aus. Auch das ist ein empirisch festgestelltes Grundphänomen, für das es eine weitere »Erklärung« bisher nicht gibt. Wenn Wieser nun diesen beiden Grundphänomenen als drittes hinzufügt, daß Energie sich unter bestimmten Bedingungen zusammenballt, differenziert und in immer mächtigeren Potentialen – den Trägern des Lebensprozesses – manifestiert, dann scheint mir das nicht unberechtigt. Auch hier stehen wir vor einer nicht weiter »erklärbaren« Grundeigenschaft des besonderen Etwas »Energie«. Auf dieser Grundeigenschaft beruht letztlich die gesamte Evolution. Wohlgemerkt: Nicht die Gestalten erklären sich aus ihr – jedoch: daß es überhaupt zu solchen Gestalten kommen konnte.

Der Physiker – für den die Organismen außerhalb seiner »Kompetenz« liegen – mag kaum geneigt sein, ein solches Grundgesetz den beiden ersten anzufügen. Von der Energontheorie her finde ich dagegen diesen Vorschlag berechtigt.

Die erstaunlichste Voraussicht muß wohl dem griechischen Philosophen Heraklit zugebilligt werden. Von seinen Schriften sind nur etwa hundert »Verse« erhalten geblieben, und diese sind zum Teil recht dunkel, ja banal. Trotzdem kann kein Zweifel über die Grundauffassung dieses Denkers – im Ausspruch »alles fließt« zusammengefaßt – bestehen.

Man bedenke: Zu einer Zeit, da wissenschaftliches Denken sich erst entwickelte, umgeben von regungslosem Gestein, von Erde, Baumstämmen, Häusern, Metall, hatte dieser Mann die Kühnheit, zu erklären, daß alles letztlich Bewegung sei – »Feuer«, wie er sagte. Nach den damals bekannten Erscheinungen konnte er kein besseres Symbol für *Energie* wählen.

Manche Theorie hat schon darunter gelitten, daß ihr Begründer sie mit Erklärungsversuchen und sich aus ihr ergebenden Folgerungen vermengte. Bei Darwin war dies der Fall. Was er an sich vortrug, war durchaus nicht *ein,* sondern waren zwei voneinander ganz unabhängige Konzepte. Das erste, die eigentliche *Evolutionstheorie,* besagte: Alle Lebewesen sind verwandtschaftlich verbunden, sind gleichsam Zweige in ein und derselben großen Entwicklung. Dafür ist inzwischen erdrückendes Beweismaterial erbracht worden.
Zusätzlich versuchte Darwin eine Erklärung für diesen Prozeß zu geben. Er glaubte – ebenso wie sein Vorgänger Lamarck – an ein Erblichwerden erworbener Eigenschaften, stellte jedoch das Prinzip der »Auslese des Zweckmäßigeren durch natürliche Zuchtwahl« in den Vordergrund. Das ist eine durchaus andere, *zweite* Theorie, die bis zum heutigen Tag strittig geblieben ist. Da auf diese Weise der »Zufall« zum eigentlichen Urheber aller organischen Erscheinungen wird, wandten sich sehr viele scharf gegen sie. Und da die beiden Theorien als Einheit vorgetragen wurden – wandten sie sich gleichzeitig gegen die Evolutionslehre.
Einen ähnlichen Fehler möchte ich hier vermeiden. Auch was in diesem Buch dargelegt wurde, ist – strenggenommen – nicht *ein* Konzept, sondern es sind deren mehrere.
Die *Energontheorie* an sich sagt nichts über die Entstehungsweise der Energone aus, sie beschäftigt sich nicht mit ihrer evolutionären Entwicklung. Vielmehr erklärt sie: Eine sich in Potenz und Volumen steigernde energetische Entfaltung (der Lebensprozeß) kann nur über Strukturen stattfinden, die ganz bestimmten, gemeinsamen Grundvoraussetzungen entsprechen. Wie auch immer ein Energon entstehen mag, seine raum-zeitliche Gestalt ist ihm durch ein bestimmtes Wertgerüst vorgeschrieben. Wenn ich also darüber hinaus versuchte, Erklärungen für den Werdegang der Energone zu geben, dann ist das etwas Zusätzliches.
Die erste solche Erklärung besagt, daß sich die Evolution der Tiere unmittelbar in den vom Menschen gebildeten Erwerbskörpern fortsetzt. Hauptargumente sind dabei die Lehre von den »künstlichen Organen« (von den »nicht verwachsenen Funktionsträgern«) und jene von der Übernahme der Rezeptbildung (besonders der Struk-

turaufbaurezepte) durch das menschliche Zentralnervensystem (vgl. Teil 1, Anhang II). Diese Lehren entspringen zwar der Denkweise, zu welcher die Energontheorie führt, sind aber nicht ein Bestandteil derselben. Würden sie gegenbewiesen – ja angenommen, die Evolutionslehre erwiese sich als falsch –, dann würde dadurch die Energontheorie nicht weiter betroffen. Selbst wenn – wie Linné annahm – jede einzelne Tier- und Pflanzenart eine persönliche Konstruktion Gottes wäre, selbst wenn sich herausstellte, daß sämtliche vom Menschen geschaffenen Erwerbsstrukturen auf ein immaterielles, dem Menschen eingepflanztes Agens zurückzuführen sind (woran nach wie vor sehr viele glauben) – selbst dann, so erklärt die Energontheorie, müßten die Energone so beschaffen sein, wie sie es sind.

Als weiteren Erklärungsversuch trug ich die Ansicht vor (Teil 1, S. 129f.), daß die wirksamen Außen- und Innenfaktoren selbst es sind, die über den Weg der »Steuerkausalität« die evolutionäre Entwicklung der Energone gelenkt haben (und lenken). Diese Steuerung erfolgt nach demselben Prinzip, das auch manchen Steuerungsvorgängen in der menschlichen Technik zugrunde liegt – jedoch erfolgt sie durchaus ungezielt, »unabsichtlich«, »ungewollt«. Auch dieses Konzept ist bloß ein Zusatz. Ist es falsch, dann wird die Energontheorie – eben weil sie sich nicht mit dem Entwicklungsweg der Energone befaßt – davon nicht berührt.

Das vierte vorgetragene Konzept, die Theorie der funktionellen Kreisprozesse (Teil 1, S. 195f.), zeigt einen gesetzmäßigen Weg, wie es durch Aufeinanderfolge von Funktionsveränderungen zu Fortschritten und Höherentwicklungen kommen konnte. Sie ist ebenfalls ein Zusatz, berührt die Energontheorie nicht direkt.

Das fünfte Konzept – die Theorie der vier Grundformen des Staates – ist ein Anwendungsversuch der Energontheorie auf die Staatsformen. Sollten hier Denkfehler unterlaufen sein, dann wird das Energonprinzip nicht unmittelbar betroffen. Immerhin stehen diese beiden Theorien in engem Zusammenhang.

Wenden wir – zum Abschluß – den Blick in die Zukunft. Machen diese Theorien Voraussagen über die weitere Menschheitsentwicklung möglich?

Anmerkungen

[1] Das bestätigt weitgehend die Grundanschauung von Demokrit (460–371 v. Chr.).

[2] Ob es tatsächlich die kleinsten materiellen Einheiten sind, vermag noch niemand zu sagen. Es gibt heute in der Physik durchaus ernstgenommene Theorien, die eine weitere innere Struktur der Elementarteilchen annehmen (z. B. das sogenannte Quarkmodell von Murrey Gell-Man).

[3] Wilhelm Ostwald sprach bereis 1887 die Ansicht aus, daß Materie »ein sekundäres Produkt der Energie« sei.

[4] Einige Beispiele für Energiewerte gebe ich in Teil 1, Anhang I.

[5] Katalysatoren bewirken chemische Umwandlungen, ohne selbst in das Endprodukt mit einzugehen. Autokatalysatoren (»Selbstkatalysatoren«) führen zur Vermehrung *ihrer eigenen* Struktur – wobei auch sie in die neu entstehende Substanz nicht selbst mit eingehen. Ein Beispiel ist Wasser. Damit aus Knallgas Wasser entsteht, ist Wasser – zumindest in Spuren – nötig. Dieses ist gleichsam der notwendige Anstoß dazu, daß sich H- und O-Atome zu H_2O-Molekülen verbinden.

[6] Goethe charakterisierte die »organischen Wesen« so: »Sie verarbeiten zu verschiedenen bestimmten Organen die in sich aufgenommene Nahrung, und zwar, das übrige absondernd, nur einen Teil derselben. Diesem gewähren sie etwas Vorzügliches und Eigenes.« (Aus: »Vorträge über die drei ersten Kapitel des Entwurfs einer allgemeinen Einleitung in die vergleichende Anatomie, ausgehend von der Osteologie«, 1796). Goethe dachte wohl in erster Linie an die Bildung der organischen *Strukturen*. Aber auch auf die Energie trifft seine Formulierung zu. Auch hier wird einem Teil, unter Absonderung des übrigen, »etwas Vorzügliches und Eigenes gewährt«.

[7] Goethe schrieb: »Deshalb geschieht hier ein Vorschlag zu einem anatomischen Typus, zu einem allgemeinen Bilde, worin die Gestalten sämtlicher Tiere der Möglichkeit nach enthalten wären, und wonach man jedes Tier in einer gewissen Ordnung beschriebe. Dieser Typus müßte so viel wie möglich in physiologischer Richtung aufgestellt sein.« Dieser letzte Satz kennzeichnet Goethes Gedankenrichtung: »physiologisch« bedeutet *von der Funktion her*. (»Erster Entwurf einer allgemeinen Einleitung in die vergleichende Anatomie, ausgehend von der Osteologie«, Jena 1795). Eine im Prinzip ähnliche Gedankenrichtung leitete später W. Roux, den Begründer der *Entwicklungsmechanik*. Er definierte sie »als die Wissenschaft von der Beschaffenheit und von den Wirkungen derjenigen Kombinationen von Energie, welche Entwicklung hervorbringen«. Er suchte nach den »Ursachen der Gestaltungen der Lebewesen« und sah im Entwicklungsprozeß ein kausales Geschehen. (W. Roux, »Gesammelte Abhandlungen über die Entwicklungsmechanik der Organismen«, Leipzig 1895.) Die Energontheorie setzt beide Gedankenrichtungen fort.

[9] Ich lege in diesem Buch keine Messungsvergleiche vor. Aus wirtschaftlichen Daten und schon bestehenden Messungen an Organismen lassen sich wohl bereits mancherlei Vergleiche anstellen, aber sie haben doch nur sehr beschränkten Aussagewert. Hier muß erst eine nach den neuen Kriterien erfolgende Grundlagenforschung einsetzen.

[10] Mit dieser Frage beschäftigt sich B. Hassenstein in »Kybernetik und biologische Forschung«, Handbuch der Biologie I/2, Frankfurt 1966, S. 634.

[11] »...transformateur de l'énergie qui existe a létat potentiel...« in »Notes sur des Formules d'Introduction à l'Energétique Physio- et Psycho-Sociologique«, Brüssel 1906, S. 4.

[12] »D'autre part, il apparaît avec la même évidence, que l'organisme ›homme‹ ne peut plus être envisagé en lui-même exclusivement. Il doit être considéré dans ses rapports énergétiques avec la société.« (S. 7.)

[13] »Chaque groupe humain particulier, l'espèce humaine tout entière, doivent être considérés comme une réaction chimique organisée qui se continue et tend à se développer sans cesse, suivant sa loi, inéluctable, malgré les obstacles de touts ordres et l'intervention de facteurs intellectuels toujours nouveaux.« (S. 25).

[14] »En somme, et au point de vue le plus général, lêtre vivant serait une réaction organisée spécialement pour oxyder à froid, de manière continue et avec dégagement final d'énergie, un milieu *propre*: sa raison d'être initiale, sa loi, son but, son intérêt seraient la production e la continuation prolongée de cette oxydation dans les meilleures conditions possibles.«

[15] »Die energetischen Grundlagen der Kulturwissenschaft«, Leipzig 1909, S. 149.

[16] Es ist bemerkenswert, daß dieses kaum beachtete Buch im gleichen Jahr erschien, in dem Ostwald den Nobelpreis erhielt (1909).

[17] Dies ist nicht der Biologe Prof. Dr. Kurt Wieser, der sich ebenfalls mit Organisationsfragen beschäftigte (etwa:»Organismen, Strukturen, Maschinen«, Frankfurt 1959), sondern sein Vater, der Konstrukteur und Fabrikbesitzer war. Dieser veröffentlichte als einziges Buch »Das Gesetz der Organismen«, Budapest 1943, außerdem hinterlegte er noch zwei Skripten bei der Wiener Nationalbibliothek (siehe Literaturverzeichnis). Ing. Wieser fand mit seinen Gedanken kaum Widerhall. Er hinterließ zahlreiche unveröffentlichte Schriften.

[18] Während also Energie an sich unzerstörbar ist, wird »freie Energie« – wie Ostwald sich ausdrückte – laufend »vernichtet« (S. 33).

VII
Heute und Morgen

Wer sich über die Wirklichkeit nicht hinauswagt, wird nie die Wahrheit erobern.
Friedrich Schiller (1759–1805)

Die Freiheit wird unseren Kindern so wenig als eine gebratene Taube ins Maul fliegen, als sie je irgendeinem Volk der Welt also gebraten ins Maul geflogen.
Pestalozzi (1746–1827)

1

Im Rahmen der Gesamtevolution zeigt das menschliche Wirken ein doppeltes, ja zwiespältiges Gesicht. Einerseits ist dieser »Mensch« das erfolgreichste Energon: er wird zur Keimzelle für unzählige größere Energone, in deren Gefüge er selbst zu einer immer kleineren Einheit wird. Diese größeren Körper fesseln ihn, unterjochen ihn, berauben ihn der eigenen Freizügigkeit. Anderseits wächst sein Streben nach »Freiheit«, nach individueller Lebensgestaltung, individuellem Lebensgenuß: er konzentriert sich also individuell auf sich selbst. Diese zweite Tendenz bringt ihn – zunächst geringfügig, doch im Lauf der Entwicklung dann immer mehr – in Konflikt mit den Interessen des Lebensstromes, der ihn hervorgebracht hat. Es lassen sich bei dieser Divergenz drei Komplexe unterscheiden.
Erster Komplex: der Kampf des Menschen gegen die Unterdrückung durch andere Menschen. Hierher gehört vor allem das, was wir in der Umgangssprache »Klassenkämpfe« und »Befreiungskämpfe« (gegen Unterdrückung durch andere Völker oder durch Zwangsregierungen) nennen. Einzelne Menschen bauen erfolgreiche Berufskörper auf, schaffen sich Machtpositionen und festigen sie durch Übertragung auf eine Nachkommenschaft. So werden andere Keimzellen »Mensch« am »freien Fortkommen« behindert, diese und jene Erwerbsmöglichkeit wird ihnen abgeriegelt. Sie werden so durch andere – über Zwang – zu Funktionsträgern oder zur Melkkuh gemacht.

Dieser Entwicklung sieht der Lebensstrom – wenn ich mir nochmals diese Personifizierung erlauben darf – indifferent und uninteressiert zu. Solche Machtkämpfe, Unterdrückungen, Ausbeutungen gehören von Anbeginn der Evolution zum täglichen Einerlei. Durch ebendiese Vorgänge wurde die Gesamtentwicklung hochgetragen. Wenn sich im Fall des Menschen Keimzellen von Energonen gegen andere Energone wenden, dann ist das zwar neu – doch am Wendepunkt Mensch änderte sich auch vieles andere. Schädigend sind diese Vorgänge jedenfalls für die Gesamtentwicklung nicht. Sie treiben den Menschen zu neuen Leistungen, neuen Ideen: sie dienen in diesem Sinne dem Fortschritt und liegen durchaus im Interesse des Lebensstromes.

Zweiter Komplex: Der Mensch strebt nach individuellem Luxus. Das ist ebenfalls, zumindest in diesem Ausmaß, eine neue Tendenz in der Evolution. Sie läßt plötzlich das Individuum gegenüber der Art in den Vordergrund treten. Das Individuum führt plötzlich seine Überschüsse nicht mehr dem Aufbau von anderen Energonen zu, sondern bildet rings um sich Luxuskörper – manchmal außerordentlich große und vielseitige. Auch das ist, wenn man so will, eine Art von Befreiung von bisherigen Ketten. Die gesamte menschliche Kultur (soweit sie eine Ausgabe von Überschüssen zur Erhöhung der Annehmlichkeit bedeutet) ist eine Riesenwucherung von solchen Luxuskörpern. Teils sind es zu Individuen gehörende (Jacht, Harem, Gemäldesammlung), teils sind es Luxusgemeinschaftsorgane (Parkanlagen, Prachtbauwerke).

Auch diese Tendenz ist größtenteils für den Lebensstrom – also für die Gesamtenergonenentwicklung – vorteilhaft. Denn ebendiese Luxuskörer werden zum Erwerbsfeld für andere Energonen, die diesen zusätzlichen Bedarf zu ihrer Erwerbsbasis machen. Ja, sie werden überhaupt zum stärksten Motor in dieser zweiten Phase der Evolution, die am Wendepunkt »Mensch« einsetzte.

Dritter Komplex: Manche Menschen »kehren sich in sich selbst«, werden »genügsam«. Auch sie streben nach »Genuß«, doch dieser ist von solcher Art, daß er nur geringfügig Energieausgabe erfordert. Diese Typen freuen sich »am Dasein selbst«. Sie erkunden und entwickeln in sich subtile Regungen – ihre Aktivität ist nicht mehr auf Eroberung und Umwälzung gerichtet, sondern auf ihre eigene Existenz.

Vom Lebensstrom her betrachtet, sind das gleichsam »Abtrünnige«. Sie nehmen ein enormes Entwicklungskapital als Geschenk in Empfang, und statt es mit Zinsen zurückzuzahlen, *freuen sie sich.* Die auf einen Zweck abgestimmte Struktur wird für sie zu einer Art von Musikinstrument. Sie spielen gleichsam auf den inneren Saiten – genügen sich selbst.
Im Einzelfall wäre auch das nichts Neues: der Lebensstrom mußte viele Versager in Kauf nehmen. Beim Menschen griffen solche Bestrebungen jedoch um sich und verdichteten sich zu traditionellen Lebensrezepten, besonders gefestigt durch die meisten Religionen. An die Stelle des irdischen Kampfes tritt die Phantasiewelt einer Wirksamkeit in einer *anderen* Welt. Die ankurbelnden Triebe werden als etwas Übles bekämpft. Das Christentum lehrt Bescheidenheit, Duldsamkeit, Konzentration auf ein Jenseits. Der Buddhismus lehrt Freiwerden von jedem angeborenen oder erworbenen Drang, Aufgehen im Nichts, Erlöschen. *Befreiung* ist hier letztlich Ziel.
Durch diese Bestrebung wird der Lebensstrom empfindlich getroffen. Hier spezialisieren sich Menschen darauf, gerade jene Motorik zu bekämpfen, die diesen Prozeß vorantreibt. Und da diese Tendenzen wie eine Infektion um sich greifen, sich ungemein hartnäckig behaupten, bilden sie eine ernsthafte Gegenkraft, eine ernsthafte Schädigung des »Gesamtenergoninteresses«.
Die Macht dieser Phänomene geht so weit, daß sie sich auch den vorwärtsstrebenden Kräften als Riegel entgegenstellen. Beim Christentum in seinem Kampf gegen Aufklärung und Wissenschaft war das besonders deutlich. Dieser Riegel wurde jedoch zerbrochen. Vom Lebensstrom her gesehen, waren das Dürreperioden: der Fluß stockte, stagnierte. Jetzt setzte er sich wieder in Bewegung. Es folgte die Zeit des Aufblühens von Wirtschaft und Technik, des Einsetzens der Industrie. In der Sprache der Energontheorie heißt das: Der Mensch konzentrierte sich nun auf die Entwicklung neuer Funktionsträger, neuer Verhaltensrezepte. In großen Gemeinschaftsorganen organisiert (Hochschulen, Forschungsstätten), bemühte er sich um die Erweiterung der Macht – die Macht der Energone. Immer größere, immer rationeller arbeitende Erwerbskörper wurden aufgebaut (Betriebe), Fremdenergie wurde in zunehmendem Maße in den Dienst dieser Erwerbsstrukturen gezwungen. Als

Vermittler zwischen diesen Kräften und dem jeweiligen Leistungsziel dienten neuartige Funktionsträger – die Maschinen.
Die gegen die Interessen des Lebensstroms gerichteten Tendenzen traten somit wieder in den Hintergrund. Bei einzelnen Individuen blieben sie wach, aber ihr organisierter Einfluß trat zurück.
Damit gelangen wir zu der Periode, in der wir leben.

2

Durch den Fortschritt von Technik und Industrie wurden die sich auf Grundbesitz stützenden Vormachtsstellungen gebrochen. Zu einem neuen Machtfaktor wurden akkumulierte, sich vereinigende Überschüsse (Kapital). Auch dieser Machtfaktor führte zu Unterdrückung, auch er hatte wieder Kämpfe um »Freiheit« zur Folge. In einem Teil der Welt (der kommunistischen) wurde auch diese Macht gebrochen.
Allerdings entstanden dort Staatsgebilde, die zur Gewährleistung der Freiheit die Freiheit unterbinden. Das Interesse des Individuums wird zwar durch keine Klasse mehr beschränkt – jedoch durch den Staat selbst. Von der Energontheorie her entstanden dort besonders zentralistisch gesteuerte Energone, den tierischen Organismen ähnlich. Die nichtarbeitende Keimzelle Mensch wird in diesen Strukturen zum Schmarotzer. Pflichten und Gewinn sind weitgehend festgelegt. Folglich ertönt auch dort wieder der Ruf des Individuums nach »Freiheit«.
In den marktwirtschaftlichen Ländern hat das Individuum vom Staat her Freiheit. Hier aber vollzieht sich ein anderer Prozeß – der auch wieder zur Unfreiheit führt.
Durch Verbesserung der Verkehrs- und Kommunikationsmittel vergrößerten sich dort für die durch Tausch erwerbenden Energone die Märkte. Der noch rentabel erfaßbare Erwerbsraum wurde größer – praktisch heißt das: die aufschließbaren Erwerbsquellen wurden größer. Insbesondere Produktionsbetriebe – aber auch Leistungsanbieter und -vermittler – hatten so die Möglichkeit, sich weit mehr als bisher zu vergrößern und dadurch wieder entsprechend rentabel zu arbeiten. Diese Möglichkeit wird wahrgenommen –

selbstverständlich. Das liegt im Wesen der Energonentwicklung: schon seit Entstehung der allerersten »lebenden« Molekülstrukturen. Würden sie nicht wahrgenommen, dann wäre das etwas Neues, der bisherigen Evolution Zuwiderlaufendes.
Selbst in den kommunistischen Staaten, wo die Betriebe nichts anderes sind als Funktionsträger, werden diese größer. Das ist eine direkte Folge der verbesserten Verkehrsmittel, eine in Zahlen erfaßbare Relation.
In den marktwirtschaftlichen Ländern führt die Vergrößerung des Erwerbsraumes dazu, daß der Anpreisung der gebotenen Leistungen erhöhte Wichtigkeit zukommt. Macht ein neuer Gemüsehändler seinen Laden auf, dann spricht sich das innerhalb des Raumes, der für ihn als Erwerbskreis in Frage kommt, ziemlich von selbst herum. Stellt dagegen im Ruhrgebiet ein Betrieb ein Produkt her, das in der halben Welt verkauft werden soll, dann wird eine entsprechende Bekanntmachung in diesem Gebiet wichtig: Werbung. Dichtauf, in zweiter Funktion, wird dieser Vorgang zu einer entscheidend wichtigen Waffe im Konkurrenzkampf. Drittens – in nochmaliger Funktionserweiterung – wird Werbung auch zu einem Instrument der »Marktschaffung«. Das heißt: durch diesen Funktionsträger wird es möglich, Energiequellen zu manipulieren – ja neu zu schaffen. Genaugenommen werden sie nicht »geschaffen«, sondern verwandelt. Sie werden durch entsprechende Maßnahmen für andere »Schlüssel« aufschließbar gemacht.
Diesen Vorgang erlebt heute jeder an sich selbst. Die großen Produkt- oder Leistungsanbieter (ein Beispiel für letztere: die Fremdenverkehrszentren) kämpfen um den menschlichen Energieüberschuß – kämpfen um das goldene Kalb »Energieträger« (»Überschußträger«). Durch Werbung versuchen sie an dieses heranzukommen, es anzulocken. Von allen Seiten her werden in den nach Luxus suchenden Menschen Wünsche hineingetragen. Der Einfluß ist heute schon so geschickt und wirkungsvoll geworden, *daß die Mehrzahl der Menschen mehr Wünsche in sich anhäuft, als sie bewältigen kann.* Wachsende Unruhe und Unzufriedenheit mit dem, was man besitzt, ist die Folge: der ideale Nährboden für das Wirtschaftswachstum – der ideale Nährboden für die Interessen des Lebensstromes. Die jeweiligen Überschüsse reichen nicht mehr zur Wunschbefriedigung aus: das Erwerbstempo wird darum gestei-

gert. Der Umschlag wird größer, schneller. Auch dem Staatskörper, dem daraus erhöhte Steuern zufließen, erwächst ein Vorteil: er fördert diese Entwicklung. Die Werbung geht – in weiterer Strategie – dazu über, das, was ein Nachfrager erworben hat, diesem möglichst schnell wieder zu entwerten.[1] Durch Moden, durch immer neue Modelle, immer neue Vorbilder wird die Wunschflamme nicht nur angefacht, sondern in immer neue Richtungen gelenkt. Der Verbraucher – das goldene Kalb – hat nicht mehr Zeit zu überlegen, *er wird durch ein organisiertes Bombardement in Atem gehalten.* Er beeilt sich, Überschüsse zu schaffen, um Wünsche zu befriedigen – die ihm eingepflanzt werden.[2]
Auch alle bestehenden Gewohnheiten – besonders die Gemeinschaftsgewohnheiten »Sitte« – werden vor das Pferd gespannt. Sie werden »kommerzialisiert«. Das Weihnachtsfest wird zu einem Zeitpunkt der Schenkpflicht, der Urlaub zur Reisepflicht.
Zum entwicklungsfähigen Expansionsfeld werden die »unterentwickelten« Länder. Ein Gefühl der Minderwertigkeit wird dort erzeugt, die bisherigen Wertungen werden zerstört. Der »Unterentwickelte«, mit seinem bisherigen »Luxus« vielfach recht zufrieden, wird unzufrieden.
In den kommunistischen Ländern wird der Mensch gegen diese kapitalistischen Einflüsse abgeschirmt. Er wird jedoch auch dort künstlich in schnellere Bewegung gesetzt. Vorschriften sind ein Mittel dazu. Ein weiteres Mittel ist das künstliche Anheizen der menschlichen Gemeinschaftsinstinkte. Sie werden ebenso mit Auslösern bombardiert wie in der marktwirtschaftlichen Welt alle Triebe, durch die Kaufwünsche erzeugt werden. Was hier mit Reklame erreicht wird, versucht man dort mit Propaganda zu erreichen. Auch Ehrungen und Teilhaben am Gemeinschaftserfolg schenken starke Glücksgefühle. *Auch hier können durch entsprechende Beeinflussung der Jugend Prägungseffekte erzielt werden, die noch beim Erwachsenen anhalten.* Das Glück, der Gemeinschaft zu dienen, erschöpft sich jedoch schneller – die hier aktivierte Triebkraft ist weniger ergiebig als das individuelle Glücksstreben.
Das ist – aus einer etwas anderen Sicht als der gewohnten – unsere heutige Lage. Wie geht es weiter?
Ich will in vier Modellen vier Möglichkeiten der Zukunftsentwicklung darstellen. Es ist der Versuch, den bisherigen Evolutionsver-

lauf, wie er sich von der Energontheorie her präsentiert, weiterzuverfolgen.

3

Das erste Modell ist wohlbekannt und hat leider beträchtlichen Wahrscheinlichkeitsgrad. Es ist die Möglichkeit eines Krieges mit Atomwaffen, der mit einer teilweisen oder gänzlichen Vernichtung des Lebens endet.
Das besonders Bedenkliche liegt hier darin, daß Kriege bis zum heutigen Tag für den Evolutionsverlauf *vorteilhaft waren*. Der Mensch verdammt sie wohl schon seit geraumer Zeit, aber sie liegen durchaus im Interesse des Lebensstromes. Der für den Lebensstrom sich ergebende Wert dieser Vorgänge könnte – mit einiger Mühe – am Beispiel der letzten beiden Kriege und dem technischen Fortschritt, zu dem sie führten, rechnerisch bestimmt werden. Das eigentliche und wirkliche menschliche »Kapital« besteht im Gesamtbesitz an Verhaltensrezepten zum Aufbau von Funktionsträgern und deren Verwendung. Sie sind das Rückgrat unseres Machtpotentials – und ihr faktischer Wert ist, wie gesagt, eine im Prinzip meßbare Größe. Wir sind heute nicht annähernd so weit, solche Berechnungen ausführen zu können; könnten wir es, dann ließe sich dieser Teil der menschlichen Kapitalsteigerung in einer graphischen Kurve darstellen.
Aber auch ohne das zu können, wissen wir, daß es eine ansteigende Kurve ist – und daß sie in Konfliktperioden steiler ansteigt. Unter dem Druck der Kriegsgefahr arbeitet der Mensch mehr, strengt – getrieben durch Angst und Gemeinschaftsinstinkte – seine Intelligenz mehr an.
Seit Beginn der Evolution war Verbesserung immer eng an Kampf und Vernichtung geknüpft. Viele der tierischen Instinkte sind darauf ausgerichtet, und ebendiese Instinkte sind auch in uns noch sehr stark wirksam. *Dazu kommt noch unsere größte Stärke, die zugleich unsere größte Schwäche ist: unsere Phantasie.* Durch geschicktes Einwirken auf diese kann der Demagoge nur zu leicht Angst, Empörung, Angriffsbereitschaft hervorrufen. Wie Lorenz sehr anschaulich zeigte, sucht die menschliche Aggressivität, im geordne-

ten Staatswesen am entsprechenden Ausleben gehindert, nur zu gern nach einer Gelegenheit, sich abzureagieren.[3] Ebenso gefährlich ist – worauf Arthur Koestler sehr richtig hinweist – die menschliche Bereitschaft, sich mit einer Gruppe zu identifizieren, sich für eine Idee aufzuopfern. Diese so edle und vielbesungene Eigenschaft ist ein beinah noch größeres Gefahrenmoment.[4]
Heute sind wir nun – abrupt – an den Punkt gekommen, da die Vernichtungswaffen die ganze Welt verheeren können. Gegen deren Einsatz steht nur die Angst vor diesen Waffen und unsere Vernunft. *Alle anderen Mechanismen des Lebensstromes stehen auf der anderen Seite.*
Sollte dies das Ende der Lebensentwicklung sein, dann ergäbe sich – von unserem bedauerlichen Schicksal abgesehen – vom Standpunkt der Weltentwicklung ein nicht unharmonisches Bild. Energie entfaltet sich, bis sie ein bestimmtes Potential erreicht, dann zerstört dieser Prozeß seine eigene, ihn hochtragende Struktur.

4

Zweites Modell: Der Kommunismus – oder eine ähnliche totalitäre Weltanschauung – gewinnt Macht über die ganze Welt.
Von der Energontheorie her erscheint mir dann folgende weitere Entwicklung ziemlich klar vorgezeichnet: Der äußere Feind fällt weg, gegen den sich dieses System richtet. Es verbleibt ein einziges riesengroßes Energon, das jedem Menschen der Welt seinen funktionellen Platz zuweist, seine Pflichten, sein Entgelt und seine Luxusmöglichkeiten festlegt.
Nach den bisherigen Erfahrungen der Menschheitsgeschichte ist eine solche gewaltsame Unterdrückung des Strebens nach individueller Entfaltung auf die Dauer nicht möglich. Nur solange ein Feind dieses Symstems existiert, kann sie aufrechterhalten werden. Bei den kommunistischen Staaten zeigt sich dies deutlich darin, wie häufig und ausgiebig dort das Schreckgespenst eines Feindes herhalten muß. Gibt es dieses Schreckgespenst nicht mehr, dann muß – meines Erachtens – ein solches totalitäres System *früher oder später aus inneren Ursachen zusammenbrechen.*

Es geht dann ganz von selbst in andere Systemformen und schließlich in ein marktwirtschaftliches System über. Warum gerade in ein solches? Einfach deshalb, weil nur in diesen die divergierenden Interessen von Mensch und Lebensstrom einen Ausgleich finden.

5

Drittes Modell: der konsumwirtschaftliche Endpunkt.
Diese Möglichkeit ergibt sich in folgerichtiger Weiterentwicklung der heute in den marktwirtschaftlichen Ländern herrschenden Tendenzen. Der Einfluß der Anbieter auf die Nachfrager wird immer wirksamer, immer perfekter. Jeder Mensch wird – über den Umweg seiner Wünsche – von anderen geleitet. Das »Ich« des Menschen setzt sich schließlich nur noch aus Teilen zusammen, die von anderen aufgebaut wurden oder denen zumindest andere ein Zaumzeug angelegt haben. Der Mensch gelangt hier zu einem Zustand hoher Zufriedenheit, *weil er so manipuliert ist, daß er mit diesem Zustand zufrieden ist.*
Dieses Modell ist die letzte Krönung der angewandten Psychologie, der angewandten Verhaltensforschung – ja eine Krönung von Wissenschaft und Technik. In diesem Modell sind schließlich alle politischen und weltanschaulichen Gegensätze abgebaut – weil sie den Wirtschaftsfluß stören. Die Geburtenkontrolle ist so geregelt, daß die Menschheit an ein für den Wirtschaftsprozeß optimales Volumen gelangt. Die Interessen sind so aufeinander eingetrimmt (vielleicht nicht zuletzt mit Hilfe der hier vorgelegten Theorie), daß ein perfekter Interessenausgleich gegeben ist, so daß jeder überzeugt sein darf, daß ihm ein im Rahmen der Gemeinschaft angemessenes *Genußvolumen* zukommt.
Die Arbeitskraft ist in diesem Modell auf ihr Maximum gebracht – das Ausmaß an Freizeit ist einerseits auf die zur Erwerbstätigkeit nötige Leistung abgestimmt, anderseits auf die für Luxuswünsche notwendige Zeit. Unzufriedenheit gibt es insofern nicht, als das Angebot der Nachfrage stets voraus ist. Die angeborenen und erworbenen Triebkräfte sind in ihrer Mechanik erkannt und statistisch voraussagbar: es wird ihnen stets rechtzeitig durch ein entsprechen-

des Angebot entsprochen. Tritt eine Abwehrreaktion gegen das Manipuliertsein auf, dann sind Situationen erwerbbar, in denen der Mensch sich frei ausleben kann. Es wird ihm Gerät und Spielzeug geboten, sich gegen das auszuleben, was ihm Ärger macht.
Dieses System ist perfekt leistungsfähig, perfekt vernünftig. Hat es sich erst einmal eingespielt, kann es von sehr langer Dauer sein. Die Kinder werden auf die Werte hin erzogen, die ihnen später zugänglich sind, alle unklaren und vagen Triebtendenzen werden abgebaut oder in saubere Marktkanäle geleitet.
In diesem Modell haben die Interessen des Lebensstromes endgültig die Oberhand gewonnen. Der Mensch geht in diesen Interessen auf, die Tendenzen menschlicher Individualität – soweit sie dem Interesse der Gesamtenergonentwicklung zuwiderlaufen – sind versiegt. Ein Maximum an erhaltungsfähiger Biomasse wird so erreicht. Der gesamte Erdball ist für den Lebensprozeß zugänglich gemacht, in immer höheren Gerüsten und Schichten türmen sich seine Strukturen übereinander. In gigantischem Ausmaß betreiben nun Fremdenergien (Atomkräfte usw.) diesen Prozeß. Immer mehr Funktionen haben Maschinen übernommen, auch die Steuerungs- und Entwicklungsfunktionen sind weitgehend auf künstliche Organe (Computer) übergegangen. *Unabdingbare Funktion des Menschen in diesem gigantischen Lebensblock ist es, Wünsche zu haben und sich diese Wünsche zu erfüllen.* Ein Denken in anderen Bahnen als in denen dieses Geflechtes ist kaum noch möglich, einfach unsinnig, denn die Welt ist ja nun optimale Erfüllung der »eigenen« Wünsche geworden.
Für die Gesamtentwicklung ergibt sich dann folgendes Bild: In der ersten Periode regierten die Energon*arten*. Bis zum Menschen trugen sie den Lebensstrom weiter. In der zweiten Periode trat – durch den Menschen – das Energon*individuum* in den Vordergund. Auf neuen Wegen treibt es diesen Prozeß machtvoll vorwärts. Die dritte und letzte Phase ist dann die, in der der *Gesamtstrom* diktiert. *Er verschluckt jetzt gleichsam Art und Individuum, er hat ihre Dienste nicht mehr nötig.*
Hier mag eingewendet werden, daß auch im zweiten Modell – die Welt ein einziges großes Energon – eine solche Manipulation des Menschen möglich wäre. Heute wird viel von technischer Beeinflussung – etwa durch Drogen, Gen-Chirurgie usw. – gesprochen.

Schon finden sich in manchen Staaten und Organisationen Ansätze zu einer Gehirnwäscherei.
Trotzdem halte ich eine perfekte Manipulation und Entindividualisierung des Menschen im zweiten Modell für nicht wahrscheinlich. Hier sind die Maßnahmen zu deutlich, das gegen das Individuum gerichtete Interesse zu leicht durchschaubar. Nicht über Gewalt, sondern nur über Tausch – über Wunscherfüllung – kann der Mensch den anderen Menschen perfekt manipulieren. *Nur im Vorgang einer totalen gegenseitigen Manipulation lassen sich – so glaube ich – die Individualtendenzen ausrotten.*

6

Viertes Modell: einstweilen ohne Namen.
Diese Entwicklung verläuft gerade entgegengesetzt. Als Endpunkt steht hier *die totale Beherrschung des Lebensstromes durch den Menschen.*
Auch dieses Modell läßt sich aus der heutigen Entwicklung ableiten, es ist ebenfalls eine marktwirtschaftliche Struktur, der jedoch Zügel angelegt sind.
Die Entwicklung setzt damit ein, daß sich eine wachsende Unzufriedenheit und Unruhe ausbreitet, ohne daß man recht weiß, warum. Die Bewegungen in der heutigen Jugend könnten vielleicht so zu deuten sein: auch ihnen ist gemeinsam, daß nicht recht klar ist, wogegen sie sich eigentlich richten. Letztlich richten sie sich einfach gegen das Establishment, gegen die bestehende Lebensform. Hier wird dies, dort jenes bekämpft, aber dies und jenes ist nicht der eigentliche Feind, *sondern bloß eine seiner vielen Gestalten.*
Die Entwicklung zu Modell vier setzt damit ein, daß die Unterschiede zwischen den Interessen des Lebensstromes und jenen des Menschenindividuums immer mehr evident werden, daß der Mensch diese Frage ernsthaft und nüchtern zu untersuchen beginnt. Es ist eine weitverbreitete Überzeugung, daß der einzelne Mensch selbst am besten weiß, was für ihn günstig ist – aber schon diese Überzeugung ist Teil der gegenseitigen Manipulation. Der Anbieter lenkt nicht nur die Wünsche des Nachfragers in seinen »Stall«,

sondern bemüht sich auch darum, *daß dieser sich dort wohl fühlt.* Der Nachfrager muß auch der Ansicht sein, daß er richtig und im eigenen Vorteil gehandelt hat – sonst verliert er Vertrauen, und das erschwert das nächste Geschäft. Der Anbieter lockt deshalb nicht nur den Nachfrager, sondern klopft ihm auch dauernd bewundernd auf die Schulter.
Es kommt also darauf an, den Menschen zu entmanipulieren – eine weit komplexere Aufgabe, als es auf den ersten Blick scheinen mag. In der nachstehenden Gegenüberstellung gebe ich einige Beispiele für die hier zu berücksichtigenden Divergenzen.[5]

Persönliches Interesse	*Lebensstrominteresse*
Großer Glücksbezug aus wenigem.	Glücksbezug aus möglichst teuren Gütern und Dienstleistungen. Untersättlichkeit.
Lange Haltbarkeit und Nutznießung der künstlichen Organe.	Möglichst schnelles Verschleißen, besonders jener des Luxuskörpers. Unmodern-, Wertloswerden.
Zufriedenheit aus Freundschaftsbeziehungen.	Freundschaftsbeziehungen, die zu Konsum führen (Essen, Trinken, Reisen, Unterhaltung usw.)
Bescheidenheit, Glück aus eigenem Selbst.	Unbescheidenheit, möglichst *kein* Glück aus dem eigenen Selbst. Glück aus konsumfördernden Handlungen.
Verringerung der unangenehmen Arbeit, Freude an der Arbeit.	Vermehrung jeglicher Arbeit, Umsatz, Steigerung des Nationalproduktes.

Befriedigung der Welt, niedere Steuern.	Gefühl der Unsicherheit, das hohe Staatsausgaben für Verteidigung rechtfertigt.
Abstimmung des Luxuskörpers auf die eigenen Fähigkeiten.	Keine solche Abstimmung. Jeder soll sich bis zum Tode nach etwas sehnen, das er noch nicht hat.
Entwicklung der eigenen Interessen.	Entwicklung der eigenen Interessen derart, daß sie in konsumführende Kanäle fließen.
Eigene Meinung.	Möglichst *keine* eigene Meinung.
Charakter, Ehrenhaftigkeit.	Charakter und Ehrenhaftigkeit nur insofern, als sie nicht zu einem Stagnieren der Machtsteigerungswünsche führen.
Eigener Entschluß.	Möglichst *kein* eigener Entschluß. Die Entschlüsse werden fertig ins Haus geliefert, und zwar so, daß sie zu Konsum führen.
Verläßliche Nachrichtenübermittlung.	Nachrichten werden zum Unterhaltungs- und Beeinflussungsmittel.
Unaufdringliche Staatsleitung.	Aufdringliche Staatsleitung.
Gemächlichkeit.	Steigerung der Schnelligkeit. Die Reise von Europa nach den USA soll nicht fünf, sondern nur mehr zwei Stunden dauern. Das ist ungeheuer wichtig.

Beherrschung der menschlichen Technik. Sie soll ein Diener sein, den man selbst ruft, wenn man etwas braucht. Der Diener soll einen nicht stören, indem er seine möglichen Dienste anpreist.	Beherrschung des Menschen durch seine Technik. Anhaltendes, rapides Wirtschaftswachstum.

Ein wichtiger Motor für dieses vierte Entwicklungsmodell ist das Mißtrauen, besonders gegen allen Luxus, der angepriesen wird. Zur Richtschnur wird die Frage: Was sind *fremdwirksame* Werte? Anders ausgedrückt: Welche Werte dienen tatsächlich der eigenen Steigerung des Wohlbefindens – *und welche Werte dienen den Erwerbsinteressen von anderen?*
Die Fähigkeit zur Unterscheidung von Angebot und Anpreisung wird wesentlich. In der Volkswirtschaft herrscht schon seit eh und je die Diskrepanz: Sind die Anbieter Bedarfsbefriediger – oder sind sie Erwerber? Scheinheiligkeit liegt dann vor, wenn ein Erwerbender sich als Bedarfsbefriediger ausgibt – obwohl er nicht Bedarf befriedigen, sondern schaffen will.
Aller Scheinheiligkeit wird in dieser Entwicklung der Kampf angesagt. Niemand braucht sich seiner Erwerbstätigkeit zu schämen: Erwerbstätigkeit kennzeichnet die Gesamtevolution, ist die normale und zentrale Tätigkeit jedes Energons. Es ist sogar durchaus angebracht, daß diese Tätigkeit Befriedigung, also Glücksgefühle vermittelt. Erfolgreiche Arbeit ist eine der ursprünglichsten und natürlichsten Quellen der Freude überhaupt. Auch Tausch ist Erwerb. *Wo der Tauschende vorgibt, Spender zu sein, während er ein Erwerber ist, dort herrscht Scheinheiligkeit.*
Eine ungeheure Macht hat – auf Grund einer angeborenen »unbelehrbaren« Reaktion – die mitreißende Wirkung von Handlungen anderer Menschen. Der sich zu entmanipulieren Versuchende wendet diesen Wirkungen besondere Aufmerksamkeit zu. Ebenso weckt der Besitz von anderen – instinktiv – den Wunsch nach ähnlichem Besitz. *Beide Reaktionen dienen eindeutig dem Lebensstrom – nicht dem Individuum.* Wird das eigene Haus wertgeringer und weniger glückspendend, weil ein anderer daneben ein noch schöneres Haus baut, dann kann der Wertverlust nicht am eigenen Haus lie-

gen – es ändert seine Dienste nicht im geringsten. Der Wertverlust liegt somit nur in einer eigenen Reaktion – in einer Beeinflussung durch die Umwelt.
Für das Individuum und dessen optimales Wohlbefinden ist die Abstimmung zwischen den eigenen Anlagen und den hinzunehmenden nichtverwachsenen Funktionsträgern wichtig. Wie viele Objekte soll ein Mensch besitzen? Durch wie viele Einheiten soll er seinen Körper erweitern? Das ist nur individuell zu beantworten, denn einer hat Kraft genug, die Bindung eines ganzen Königreiches an sich zu verkraften, dem anderen wächst schon geringer Besitz und geringe Verantwortung über den Kopf. Es geht hier um Fragen der Bindung und Koordination – sowie auch um Schutz und Pflege. Die Wünsche des Menschen mögen unersättlich sein, *doch für die Möglichkeit, zusätzliche Einheiten an sich zu binden, gibt es praktische Grenzen.* Der einzelne muß also für sich erkunden, welche Größe des Erwerbs- und Luxuskörpers für ihn optimal ist. Und zwar optimal im Sinne seiner Annehmlichkeit und Zufriedenheit.
Ebenso sind auch dem menschlichen Vergnügen Grenzen gesetzt. Preßt man in die gleiche Zeiteinheit zehnmal soviel Vergnügungshandlungen, dann bedeutet das nicht unbedingt, daß zehnfacher Genuß gewonnen wird. Hier zu einer Optimierung zu gelangen ist eine Lebenskunst, die nicht von selbst gegeben ist, sondern ausgebildet werden muß. Sie wird einstweilen noch in keiner Schule gelehrt.
Diese Entwicklungsrichtung setzt somit eine erhebliche Beschäftigung mit dem eigenen Ich und den Kräften, aus denen es sich zusammensetzt, voraus. Zwei Erkenntnisse werden hier bedeutsam: Die Gefühlswelt ist für den Menschen das unmittelbar Wertvollste – *und gleichzeitig auch eine gefährliche Handhabe für Beeinflussungen durch die Umwelt.* Die Phantasie ist das eigentliche Zentrum des Menschen und seine stärkste Waffe – gleichzeitig aber auch das Tor, durch das fremde Einflüsse in das eigene Ich gelangen. Auf keinem Weg können sich Fremdkräfte leichter in diesem Ich einnisten als durch Einflußnahme auf unsere Gefühle und unsere Phantasie.
Ein besonders gefährliches Beeinflussungsinstrument ist die Ausnützung der Prägung – denn diese ist zu einem Zeitpunkt wirksam, da der Mensch noch nicht abwehrbereit ist. In diesem vierten Mo-

dell wird deshalb Wert darauf gelegt, daß dem Kind keine Wertungen (besonders ethische) eingeimpft werden, durch die seine spätere eigene Beurteilungsfähigkeit beschränkt wird.
Viele traditionell weitergegebene Gemeinschaftsansichten haben ebenfalls prägungsartigen Charakter. Deshalb werden in diesem Modell sämtliche Wertungen, auch die allerselbstverständlichsten, überprüft.
Zum Beispiel: das Problem der Nächstenliebe – besonders von den Religionen zur moralischen Pflicht gemacht – erfordert Überprüfung. Für den Menschen ist es offenbar ganz ausgeschlossen, die ungeheure Vielheit anderer Menschen zu lieben. Zum Großteil sind sie diese Liebe nicht wert. Dagegen ist ein kollegiales Verhältnis, ja sogar das der Schuld und Verpflichtung gegenüber der Gesamtmenschheit ebenso berechtigt wie auch am Platz. Gewiß, der augenblicklich lebenden Vielheit verdankt das Individuum nur gelegentlich etwas. Aber praktisch alles, was es ist und hat und worauf seine eigenen Leistungen sich aufbauen, *verdankt es der Menschheit.*
Auch das ebenfalls geförderte Schlagwort »Alle Menschen sind gleich« hält der kritischen Prüfung nicht stand. Sie sind es durchaus nicht. Es ist aber angebracht, daß die Menschheit aus ihrer Überfülle von Kraft auch den Minderbefähigten hilft. Das ist jedoch nicht eine Pflicht, sondern ein freier Entschluß, weit eher eine Teilabtragung der Dankschuld an die vergangenen Generationen.
In diesem Modell wird die Geburtenkontrolle schärfer gehandhabt als in Modell drei. *Ziel ist ja in diesem Fall nicht, die Oberfläche unseres Planeten bis zu seinem möglichen Maximum in Biostruktur zu verwandeln,* sondern Ziel ist, dem Menschenindividuum ein Maximum an Entfaltungsmöglichkeit und individuell gesteuertem Glückssuchen zu ermöglichen.
Im Hinblick auf das Überangebot an Menschen wird in diesem Modell eine härtere Behandlung der Gesetzesübertreter – besonders bei Kapitalverbrechen – wahrscheinlich. Das Wort »Bestrafung« verliert hier seine Berechtigung. Die Gesellschaft hat – auf Grund der ungeheuren Werte, die sie dem Individuum schenkt – sehr wohl das Recht, Verhaltensnormen festzulegen. Wer diese, sei es durch unerlaubte Erwerbsform (Räuber) oder durch unerlaubte Triebbefriedigung (Lustmörder) übertritt, hat eine entsprechende Ge-

genmaßnahme zu gewärtigen. Ist ein Mensch ungünstig veranlagt – dann ist das für ihn bedauerlich. Die Gesellschaft hat durchaus nicht das Recht, ihn »zu strafen«, jedoch sehr wohl das Recht, sich durch beliebig harte Gegenmaßnahmen *vor ihm zu schützen.*
In diesem Modell spielt auch die Überprüfung der Werte »gut« und »böse« bei den Trieben eine Rolle. Es sind angeborene Mechanismen – sie sind somit weder gut noch böse, sondern eine Realität. In dieser Entwicklung wird der Mensch nach Wegen suchen, um in seinem Interesse mit diesen Kräften bestmöglich fertig zu werden, sie zu pflegen, zu veredeln und – richten sie sich gegen das Gemeinschaftsinteresse – sie zu zügeln. Auch diese Mechanismen sind Organe wie jedes andere.
Modell vier wird somit von einem Menschentyp getragen, der durch gezielten, unscheinheiligen Egoismus charakterisiert ist. Sein Hauptanliegen besteht darin, sich im Rahmen des Möglichen individuell zu entfalten und sich von direkter (gewaltsamer) oder indirekter (über Wunscherweckung erfolgender) Beeinflussung freizuhalten. Auf seiner Fahne steht wieder »Freiheit«, jedoch vielleicht zum erstenmal völlig zu Recht. Sein zentrales Streben ist: Herr im eigenen Haus zu sein. Es läuft darauf hinaus, das Ich von allen fremddienlichen Einheiten zu befreien – so daß jede tatsächliche Fremddienlichkeit eine durchaus selbstgewollte und somit freie ist. Endziel ist hier ein möglichst »freier Wille«.
Im übrigen ist dieses Entwicklungsbild dem von Modell drei in vielem ähnlich. Sehr ähnliche Erwerbs- und Luxusstrukturen bilden sich. Auch hier wird Fortschritt und Wirtschaftswachstum angestrebt – aber nicht als ein im Nacken sitzendes Muß. Das Tempo ist langsamer. Es wird in Kauf genommen, daß auf diese Weise *kein* Optimum an Wirtschaftsblüte, *kein* Höchstmaß an »Lebensstandard« zu erreichen ist. Die Aufmerksamkeit richtet sich weniger auf Quantität als auf Qualität. Zum Ideal wird nicht der Mächtige, Besitzende, sondern der, der aus seinem Besitz und Vermögen, wie groß oder klein es auch sein mag, *den höchsten Wert für sich selbst gewinnt.*
Solche Tendenzen sind nicht neu, sie sind im Lauf der Geschichte immer und überall aufgetaucht. In Modell vier werden sie zum eigentlichen Unterbau.
Der Unterschied zwischen reich und arm verliert hier weitgehend

an Bedeutung. Im gleichen Sinne verlieren auch Rassen- oder Intelligenzunterschiede an Wichtigkeit. Dieses Modell ist pluralistisch – im weitesten Sinn. Keine der möglichen Luxusentfaltungen ist absolut besser als die andere. Wer andere Interessen schädigt, wird eingeengt (nicht »bestraft«, denn dazu besteht keine rechtliche Grundlage). Im übrigen ist jeder sein eigener Herr. Die Erziehung ist so ausgerichtet, ihm dazu bestmöglich zu verhelfen.
Nach den bisherigen Tendenzen hat die Verwirklichung dieses Modells weniger Wahrscheinlichkeit als jene von Modell drei. Findet Modell vier Verwirklichung, dann trägt es in sich ebenfalls die Voraussetzung für lange Dauer.
Vom Lebensstrom her ist dieses Modell insofern kurios, als in diesem Fall ein Prozeß durch eine Struktur, die er hervorbringt, selbst gefesselt und umgelenkt wird. In diesem Fall zerfällt dann die Gesamtentwicklung in bloß zwei Perioden. In den ersten tragen die *Arten* diese Entwicklung weiter. In der zweiten geht dann die Macht auf *Individuen* über – *und das Gesamtinteresse des Lebensstromes muß sich den Individualinteressen unterordnen.*

7

In Modell drei halten die USA ohne Zweifel die Spitze, sie zeigen den vorgeschriebenen Weg, wer ihm folgt, wird nahe an der Spitze bleiben. Für Modell vier dagegen ist das föderalistische Europa die naturgegebene Basis. Hier ist die Wiege des Individualismus. Sollte also die Weltbewegung sich wenden und doch noch gegen Modell vier hin streben, dann müßte Europa, wenn es sich in »Eile« bemüht, ein amerikanisches Musterkind zu werden, an irgendeinem Punkt wieder kehrtmachen.
Galbraith, der mit der amerikanischen Situation gut vertraut ist, beschreibt: »Noch keine Gesellschaftsordnung konnte bis heute einen so hohen Lebensstandard erzielen wie die amerikanische, also war noch keine so gut. Gelegentliche Zweifel und seien sie noch so begründet, verhallen ungehört.«[6]
Ob eine wirtschaftliche Überlegenheit der USA diese wirklich an die Spitze stellt, hängt wiederum davon ab, ob sich die Welt schließ-

lich dem Modell drei oder dem Modell vier zuwendet. In Modell vier kauft der Mensch nur das, was er will. Das aber bricht automatisch die Vormachtstellung der sich auf Beeinflussung und Meinungsmanipulation stützenden Erwerbsorganisationen.

In Modell drei sind große Vorhaben deshalb so wichtig, weil zur Ankurbelung und Steuerung der Wirtschaft dem Staat möglichst große Mittel zur Verfügung stehen müssen. Diese aber stammen stets aus Steuern. Und hohe Steuern zahlt der Brüger – freiwillig – nur, wenn große Vorhaben ihn zwingen oder mitreißen.

Die Rechnung ist einfach. Hat der Bürger weniger Steuern zu zahlen, dann gelangt er mit weniger Arbeit an den gleichen Überschuß – und arbeitet weniger. Das aber verringert den Umsatz, schadet dem Wirtschaftswachstum. Solange also »das gleichmäßige Anwachsen des Nationalproduktes« das Gemeinschaftsziel ist (nach Modell drei), sind große Vorhaben – »gleichwohl welche« – als Maßnahme gegen Bequemlichkeit und Faulheit von großer Wichtigkeit[7].

Im Modell vier sieht alles anders aus. Der Kampf gegen das Manipuliertwerden bedeutet gleichzeitig den Kampf gegen jede einseitige Ideologie. Das aber entzieht dem Feuer der Spannungen den eigentlichen Brennstoff. In einer entmanipulierten Gesellschaft lassen sich die wirtschaftlichen und politischen Interessenkonflikte mit dem Rechenstift (oder besser mit Computern) lösen – und zwar mit weitgehender Fairneß nach jeder Seite. Hohe Rüstungsausgaben werden hinfällig und die Funktionen des Staates können in vieler Hinsicht beschränkt werden.

Wie jeder Wirtschaftler weiß, würde dies – noch dazu wenn die Konsumfreudigkeit und die Bereitschaft zu hohen Steuerzahlungen nachläßt – einen katastrophalen Schock für die heutige Wirtschaftsentwicklung bedeuten. *Das ist allerdings der Preis, den der Mensch von Modell vier für seine individuelle Entfaltung zahlen muß.* Der Lebensstandard kann dann nicht mehr so schnell ansteigen – wird dann aber auch gar nicht so »hoch« angestrebt werden.

Anmerkungen

[1] Dies analysierte anschaulich Vance Packard in seinem Buch »Die große Verschwendung«, Fankfurt 1964.

[2] Um Mißverständnisse zu vermeiden: Unter Werbung verstehe ich nicht bloß Plakate, Werbespots im Fernsehen, Auslagen usw. Die weit wirksamere Werbung ist die immer mehr kommerzialisierte Gesamtausrichtung der Zeitungen, Zeitschriften, von Radio und Fernsehen, aber auch von Tagesgesprächen mit anderen, die ihre Meinung als selbstverständlich empfinden und deshalb mit besonderer Überzeugungskraft übertragen. Die Grundanschauungen darüber, was man im Sommer tut, wie man wohnt, wie man sich unterhält, wie man sich das Leben »am besten einteilt«, all das ist Werbung im weitesten Sinne. Hinter alldem stecken direkt oder indirekt Verkaufsinteressen. *Dieser* Einfluß ist es, der heute so übermächtig wird, dem die heranwachsende Jugend beinahe hilflos ausgeliefert ist – und dem sie sich offenbar doch zu widersetzen beginnt. *Das gesamte »Establishment« ist Werbung für sich selbst.*

[3] »Das sogenannte Böse«, Wien 1966.

[4] »Das Gespenst in der Maschine«, Wien 1968. Mit den biologischen Prämissen zu den dort geäußerten Ansichten stimme ich nicht überein, aber die Schlußfolgerung, zu der Koestler gelangt, ist ebenso richtig wie bedeutsam.

[5] Diese Technik der Gegenüberstellung übernehme ich von H. Kahn und A. J. Wiener (»Ihr werdet es erleben«, Wien 1967).

[6] »Die moderne Industriegesellschaft«.

[7] Das Weltraum-Schutzprogramm der USA »SDI« ist dafür ein Paradebeispiel.

Anhang

Hauptbegriffe und Konzept der Energontheorie

Lebensprozeß: Ein energetisches Phänomen auf unserem Planeten, das nicht wie alle übrigen durch Auseinandersetzung mit anderen an Arbeitsfähigkeit verliert, sondern seit Jahrmilliarden wie eine anwachsende Lawine aus inneren Ursachen sein Volumen und seine Potenz steigert.

Lebensstrom: Die Gesamtheit aller diesen Prozeß fortsetzender Materie: Energone und Luxusstrukturen.

Energone: Materielle Gefüge, die befähigt sind, im Durchschnitt mehr arbeitsfähige Energie aus Umweltquellen zu gewinnen und in ihren Dienst zu zwingen, als ihre sämtlichen Funktionen an solcher verbrauchen, und die außerdem in der Lage sind, über Wachstum oder Vermehrung weitere Energonstruktur aufzubauen. Die Erzielung positiver Energiebilanzen widerspricht nicht dem zweiten Hauptsatz der Thermodynamik: auch bei diesem Erwerb geht Arbeitsfähigkeit verloren, vergrößert sich die Entropie. Da zur Umsetzung der vereinnahmten Rohenergie in funktionale Nutzenergie meist mehrere Energieumwandlungen notwendig sind, müssen Energone im Durchschnitt mehr als zehnmal soviel Rohenergie einnehmen, als ihren Funktionsausübungen zugute kommt. Ihre Bilanz muß somit außerordentlich positiv sein.

Einteilung der Energone: In grober Einteilung lassen sich die Energone in vier große Hauptgruppen unterteilen: Pflanzen, Tiere, Berufstätige und Erwerbsorganisationen. Letztere umfassen Unternehmen, Betriebe, Konzerne und Staaten.

Funktionsträger: Sämtliche funktionserbringende Einheiten, aus denen Energone bestehen – und aus denen Funktionsträger selbst wieder bestehen. Kriterium für jeden Funktionsträger ist die Erbringung zumindest einer Leistung, die ein Energon benötigt.

Leistungsgefüge: Da benötigte Funktionen meist durch verschiedene materielle Strukturen erbracht werden können, kommt es bei den Funktionsträgern nicht so sehr auf ihre Struktur und Wirkungsweise, sondern auf ihre Leistung an. Aus diesem Grund sind Energone nicht eigentlich materielle Strukturen, sondern Leistungsgefüge.

Leistungen: Bei der Erbringung von Leistungen ist es unerheblich, aus welchem Material ein Funktionsträger besteht, ob er mit seinem Energon fest verwachsen ist oder nicht, ob er aus einer Keimzelle hervorwächst oder auf andere Art zustande kommt. Was ausschließlich zählt, ist das Ergebnis. Hauptkriterien zur Bewertung von Leistungen sind die Kosten, die sie dem Energon verursachen, die Präzision, mit der sie erfolgen, und der Zeitaufwand, den sie beanspruchen.

Konkurrenzfähigkeit: Obwohl Energone ein und dasselbe Geschehen fortsetzen (den Lebensprozeß), stehen sie doch untereinander in einem erbitterten Konkurrenzkampf. Es geht dabei in erster Linie um die Erschließung von Energiequellen, im weiteren auch um jene von Stoffquellen, um Erwerbsraum, Fortpflanzung und anderes. Leistungsfähigere Energone setzen sich durch: so steigert sich der Lebensstrom.

Lebewesen: Soweit Energone aus Zellen bestehen und sich unseren Sinnen als zusammengewachsene Körper darstellen, werden sie Lebewesen genannt. Die bisherige Biologie stützt sich auf diesen sinnfälligen Begriff. Die Energonbiologie stützt sich auf den Energonbegriff und umfaßt somit auch sämtliche menschliche Strukturbildung und sämtliche menschliche Tätigkeit.

Berufstätige: Der Mensch erweitert – kraft seiner Intelligenz – die Leistungsfähigkeit seines Zellkörpers durch zusätzlich geschaffene Funktionsträger (Künstliche Organe). In unserer subjektiven Einschätzung empfinden wir diese als etwas von unserem Körper Getrenntes, als unser »Werk«, als nicht zu unserem Körper gehörig. Das ist insofern falsch, als es im Konkurrenzkampf der Energone nicht auf das äußere Erscheinungsbild, sondern auf ihre Gesamtleistung ankommt. Erhöhen zusätzliche, nicht mit dem Zellkörper verwachsene Funktionsträger die Leistungsfähigkeit eines Energons, dann steigert dies seine Konkurrenzfähigkeit und damit seine Fähigkeit, den Lebensprozeß fortzusetzen. In diesem Sinne sind alle vom Menschen geschaffenen zusätzlichen Einheiten (Werkzeuge, Waffen, Kleider, Bauten, Maschinen usw.), sofern sie seine Leistungskraft steigern, Bestandteile der Energone, deren steuerndes Zentrum er ist.

Erwerbsform: Während Pflanzen Lichtenergie vereinnahmen und Tiere in räuberischer Tätigkeit organische Molekularstruktur erbeuten und die darin enthaltene Bindungsenergie in ihren Dienst zwingen, gelangte der berufstätige Mensch in organisierten Gemeinschaften zum Energieerwerb über Tausch. Er spezialisiert sich auf Dienste, die andere benötigen, oder stellt von anderen benötigte Produkte (etwa ihnen dienliche Funktionsträger) her. Im Tauschweg gelangt er so indirekt an Energie. Für seine Leistung erhält er Geld und für diese kann er sich Nahrung und sonst Benötigtes kaufen. Der Bedarfer wird so zu seiner Energiequelle.

Betriebe und Unternehmen: Noch größere Energone, die sich aus Berufstätigen, Werkzeugen, Maschinen, Anlagen und sonstigen künstlich geschaffenen Funktionsträgern zusammensetzen, sind die ebenfalls über Tausch an Energie gelangenden Betriebe und Unternehmen. In ihrem Gefüge wird jeder Funktionsträger austauschbar, auch bei ihnen kommt es nicht auf die materielle Struktur, sondern auf deren Leistungsfähigkeit an. Ebenso wie die Berufstätigen erbringen sie innerhalb organisierter Gemeinschaften benötigte

Dienste oder stellen benötigte Produkte her. Auch für diese Leistungen ertauschen sie Geld – und mit diesem bestreiten sie ihre Kosten.

Luxusstrukturen: Während Pflanzen und Tiere ihre gewonnenen Überschüsse bloß in Größenwachstum und artgleiche Vermehrung investieren können, steht es dem Menschen, der Energone bildet, frei, wozu er die erwirtschafteten Gewinne verwendet. Er kann sie zur artgleichen oder artungleichen Energonvermehrung einsetzen, doch ebensogut auch zur Steigerung seiner Annehmlichkeit: der von ihm positiv empfundenen Gefühle. In diesem Fall bildet er Luxusstrukturen, die seiner Energonbildung nicht unmittelbar dienen. Den Lebensstrom fördern sie trotzdem. Einerseits motivieren sie den Menschen zur Energonbildung oder zur Mitwirkung in Energonen – weil dies der einzige Weg ist, um zu Überschüssen zu gelangen. Anderseits schafft jedes Luxusstreben Bedarf – und wird so zur Energiequelle für andere, diesen Bedarf abdeckenden Energone.
Die Energontheorie wird durch zwei Prämissen und eine sich daraus ergebende Schlußfolgerung gestützt.

Erste Prämisse: Unser Denksystem, das vor 2 bis 4 Millionen Jahren beim Urmenschen seinen Anfang nahm und sich seither kontinuierlich weiterentwickelte, stützt sich auf die Wahrnehmungen unserer Sinnesorgane: insbesondere unserer Augen und unseres Tastsinnes. Zur Hauptsache für die zur sprachlichen Verständigung notwendige Begriffsbildung wurden die materiellen Erscheinungen, die »Dinge«. Ihnen ordnen wir »Eigenschaften« zu, an ihnen beobachten wir Veränderungen, Bewegungen und Prozesse. Sowohl diese Eigenschaften als die Veränderungen, Bewegungen und Prozesse erscheinen uns als Attribute der Materie. Ohne diese können wir uns Eigenschaften, Veränderungen, Bewegungen und Prozesse nicht vorstellen.

Zweite Prämisse: Wie dagegen die moderne Physik aufdeckte und experimentell bewiesen hat, gibt es das, was wir »Materie« nennen, in der von unseren Sinnen wahrgenommenen Form, *nicht*. Es ist Täuschung, Illusion. Alle Materie besteht aus Molekülen, Atomen und Elementarteilchen – und alle diese sind Erscheinungsformen von »Energie«. Dieses Etwas, das wir nicht sehen, nicht riechen, nicht ertasten und nicht hören können, ist in Wahrheit die Ursache und das Rückgrat aller Erscheinungen. Nach heutigem Forschungsstand gibt es nichts im Universum wissenschaftlich Nachweisbares, das nicht eine der zahlreichen Erscheinungsformen von Energie wäre. Somit sind Eigenschaften, Veränderungen, Bewegungen und Prozesse nicht Attribute von Materie – sondern Materie ist eines der zahlreichen Attribute von Energie.

Schlußfolgerung: Deshalb ist es berechtigt der Frage nachzugehen, wohin ein Denken führt, das nicht im Scheingebilde Materie, sondern in der sich dahinter verbergenden Realität Energie das Hauptkriterium für Bewertung und Begriffsbildung sieht. Eben darum bemüht sich die Energontheorie und zeigt im Lebensbereich auf, daß die Lebensentfaltung, einschließlich der gesamten menschlichen Entfaltung nach grundsätzlich vergleichbaren Gesetzmäßigkeiten erfolgt.

Literaturverzeichnis

Abel, W.: Die Wüstungen des ausgehenden Mittelalters, Stuttgart 1955
- Geschichte der deutschen Landwirtschaft, Stuttgart 1962
Andree, R.: Ethnographische Parallelen und Vergleiche, Stuttgart 1878
Ardrey, R.: Adam und sein Revier, Wien 1968

Baade, F.: Weltenergiewirtschaft, Hamburg 1958
Baer, C. E. v.: Welche Auffassung der lebenden Natur ist die richtige?, Riga 1908
Bargmann, W.: Vom Bau und Werden des Organismus, Hamburg 1957
Bertalanffy, L. v.: Kritische Theorie der Formbildung, Berlin 1928
Bogdanow, A.: Allgemeine Organisationslehre, Berlin 1926
Bouffier, W.: Einführung in die Betriebswirtschaftlehre, Wien 1946
Brand, W.: Beitrag zu einer allgemeinen universalistischen Organisationslehre und die Anwendung ihrer Gesetze auf die Organisation des Staates (Dissertation), Wien 1931
Broda, E.: Neue Erkenntnisse über die Energetik der lebenden Zelle, in »Mitteilungen des Instituts für Wissenschaft und Kunst«, Wien 1964
- Molekulare Biogenetik, in »Naturwissenschaftliche Rundschau«, Stuttgart 1964
Buchner, P.: Allgemeine Zoologie, Stuttgart 1953

Cicero, M. T.: Der Staat
Cowles, J. T.: Food-Tokens as Incentives for Learning by Chimpanzees, in »Comparative Psychological Monographs«, 14, 1937
Cuvier, F.: Le Règne Animal, Brüssel 1836

Darwin, Ch.: On the Origin of Species by Means of Natural Selection, 2 Bände, London 1859
- The Descent of Man, London 1871
- The Expression of the Emotions in Man and Animals, London 1872
Diels, H.: Fragmente der Vorsokratiker, Hamburg 1957

Dittler, R. u. a.: Handwörterbuch der Naturwissenschaften, 10 Bände, Jena 1931
Domizlaff, H.: Analogik, Hamburg 1941
- Brevier für Könige, Hamburg 1952
Dopsch, A.: Verfassungs- und Wirtschaftsgeschichte des Mittelalters, Wien 1928
Driesch, H.: Philosophie des Organischen, Leipzig o. J.
- Die Maschine und der Organismus, Leipzig 1935
Duguit, L.: Traité de droit constitutionnel, Paris 1921
Dupouy, E.: La Prostitution dans l'antiquité, Paris 1895
Durant, W.: Die großen Denker, Zürich 1943

Ehrenberg, R.: Das Zeitalter der Fugger, 2 Bände, Hildesheim 1963
Eibl-Eibesfeldt, I.: Grundriß der vergleichenden Verhaltensforschung, München 1967
- Liebe und Haß – Zur Naturgeschichte elementarer Verhaltensweisen, München 1970
- Die Biologie des menschlichen Verhaltens. Grundriß der Humanethologie, München 1984
Eisler, R.: Wörterbuch der philosophischen Begriffe, 3 Bände, Berlin 1929
Erdmann, R.: Grundlagen der Organisationslehre, Leipzig 1921
Eucken, W.: Grundsätze der Wirtschaftspolitik, Bern–Tübingen 1952
- Die Grundlagen der Nationalökonomie, Berlin–Heidelberg–New York 1959
Eulenberg, F.: Das Geheimnis der Organisation, Berlin 1952

Felix, L.: Entwicklungsgeschichte des Eigentums, Leipzig 1883–1903
Feyerabend, O.: Das organische Weltbild, Tübingen 1956
Fucks, W. und Mandel, H.: Atomenergie und Elektrizitätserzeugung, München 1956

Galbraith, J. K.: Die moderne Industriegesellschaft, München 1968
Gehlen, A.: Der Mensch, Berlin 1940
Gellner, F.: Das Problem der harmonischen Baumgestalt, in »Naturwissenschaftliche Rundschau«, Stuttgart 1952
Geoffroy de Saint-Hilaire, E.: Philosophie Anatomique, Paris 1818
- Philosophie Zoologique Paris 1830
Geoffroy de Saint-Hilaire, E. und Cuvier, F.: Histoire naturelle des Mammifères, Paris 1824–1842
Gerloff, W.: Gesellschaftliche Theorie des Geldes, Innsbruck 1950
Gierke, O. v.: Die Grundbegriffe des Staatsrechts und die neuesten Staatsrechtstheorien, Tübingen 1874
- Das Wesen der menschlichen Verbände, Leipzig 1902
Gösswald, K.: Unsere Ameisen, Stuttgart 1954
Goethe, J. W. v.: Naturwissenschaftliche Schriften, Zürich 1952
Graumann, P.: Betrachtungen über die allgemeine Stufenfolge der natürlichen Körper, Rostock 1777
Gross, H.: Der Handel geht neue Wege, Düsseldorf 1957
Günther, H.: Das Seelenproblem im älteren Buddhismus, Konstanz 1949
Gutenberg, E.: Grundlagen der Betriebswirtschaftslehre, 2 Bände, Berlin–Göttingen–Heidelberg 1951–1955

Haire, M.: Modern Organization Theory, New York 1959
Haller, C. L. v.: Handbuch der Allgemeinen Staatenkunde, Winterthur 1808

Hartmann, M.: Allgemeine Biologie, Stuttgart 1953
Hartmann, N.: Der Aufbau der realen Welt, Berlin 1964
Hass, H.: Wir Menschen, Wien 1968
– und Lange-Prollius, H.: Die Schöpfung geht weiter. Neue Wege des Denkens, Stuttgart 1978
Hassenstein, B.: Die bisherige Rolle der Kybernetik in der biologischen Forschung, in »Naturwissenschaftliche Rundschau«, Stuttgart 1960
– Kybernetik und biologische Forschung, in »Handbuch der Biologie«, Frankfurt 1966
– Was ist Information?, in »Naturwissenschaft und Medizin«, Mannheim 1966
Haussherr, H.: Wirtschaftsgeschichte der Neuzeit, Köln 1967
Heberer, G.: Die Evolution der Organismen, Jena 1943; Stuttgart 1967
Hegel, G. W. F.: Sämtliche Werke, Stuttgart 1938
Heidenhain, M.: Theorie der Hystosysteme oder Teilkörpertheorie, 1907
– Formen und Kräfte in der lebendigen Natur, Berlin 1932
Heisenberg, W.: Der Teil und das Ganze, München 1969
Herder, J. G.: Ideen zur Philosophie der Geschichte der Menschheit, Riga 1784–1791
Hertwig, O.: Die Lehre vom Organismus und ihre Beziehung zur Sozialwissenschaft, Berlin 1899
– Der Staat als Organismus, Jena 1922
Hess, E. H.: Imprinting an Effect of Early Experience, in »Science« 130, 1959
Hesse, H.: Das Glasperlenspiel, Frankfurt 1967
Hesse, R. und Doflein, F.: Tierbau und Tierleben, Jena 1943
Heymann-Dvorák, R.: Der internationale Menschenmarkt, Berlin 1904
Hobart, D. M. und Wood, J. P.: Verkaufsdynamik, Essen 1955
Höffner, J.: Wirtschaftsethik und Monopole im 15. und 16. Jahrhundert, Jena 1941
Hoffmeister, J.: Wörterbuch der philosophischen Begriffe, Hamburg 1955
Huizinga, J.: Homo ludens, Basel 1949
Huxley, J.: Ich sehe den künftigen Menschen, München 1965

Jellinek, G.: Allgemeine Staatslehre, Berlin 1914
Jensen, P. B.: Die Elemente der Pflanzenphysiologie, Jena 1939
Jodl, F.: Lehrbuch der Psychologie, Wien 1909

Kahn, H. und Wiener, A. J.: Ihr werdet es erleben, Wien 1967
Kant, I.: Von den verschiedenen Racen der Menschen, in Voss, L., »Immanuel Kants Schriften zur physischen Geographie«, Leipzig 1839
Kapp, E.: Grundlinien einer Philosophie der Technik, Braunschweig 1877
Kaser, M.: Römisches Privatrecht, München–Berlin 1960
Kaufmann, E.: Über den Begriff des Organismus in der Staatslehre, Heidelberg 1908
Kawai, M.: Newly Acquired Pre-Cultural Behaviour of the Natural Troop of Japanese Monkeys on Koshima Island, in »Primates« 6, 1965
Kelsen, H.: Allgemeine Staatslehre, Berlin 1925
Kinzel, H.: Neue Erkenntnisse über Energiewechsel und Makromolekülsynthese der Zelle, Wien 1960
Kjellén, R.: Der Staat als Lebensform, Berlin 1924
Knapp, G. F.: Die Landarbeiter in Knechtschaft und Freiheit, Leipzig 1909
Köhler, W.: Intelligenzprüfungen an Menschenaffen, Berlin 1921

Koestler, A.: Das Gespenst in der Maschine, Wien 1968
Kopsch, F.: Anatomie des Menschen, Stuttgart 1955
Kosiol, E.: Grundlagen und Methoden der Organisationsforschung, Berlin 1925
– Bibliographie der Organisationsliteratur, Berlin 1961
Krieken, A. van: Über die sogenannte organische Staatstheorie, Leipzig 1873
Krüger, H.: Allgemeine Staatslehre, Stuttgart 1964
Küchenhoff, G.: Allgemeine Staatslehre, Stuttgart 1967
Kühn, A.: Grundriß der allgemeinen Zoologie, Leipzig 1939
Kühnelt, W.: Soil Biology, London 1961
– Grundriß der Ökologie, Jena 1965

Lamarck, J. B.: Philosophie Zoologique, Paris 1809
Landmann, J.: Moderne Organisationsformen in den öffentlichen Unternehmungen, München 1932
Landois, L.: Physiologie des Menschen, Wien 1919
Lehmann, O.: Die Lehre von den flüssigen Kristallen, Leipzig 1911
Lieth, H.: Die Stoffproduktion der Pflanzendecke, Stuttgart 1962
Lin, Y.: Lady Wu, München 1959
Löhr, L.: Faustzahlen für den Landwirt, Graz–Göttingen 1952
Lorenz, K.: Ganzheit und Teil in der tierischen und menschlichen Gemeinschaft, in »Studium Generale« 3, 1950
– Das sogenannte Böse, Wien 1966
– Innate Bases of Learning, in Pribram, K. H., »On the Biology of Learning«, New York 1969
Lotze, R. und Sihler, H.: Das Weltbild der Naturwissenschaft, Stuttgart 1953
Ludwig, W.: Die Selektionstheorie, in Heberer, G., »Die Evolution der Organismen«, Jena 1943
Lütge, F.: Deutsche Sozial- und Wirtschaftsgeschichte, Berlin 1962
Lundegordh, H.: Pflanzenphysiologie, Jena 1960

McLuhan, M.: The Gutenberg Galaxy, Toronto 1962
– Die magischen Kanäle, Düsseldorf 1968
– Das Medium ist Massage, Frankfurt 1969
Martin, R. und Saller, K.: Lehrbuch der Anthropologie, Stuttgart 1966
Marx, K.: Die Frühschriften, Stuttgart 1953
Mellerowicz, K.: Allgemeine Betriebswirtschaftslehre, Berlin 1931
– Betriebswirtschaftslehre der Industrie, Freiburg 1958
Merkl, A.: Allgemeines Verwaltungsrecht, Berlin 1927
Meyer, P. W.: Marktforschung. Ihre Möglichkeiten und Grenzen, Düsseldorf 1957
Mirow, M. H.: Kybernetik, Wiesbaden 1969
Morris, D.: Der nackte Affe, München 1968
Mylius, N.: Ehe und Kind im abflußlosen Gebiete Ostafrikas (Dissertation), Wien 1948

Netter, H.: Theoretische Biochemie, Berlin–Göttingen–Heidelberg 1959
Nicklisch, H.: Der Weg aufwärts! Organisation, Stuttgart 1922
– Die Betriebswirtschaft, Stuttgart 1932
Nietzsche, F.: Morgenröte, Chemnitz 1881
– Der Wille zur Macht, Leipzig 1930

Nooney, J. D.: The Principles of Organization, New York 1947
Nordsieck, F.: Rationalisierung der Betriebsorganisation, Stuttgart 1959

Oberparleiter, K.: Funktionen und Risiken des Warenhandels, Wien 1955
Oppenheimer, F.: Die Geburtsstunde des souveränen Staates, 1954
Ostwald, W.: Die energetischen Grundlagen der Kulturwissenschaft, Leipzig 1909
– Der energetische Imperativ, Leipzig 1912
– Moderne Naturphilosophie, Leipzig 1914

Packard, V.: Die geheimen Verführer, Düsseldorf 1958
– Die Pyramidenkletterer, Düsseldorf 1963
– Die große Verschwendung, Frankfurt 1964
Parkinson, C. N.: Parkinsons Gesetz und andere Untersuchungen über die Verwaltung, Düsseldorf 1957
Pfaff-Giesberg, R.: Geschichte der Sklaverei, Meisenheim/Glan 1955
Pfordten, O. von der: Organisation, ihr Wesen und ihre politische Bedeutung, Heidelberg 1917
Philipp, E.: Risiko und Risikopolitik, Stuttgart 1967
Plenge, J.: Drei Vorlesungen über die allgemeine Organisationslehre, Essen 1919
Plessner, H.: Die Stufen des Organismus und des Menschlichen, Berlin 1928
Polanyi, M.: Personal Knowledge. Towards a Post-Critical Philosophy, London 1958
Pribram, K. H.: On the Biology of Learning, New York 1969

Rensch, B.: Die Abhängigkeit der Struktur und der Leistungen tierischer Gehirne von ihrer Größe, in »Die Naturwissenschaften« 45, 1958
– Evolution als Eigenschaft des Lebendigen, in »Studium Generale« 3, 1959
– Biophilosophie auf erkenntnistheoretischer Grundlage, Stuttgart 1968
Rohracher, H.: Die Vorgänge im Gehirn und das geistige Leben, Leipzig 1948
Roux, W.: Der Kampf der Teile im Organismus, Leipzig 1881
– Gesammelte Abhandlungen über die Entwicklungsmechanik der Organismen, Leipzig 1895
Ruhland, W.: Handbuch der Pflanzenphysiologie, Berlin–Göttingen–Heidelberg 1955

Sauberer, F. und Härtel, O.: Pflanze und Strahlung, Leipzig 1959
Schmidt, F.: Ordnungslehre, München 1956
Schneider, C. C.: Lehrbuch der vergleichenden Histologie der Tiere, Jena 1902
Schnutenhaus, O.: Allgemeine Organisationslehre, Berlin 1951
Schopenhauer, A.: Zur Philosophie und Wissenschaft der Natur, in »Parerga und Paralipomena, kleine philosophische Schriften«, Berlin 1851
Sée, H.: Die Ursprünge des modernen Kapitalismus, Bern 1948
Servan-Schreiber, J.-J.: Die amerikanische Herausforderung, Hamburg 1968
Simmel, G.: Soziologie, München 1923
Simpson, G. G.: Zeitmaße und Aufbauformen der Evolution, Göttingen 1951
Solvay, E.: Notes sur des Formules d'Introduction à l'Énergétique Physio- et Psycho-Sociologique, Brüssel 1906
Sombart, W.: Der Bourgeois, München 1913
– Der moderne Kapitalismus, München 1921
– Luxus und Kapitalismus, München 1922

- Die Ordnung des Wirtschaftslebens, 1925
- Die Grundformen des menschlichen Zusammenlebens, 1930

Spann, O.: Fundament der Volkswirtschaftslehre, Wien 1923
- Kategorienlehre, Jena 1939

Spencer, H.: Die Prinzipien der Soziologie, Stuttgart 1876
Spengler, O.: Der Untergang des Abendlandes, München 1918
Spinoza, B. de: Die Ethik, Leipzig 1909
Stefanic-Allmayer, K.: Allgemeine Organisationslehre, Wien 1950

Teilhard de Chardin, P.: Lobgesang des Alls, Olten 1964
- Auswahl aus dem Werk, Frankfurt 1967

Thoma, R.: Staat, in »Handwörterbuch der Staatswissenschaften«, Jena 1926
Troll, W.: Gestalt und Gesetz, 1925
- Allgemeine Botanik, Stuttgart 1948

Uhlhorn, G.: Die christliche Liebestätigkeit in der alten Kirche, 1882

Verdross, A.: Abendländische Rechtsphilosophie, Wien 1963

Wagenführ, H.: Macht und Herrlichkeit, Geldgeschäfte großer Herrscher, Stuttgart 1962
Weidel, W.: Virus, die Geschichte vom geborgten Leben, Berlin 1957
Wiener, N.: Cybernetics, Control and Communication in the Animal and the Machine, New York 1948
Wiese, L. v.: Allgemeine Soziologie, München 1929
Wieser, K.: Das Gesetz der Organismen, Budapest 1943
- Bahnen und Formen der tastenden Systeme in der Natur (Manuskript bei der Nationalbibliothek), Wien 1949
- Übersicht über die Systemlehre (Manuskript bei der Nationalbibliothek), Wien 1950

Wieser, K. jun.: Organismen, Strukturen, Maschinen, Frankfurt 1959
- Gewebe des Lebens, Bremen 1959

Wolfe, J. B.: Effectiveness of Token-Rewards in Chimpanzees, in »Comparative Psychological Monographs« 12, 1936
Woltereck, R.: Grundzüge einer allgemeinen Biologie, Stuttgart 1932

Zimmermann, W.: Methoden der Phylogenetik, in Heberer, G., »Die Evolution der Organismen«, Stuttgart 1967
Zündorf, W.: Idealistische Morphologie und Phylogenetik, in Heberer, G., »Die Evolution der Organismen«, Stuttgart 1967

Namenregister

Anderson, C. D. 244
Aristoteles 73, 178, 225, 255

Berkeley, G. 177
Bertalanffy, L. von 71, 113
Binder, J. 181
Bismarck, Otto v. 182
Blackett, Stuart 244
Busch, Wilhelm 135

Corneille, Pierre 135
Cortez 210
Coudenhove-Kalergi, Richard 181

Darwin, Charles 111, 226, 258
Demokrit 260
Descartes, René 46
Diogenes 157
Drake, Francis 210
Driesch, H. 71
Duguit, L. 201

Eibl-Eibesfeldt, Irenäus 28
Einstein, Albert 32, 243, 244
Engels, Friedrich 181
d'Estaing, O. G. 53

Eucken, W. 200, 202, 205
Euripides 91

Finger, A. 181
Franklin, Benjamin 221
Freud, Sigmund 175
Friedrich der Große 200

Galbraith, J. K. 23, 25, 195, 208, 223, 280
Gehlen, A. 171, 178
Gell-Man, Murrey 260
Getty, Paul 211
Gierke, Otto von 28
Gösswald, K. 242
Goethe, J. W. von 12, 49, 66, 131, 170, 178, 260
Gross, H. 157
Gurwisch 71
Gutenberg, E. 66, 69, 227

Haire, M. 29
Haller, C. L. v. 225
Hassenstein, B. 53, 260
Hegel, G. W. F. 182
Heinrich, W. 72

Heraklit 243, 257
Heder, J. G. 131
Hertwig, O. 65, 73
Hess, E. H. 29
Hesse, R. 242
Heymann-Dvorák, R. 226
Holst, Erich v. 163
Hume, David, 177

Jellinek, G. 202

Kahn, H. 282
Kant, Immanuel 177
Kelsen, H. 28, 181, 201
Koestler, Arthur 270
Krüger, H. 202
Kühnelt, W. 241

Lamarck, J. B. 111, 258
Lasalle, F. 182
Locke, John 177
Logau, Friedrich 11
Lorenz, Konrad 29, 49, 110, 163, 166, 168, 169, 176, 178
Ludwig XIV. 181, 211

Marx, Karl 24f., 154, 182, 197, 252
Mellerowicz, K. 73
Mylius, N. 226

Nestroy, Johann 159
Nietzsche, Friedrich 31, 131

Occhialini, 244
Oppenheimer, Franz 182
Ostwald, W. 156, 256, 260, 261

Packard, Vance 236, 281

Parkinson, C. N. 73, 198
Pascal, Blaise 178
Pawlow, J. P. 164
Pestalozzi, Johann Heinrich 263
Pizarro 210
Platon 71, 73, 113
Plenge, Johann 31, 55

Ranke, Leopold v. 181
Roux, W. 69, 73, 260

Sallust 75
Schiller, Fr. 181, 263
Schopenhauer, Arthur 115, 131, 177, 179, 205
Servan-Schreiber, Jean Jacques 91
Shannon, C. 53
Smith, Adam 11
Smith, Prince 182
Solvay, Ernest 256
Sombart, W. 29, 225
Spann, Othmar 55, 71f., 75
Spinoza, Baruch 179
Spitz, R. A. 178
Stefanie-Allmayer, K. 40

Taine, Hippolyte 227
Thoma, R. 201
Timbergen, Niko 163

Uhlhorn, Gerhard 157
Üxhüll, Th. von 71

Wiener, Norbert 33
Wieser, A. J. 282
Wieser, Kurt S. 256f., 261

Zimmermann, W. 115, 130

Sachregister

AAM 38
Abfallbeseitigung 78f., 89
Abfallverwertung 79
Absatzwirtschaft
– Instrumentarium 148
Abschirmung 62
Abstammungslehre 162
Abstimmung 55–73, 127, 275
Abstimmungsoptimum 66
Ackerbau 142
Adaption 24, 25
Affen 167
Ämterschacher 210
Ärger 170
Ästhetik 70
Agglomerationsorientierung 241
Aggression 170
Aggressionstrieb 24
Alkohol 174
Alter 121, 171
Alterung 114
Amazonenameise 242
Ameisenstaat 64
Angebot 151, 160, 214
Angestellter 125
Angler 236

Angst 170
– trieb 83
Anlagekapital 240
Annehmlichkeit 128, 159
Anpassung 253
Anpassungsfähigkeit 234
»Anstellung« 123
Antipathie 63
Appetenz 81
Arbeit
– Freude an der 274
– geber 126
– nehmer 126
Arbeitsmoral 81
– teilung 103
Art 86, 107, 114ff., 117, 125, 128, 138, 206, 207, 240, 250, 272
– Veränderung 107, 118
– Vernichtung 118
Artenzahl 238
Assoziation 44, 236
Atmung 41
Atombombe 243
– energie 156
– krieg 269
– reaktor 62
– struktur 245

Atome
- Arten 247
Atomistische Betrachtung 65
Aufbaukosten 119
- rezepte 94, 97, 101
Augen 56, 58
Auslese
- natürlich 28, 66, 67, 84, 115, 168, 187, 219, 249, 258
- faktoren 61
»Auslöser« 42, 164
- wirkung 215, 220
Außenfronten 11
- panzer 13
Autoindustrie 239
Autokatalyse 248
- kratie 153

Bakterien 139
Bakterium Coli 102
»Bandbildung« 18, 28
Bauernfängerei 236
Bedarf 214
Bedarfssteigerung 148
Bedürfnisse 159
Beeinflussung 157
Beförderung 240
Befreiungskampf 263
Begeisterung
- nationale 169
Begriffe
- averbale 45
Berufskörper 46, 58, 100, 123, 142, 194
- tätige, der 11, 123, 125, 126, 128, 188, 212
Bescheidenheit 274
Besitz 16, 144, 244
Bestechung 237
Bestrafung 278
Betriebe 11, 24, 41, 47, 68, 81, 100, 125, 128, 195, 212
Betriebs
- größe, optimale 241
- klima 23
- ordnung 63

Berufsvertretungen 252
Beute 228, 239
Bewußtsein 32, 46, 50
Bienenstaat 241
Bindemittel 15, 28
Bindung 11-29, 33, 53, 78, 190
- fakultative 15
- Hauptstufen 14
Bindungsfeld 14
Biomasse 129, 272
bit 36, 53, 254
Blüte 104, 118
Blütenpflanzen 118
Blut
- druck 41
- gefäße 60, 77
- Koagulation des 87
- zuckerspiegel 41
Bourgeoisie 182
Bridadarajanka-Upanischad 31
Brutpflege 18, 98, 110
Buchfink 166
Buddhismus 32, 265

Centriol 94
Charakter 275
Chemie 247
Christentum 161, 265
Chromosomen 101
Computer 47, 48, 108, 127, 252

Datenverarbeitung 39, 164
Dauerstadium 85
- stellung 90
Demagogie 269
Demokratie 201
Denken, das 31
- rationales 246
Denkkategorien 136, 161
Depression 239
Deutscher Ritterorden 211
Dezentralisation 48 f.
Differenziertheit 253
Differenzierung 51/52
Diktatur 193

Dimensionierung 66
Domestikation 168
»Dominanz des Minimumsektors« 66
Doppelfunktion 12, 26, 35, 37, 78
Drogen 272
Duplizierung 95
Durst 170

Efficiency 253
Ehrenhaftigkeit 275
Ehrungen 21
Ei 98
– zelle, weibliche 103
Eigentum, 144, 185
– Vererbbarkeit 152
Einzeller 97, 100f., 212
Ekel 168
Elektrizität 142, 247
Elektron 244f.
Elementarteilchen 244f., 260
Elemente 245
Empfinden 31
Energie 32, 92, 243ff.
– Bilanz 27, 62, 104, 114
– Erscheinungsformen 243f.
– Erwerb 32, 135, 142, 151
– quellen 135, 249
– reserven 84
– Zufuhr 89
Energon 11, 26, 34, 65, 67, 95, 129, 136, 171
Energone
– Aufbauperiode 51
– Außenfronten 251
– Bildung 25, 173
– Erwerbsperiode 51
– Hierarchie 212
– Innenfronten 251
– evolutionäre Entwicklung 259
– Theorie 32, 33, 46, 72, 105, 136, 202, 248ff., 254, 258
Enfaltungsmöglichkeit 278
Entscheidung 237
Entschlußbildung 237
Entwicklungskosten 130

– mechanik 260
Erbkoordination 163, 167f.
– rezept 18, 28, 31, 48, 82, 95, 100, 111, 120, 165
Erdöl 156
Erfahrung 44
Erfinder 222
Erhaltung 75ff.
Erinnerung 44
Erkennen, das 53
– angeborenes 163, 168
Erkennungsmerkmale 36
Ersatzsituation 170
Ertragssteigerung 146f.
Erwerb
– Fähigkeit zum 249
– koordination 166
– Organe zum 17, 19, 140, 151, 188, 196, 210, 240
– Organisationen für 58, 123, 188, 194
– Quellen 72, 100, 116, 138, 230
– raum 135ff., 140, 142, 170, 190
– strukturen 23, 100
– Tempo 267
– körper 55, 70, 113, 184
Establishment 273, 282
Ethik 18, 169
Evolution 25, 67, 71, 72, 99, 120, 123, 145, 155, 171, 229
– Dauer 107
– Theorie 258
– organ 108
– wert 117
Exekutive 185
Exkretion 78

Faktoren, limitierende 232
Feindabwehr 37
Fernsehen 172
Feuer 155, 257
Fische 79
Flächenintensive Unternehmen 63
Flexibilität 231
Fließband 67

Fluktuation 90
Form 60
Forschung 91 ff., 108, 111, 172
Fortpflanzung 86, 89, 93, 118
– artgleiche 100, 114, 120
– artungleiche 101, 116
Fortpflanzungsmechanismus 97
Frau 20
– Erwerbsmöglichkeiten 215 f.
Freier Wille 177, 279
Freiheit 263, 279
– dispositive 51
Fremddienlichkeit 279
– energie 26, 37, 64, 104, 144, 156, 192, 225
Freundschaft 274
Früchte 118
Fruchtwechsel 146
Fürsorge, soziale 195
Fürst 190
Fuhrpark 58
Funktionen 31, 56, 61, 82, 104, 108, 136
Funktionsbereitschaft 13, 22, 23, 81
– erweiterungen 12, 15, 16, 26, 36, 37, 41, 69, 110
– geburt 79
– konflikt 37, 60, 61, 93, 95 f.
– lose Teile 106
– partnerschaft 16, 64
– träger 12 ff., 22, 65, 69, 152, 190, 200, 250
– träger, lagefixiert 56 f.
– träger, lagevariabel 56
– veränderung 259
– verwandtschaft 255
– willigkeit 17
– zusammenlegung 63, 64, 99

Ganglien 43
Ganzheit 55, 59, 65, 67, 68, 70, 71
Gasaustausch 61
Geburtenregelung 224, 271, 278
Gedächtnis 44
Gedanken 45

Gefühle 177, 178
Gefühlsleben 172
Gehirn 79, 130, 163
– reizungen 49
– wäsche 273
Geist 32, 48, 161, 162
Geisteswissenscshaften 170 f.
Geld 22, 84, 123, 142, 144, 151, 225
– umlauf 211
Gemeinschaft 48
Gemeinschaftseigentum 149
– gewohnheiten 174
– interesse 127
– organe 16, 46, 70, 88, 99, 108, 188, 192, 195, 265
Gen-Chirurgie 272
Genuß 172
Genußvolumen 271
Germanen 151, 209
Gesamtzeitplan 67
Geschlechtspartner 164, 165
– trieb 110, 170
Gesellschaft
– entmanipulierte 281
– menschliche 53
Gesetze 15
Gestimmtheit 178
Gewebekultur 13
Gewerbefreiheit 144
Gewerkschaften 25, 252
Gewinn 205 ff.
– spanne 234
– streben 25
Gewissen 169
Gewohnheit 173, 192
Glaube 32
Gleichheit, der Menschen 278
Glück 128
Gott 111, 192, 248 f., 259
Graugans 18
Graviation 247
Grenznutzenanalyse 238
Größenvorteil 238
Großgrundbesitz 153
Großstadt 233, 239

Großunternehmer 209
Grundbesitz 142, 208, 266
– erwerb 144
– rente 153, 210
»Gruppenwert« 115
Guaminkristall 79

Hämoglobin 247
Hände 15
Handelsmonopole 211
Handlungen, mitreißende 276
Harmonie 55
Haustiere 17, 168
Herrscher 188, 195, 219
Herz 56, 62
Heuschrecken 37
»Höherentwicklung« 92, 121, 259
Hohlpfennig 211
Holocaust, atomarer 269
Homologie-Analogie-Schema 255
Homosexualität 175
Honigbiene 43
Hormone 35
Horde 182, 190
Hunger 170
Hydra 43
Hypertrophie 110

»Ich« 31–53, 161, 176
Identifizierung 23, 24, 25
Ideologie 202, 281
Illusionen 174
Imponierdrang 170, 219
Imponiermittel 220
Individualinteresse 280
»Individualwert« 115
Individuum 49, 73, 86, 91, 107, 114ff., 117, 125, 128, 138, 149, 207, 250, 264, 272
Industrie 265
Information 36, 53, 99, 108, 254
Informationsträger 36
Innenfronten 11 ff.
»Innerbetriebliche Standortwahl« 73
Inneres Gleichgewicht 67

Insekten 104, 152
– staat 99, 127, 241
Instinkte 49, 169
Integration 66
Integrationsniveau 252
Intelligenz 84, 111, 137, 142, 166, 248
Intensität 248
Intensivierung 145 f., 147, 156
Interessenkonflikte 98, 113–131, 149, 154, 199, 281

Judikative 186
Jugend 273

Kapital 208, 222 f., 266
Kapazitätsreserve 234
Katalysatoren 260
– Auto 260
Kategorien 45, 73, 75, 79, 249
Katharina I. 216
Katharina II. 218
Kauf 17
Keimbahn 97
– zelle 89, 97, 103, 120
Klassenkampf 263
Knochen 13, 60, 76
König 190, 200
Königtum, konstitutionelles 200
Körper, genetischer 47
– temperatur 41
Kohle 156
Kollektiv-Ich 47
– wirtschaft 152
Kollision 61
Komissuren 43
Kommunismus 24 f., 151, 154, 200, 270
Kompromisse 57, 62
Konjunktur 239
Konkurrenten-Vernichtung 147
Konkurrenz 120, 135 ff.
– fähigkeit 56, 92, 105, 106, 249, 250
– kampf 11, 59, 105, 125, 129, 221
– kraft 136, 230, 253
– vorteil 114 ff.
– wert 26, 27, 59, 80, 113 ff., 124 f.

Koordinationszentrum 236
Konsumwirtschaftlicher Endpunkt 271
Kontrolle 39, 82
Konzession 144
Koordination 33 ff., 53
Koordination, Hauptstufen 14
Koordinationsfeld 14
– zentrale 40
Kopulation 97, 105
Korallen 34, 76
Korrelationen 37, 127/28, 252
Korruption 198, 201
Korruptionsstaat 199
Kosten 27, 37, 65, 66, 129, 250
Kraft 244 ff.
Kraftfeld 67
Krebszelle 13, 17
Kredit 119
Kreisprozesse, Theorie funktioneller 259
Krieg 130, 156, 169, 222
Kriegslist 236
Kriegspolitik 182
Kristalle 248
Kröte 44
Kultur 174, 256
Kulturpflege 195
Kunst 218 f., 224
Kurzzeitgedächtnis 53
Kybernetik 33, 35, 37

Lachs 141
Lage 60
Lagerproduktion 240
Landesverteidigung 186
Landpflanzen 145
Langzeitgedächtnis 53
Launen 63
Lebensdauer 121, 122
Lebensentfaltung 248
– genuß 263
– prozeß 92, 113, 248, 258
– raum 171
– standard 279, 281

Lebensstrom 95, 100, 117 ff., 121, 129, 130, 133 ff., 152, 155, 206, 227, 229, 230 f., 250, 254
– Beherrschung durch den Menschen 273
– interesse 123, 263, 272
Leber 58
Lebewesen 131, 181, 258
– Begriff 255
Leistung 59, 72, 75, 141, 185
Leistungsgefüge 11, 59, 72
Leistungskörper 255
Leistungstausch 142, 191
Lerndispositionen, angeborene 166, 176, 220
Lernen 165 f.
Lerntiere 45, 167
Liberalismus 187
Liebe 91
Luftschlösser 171
Lust 172, 173, 177
– gefühle 110
– Unlust-Unterscheidung 172 f.
Luxus 192, 218, 264
– Raum 142
– interessen 128
– körper 70, 207, 224, 264
– streben 24, 69, 100

Macht 182, 190, 208
– erwerb 216
– position 152 f., 154
– steigerung 122
– streben 194
– theorie 182
– wert 129
Magnetismus 247
Manipulation 272
Marginalanalyse 241
Markt 126, 151
– Anteil 140
– intransparenz 138
– kontrolle 221
– schaffung 236, 267
– wirtschaft 147, 267

Marxismus 198
Masse 169, 245, 246
Massenmedien 221
Materialismus 243
Materie 243
– vitalisierte 155, 156
Mechanismen des Erkennens 38
Medizin 88
Mehrwert 252
Mensch 28, 32, 43, 87, 99, 107, 133 ff., 137, 146, 159, 162, 167, 207
– als Keimzelle 16, 128, 171, 263
– Besonderheit des 163, 169
– heitsentwicklung 263 ff.
Menschenführung 63
Metall 156
Metamorphose 88
Miete 22
Mimik 167
Mitose 94
Mode 220
Moleküle 246 f.
Monarch 237
Monopol 23, 154, 200, 205, 209, 221, 222
– bildung 215 ff.
»Mosaikkeime« 52
Motivation 159 ff.
Müllabfuhr 78
Muskeln 60
Mutation 95, 102
Myxamöben 13

Nachfolgereaktion 165
Nachfrage 151, 160, 214
Nächstenliebe 278
Nahrungserwerb 56
Nahrungskette 239
Nationalprodukt 157
– Wachstum 281
Naturkräfte 142
– recht 152
»Nachfolgereaktion« 18
Nerven 60
– netz 42

Nesselkapseln 34
Nestgeruch 64
Neugierde 170
Neutron 244 f.
Nieren 56
Nomaden 140
Notzeiten 84
Nutzenergie 256
Nutzungszonen, optimale 66
Nutzwert 115

Ökologie 255
Ontogenese 51
operation's research 73
Optimalgröße 238
Ordnung 176, 187
»Ordnunghalten« 16, 82
Organe 23, 28, 71, 98, 125, 155, 167, 200, 206
– künstliche 14, 17, 46, 88, 110, 142, 171, 258
– Rückbildung 167
Organellen 14, 78
Organisation 55
Organismen 55, 60, 73, 129, 162, 181
– als Energietransformatoren 256
– Höherentwicklung 107
»Organization Value« 253
Organologie 181
Organreparatur 87
– verpflanzung 88
Oxalsäure 79

Paarbildung 244
Paarung 90, 104, 170
Paarungsbereitschaft 105
Palolowurm 43
Parasiten 13, 88, 126
Parlament 185
– d. Instinkte 49, 176
Parteienwesen 201
Patent 144
– recht 222
Parthenogenese 105
Patriotismus 21, 81

Periode, ödipale 175
- sensible 165, 175
Pflanzen 11, 22, 49, 139f., 155f., 224
Pflege 80
Phagozyten 78
Phantasie 45, 50, 107, 174, 192, 237, 269
Physik 243ff., 254f.
- Ableitung der Energontheorie 243ff.
Plankton 139
Planung 45, 171
Plattwürmer 89
Prägung 165, 175, 192, 220, 268, 277
Präzision 27, 65, 66, 67, 250
Preisunterbindung 148
Privatbesitz 153
- eigentum 149, 152, 157
- unternehmen 25
Produkt 140
Produktion 240
Produktionsbetriebe 266
- mittel 24, 53, 154
- mittel, als Transformationsmittel 256
Profit 148
Propaganda 147
Proton 244f.
Protoplasma 76
Psychoanalyse 175
Pulsierende Vakuole 78
Pupillen 43

Quarkmodell 260
Qualität 67, 279

Räuber 138, 228
Rangkämpfe 104
- ordnung 170
- stellung 214
Rationalisierung 99, 219
Raub 144, 188
- krieg 209
- staat 210
Raum 32, 57, 67
Reafferenzprinzip 39

Reaktionsverlagerung 168
Realität 246, 255
Rechtsordnung 28, 185
Reduplikation 94f., 97
Reflex 164
- unbedingter 42
Regelkreis 40, 87
Regeneration 88, 89
Regenwurm 234
»Regulationskeime« 52
Regulatorische Anpassung 66
Regulationsfähigkeit 107
Reibung, innere 60, 61, 63, 64, 65
Relais 38, 40
Relativitätstheorie, allgemeine 32
Religion 174, 192
Republik 200
Reserven 83f., 119, 231
Reticulum, endoplasmatisches 76
Revier-Bestimmung 140
Revolution 193, 201
Rezeptbau 99
- verbesserung 108
- verschmelzung 102, 117
Risiko 84, 212, 222
Rodung 145
Rohenergie 146, 256
Römer 151
Roß-Reiter-Verhältnis 64
Rotatorien 111
Rückkoppelung 41
Rückmeldung 40

Sacculina 240
Samen 98
Seeräuberei 210
Schädel 60
Schallwelle 35
Scheinheiligkeit 198, 276
Schlaf 83
- betrieb 83
Schloß-Schlüssel-Verhältnis 160, 230f.
Schlüssel
- erwerb 239
- reiz 42, 44, 164, 169

Schmerz 83
Schmetterlinge 79
Schnelligkeit 67
Schönheit 110
Schönheitsempfinden 70, 110, 168
Schrift 99
Schule 101
Schutz 98, 154, 191
– organ 19
– panzer 61
»Schwächstes Glied in der Kette« 66
Schwingungen, elektromagnetische 247
SDI 282
Seele 32, 48
Seelenwanderung 32
Selbst-Domestikation 110, 165
Selektivität 168
Sender 36, 37
Service 82
Sex 91 ff.
Sexualität 109
Sicherheit 208
Sicherheitsvorrichtungen 83
Sicherungsorgane 22
Siebröhren 77
Signal 34 f., 36, 37
– empfänger 38
– übertragung 35
Sklaven 17, 209
Soldaten 15
Spannungsfeld 220
Speichernieren 79
Sperma 103
Spezialisierung 219
Spezialismus 238
Spieltrieb 171
Sprache 99
Staat 11, 16, 24, 47, 51, 70, 81, 181 ff., 212, 252
Staat
– als Berufskörper 188
– als Erwerbsorganisation 195, 196 f.
– als Gesellschaftsorgan 184 f., 209
– demokratischer 126

– Rechtsstaat 183
– Sicherheitsstaat 182
– totalitärer 122, 147
– vier Grundformen 259
– Wohlfahrtsstaat 183
Staatsbürgerschaft 16
– formen 181 ff.
– gebiet 182
– leitung 275
– oberhaupt 187
– quelle 127
– streich 237
– theorie 181 f.
– volk 182
Steuerkausalität 38, 40, 249, 259
Steuern 144, 281
Steuerung 27 f., 32, 33, 36, 41, 48, 50, 68, 72
Steuerung, evolutionäre 137
Stichling 164
Stillegung 85, 231
Stimmung 169
Störungen 38
Stoff 243
– Erwerb 142
– quellen 135
– reserven 84
Strategie 68, 235 f.
Streit 63
Strudelwurm 43
Sublimation 170
Subordination 81
Symbiose 215
Synusien 233

Tausch 138, 144, 160, 214, 226, 236
Technik 265, 276
Technostruktur 108, 223
Teil 65
Termiten 124
Terrorismus 139, 141, 144
Thermodynamik, Grundgesetze 256
Thermostat 40
Tiere 11, 139 f., 155 f., 224

Tod 152
Tonofibrillen 12
Totalregeneration 93, 97
Totipotenz 89, 97
Tradition 48, 220
Treuerabatt 148
Tribut 196
Triebe 50, 63, 104, 164, 170, 214, 279
Triebinventar 173
Trockenstarre 85
Tschu-Dynastie 217

Überlieferung, mündliche 101
Übertragungskanal 35
– medium 35
Undifferenzierung 88
Umsatz 123, 157, 281
Umschlag 234, 268
Umwege 61
Umweltbedingungen 56, 116
– einflüsse 28, 67
– wirkungen 250
Ungeschlechtliche Fortpflanzung 105
Universalistische Betrachtung 65, 238
Universität 101, 109
Unterbewußtsein 169
Unterentwickelte Länder 268
Unternehmer 29, 154, 190, 224, 252
– verbände 252
Ursachen 249
Urvertrauen 175
USA 280

Valenz 248
Verband 149, 181
Verbände, kriegerische 68
Verbesserung 106, 122, 207, 269
Verbindung 52
Verdauungshelfer 123/24
Vererbung 16
Vererbung, erworbener Eigenschaften 111, 258
Verfassung 28, 186

Verhaltensforschung 161 ff.
– rezepte 20, 42
– rezepte, angeborene 98, 165
– rezepte, erworbene 47, 81, 166
Vergnügungsorte 233
Vernunft 51
Verstärkerkette 38
Verteidigerreaktion, soziale 21, 169
Verteilungsplan 84
Vertrag 22
– Exklusiv 148
Verwaltung 186
Vielgleisigkeit 101
Vielzeller 13, 76, 97, 101, 103, 212
Virus 225
Vitalismus 105
Völkerwanderung 154
Volksvertretung 186, 193
– wirtschaft 70
Vorrangstellung 58, 59, 65

Wachstum 68
Wärme 248
Waffen 235 f.
Wahlen 201
Wahrheit 263
Wanderzellen 76
Wartung 80, 81
Weckreiz 85
Weihnachtsfest 268
Weltanschauung 174
Weltoffenheit 171
Werbung 151, 157, 236, 267, 282
– militante 148
Werkzeug 15, 169
Werte, fremdwirksame 276
Wertgerüst 136, 249
– gestalt 252
– konflikte 113 ff., 149
– verlust 276
Wettbewerb 144
– homogen u. heterogen 228
Widerstand 73
Wille 50, 131, 174
– freier 169

Winterschlaf 231
Wirbelsäule 15
Wirklichkeit 263
Wirkungsverwandtschaft 255
Wirkungszusammenhang 62
Wirtschaft 227, 265, 281
– im Vergleich zur belebten Natur 227 ff.
Wirtschaftspolitik 200
– wachstum 267, 281
– wunde 131
Wissen 109
– schaft 99, 130
Worte 45, 161
Würgfeige 228

Zecke 235
Zeit 32, 57, 60
Zeitaufwand 27, 65, 66, 250
Zelle 12
Zellen, undifferenzierte 88
Zellteilung 48, 97
Zentralisation 42, 43, 48 f., 51
Zentralnervensystem 31, 46, 107, 161
Zeremonien 21, 176
Zerstrahlung 244
Zivilgesetzgebung 16
Zuchtwahl, geschlechtliche 219
Zufall 248, 258
Zufriedenheit 277
Zukunftsentwicklung 268 ff.
Zwangsstaat 17
Zweckmäßigkeit 115, 224
Zweigeschlechtlichkeit 95 ff., 102, 117, 118
Zweigleisigkeit 64

Hans Hass

Abenteuer unter Wasser

Meine Erlebnisse und Forschungen im Meer

Herbig